U0330012

大夏书系·教师教育精品译丛

THE COURAGE
TO TEACH

EXPLORING THE INNER
LANDSCAPE OF A TEACHER'S LIFE

教学
勇气

漫步教师心灵

20周年
20TH ANNIVERSARY EDITION
纪/念/版

（美）
帕克·帕尔默 著
PARKER J. PALMER

方彤 译

华东师范大学出版社
ECNUP
全国百佳图书出版单位

图书在版编目（CIP）数据

教学勇气：漫步教师心灵：20周年纪念版／（美）帕克·帕尔默著；方彤译.—上海：华东师范大学出版社，2019
ISBN 978–7–5675–9357–2

Ⅰ.①教… Ⅱ.①帕…②方… Ⅲ.①教师心理学—通俗读物 Ⅳ.① G443-49

中国版本图书馆 CIP 数据核字（2019）第 261349 号

大夏书系 · 教师教育精品译丛

教学勇气：漫步教师心灵（20 周年纪念版）

著　　者　　（美）帕克·帕尔默
译　　者　　方　彤
责任编辑　　任红瑚
装帧设计　　奇文云海·设计顾问

出版发行　　华东师范大学出版社
社　　址　　上海市中山北路 3663 号　邮编 200062
网　　址　　www.ecnupress.com.cn
电　　话　　021-60821666　行政传真 021-62572105
客服电话　　021-62865537
邮购电话　　021-62869887　地址 上海市中山北路 3663 号华东师范大学校内先锋路口
网　　店　　http://hdsdcbs.tmall.com/

印 刷 者　　北京汇林印务有限公司
开　　本　　890×1240　32 开
印　　张　　10.5
插　　页　　2
字　　数　　205 千字
版　　次　　2020 年 1 月第一版
印　　次　　2024 年 3 月第十九次
印　　数　　121 001—127 000
书　　号　　ISBN 978-7-5675-9357-2
定　　价　　55.00 元

出 版 人　　王　焰

（如发现本版图书有印订质量问题，请寄回本社市场部调换或电话 021-62865537 联系）

本书获得的赞誉

我已好久未曾读到一部如此绝妙地书写教育的杰作。帕尔默合情合理地提出了一个无可辩驳的观点：在教学中不可过度地依赖教学技术，而要着重营造尊重和发展师生的"人类智慧"的学习环境。现在我们该牢记，教育中举足轻重的正是教师心中的那个"本人"，帕尔默有力地论证了这一点。

——《教师》杂志

如果你仅仅把教学当作一种日常差事，又仅仅满足于"交差了事"，那么这本书就不适合你。这本书是用来激励你去摒弃得过且过的将就，追求精益求精的讲究。帕尔默娓娓而谈的教学，不是一件需要我们耐着性子去做的例行公事，而是一项值得我们额手称颂的远大事业。

——《管理学院》杂志

古往今来的智者所写的睿智之书给我们带来了明察秋毫的慧眼。难道有人在论述教与学上能比诺斯·怀特海思索得更为深刻？我每隔两三年就重温一遍他那本短小精悍的书《教育的宗旨》，我也会想到吉尔伯特·海特、肯尼斯·埃布尔等人同样有论述教学的出色著作，而能与这些教学名作相媲美的，当属帕尔默的《教学勇气》。

——美国高等教育协会副主席　西奥多·J·马凯泽

帕克·帕尔默是教师的教师。因此，他以教师的身份和视角来写的这本书，对已经以教为业或正在考虑以教为业的任何人，都不啻于以传教布道般的热忱启迪其奋发向上的"人生旅伴"。如果你是教师，这本书会改变你的人生。

——《宗教教育》杂志

这本书我非推荐不可……书中所谈的"教师"完全可以换名为"管理顾问"，书中几乎所有内容对管理顾问来说都是切合实际的……要成为杰出的管理顾问，必须具备这本书所阐明的哲理、素养和人品。这本书绝不是老生常谈，而是一位深思熟虑且循循善诱的导师对教学本质进行的一次认真探究。探究是一丝不苟的，但论述是晓畅明快、引人入胜的。

——《管理咨询杂志》

借助一系列易于知微见著的事例，帕尔默促使读者举一反三，增强信心，发挥创意。《教学勇气》一书发人深省，感人肺腑，书中体现的似水柔情和良苦用心足以感化各个教育阶段各个年龄层次的教师。

——《儿童教育》

本书对何谓"优质教学"提出了不少新见解新思想，不过千言万语一句话，即优质教学不能降低到技术层面，而是来自教师的自我认同和自我完善。本书恰如其分地论述了如何平衡事关教学各方联系的各种问题……尤其是通过与其他学科的联系别开生面地探讨了"心灵"问题。

——《世界和平国际杂志》

帕尔默所写的《教学勇气》激励我们回想立志从教的初心，指引我们重树"天职"观念，从而给我们注入无怨无悔地从教到底的动力。

——《大转变》

在今日的学校里得鼓起教学勇气。这究竟是什么样的勇气？这个问题很少有人问，即使问了通常也是附属于其他问题，如敢于防范暴力啦，敢于应对过分热心的家长啦，敢于抵制对专业事务越俎代庖的政府啦，因此，将"教学勇气"解读为"心灵之事"委实令人刮目相看。正如帕尔默在《教学勇气》中所论证的，教学事关奉献与联系，事关学生与学科以及连接两者的世界之间的关系，事关生活和学习。最终，教学事关在课堂为了实现真实教育构建所必需的共同体，而实现真实教育的关键就是人的心灵。

——《天主教新时报》

随着帕尔默一起踏上探索"教学的自我"这个全新领域的旅程，不仅可以从一种激动人心的视野审视教学，而且可以随时聆听一位伟大的教师当面教诲。这位教师如此坦诚直率地将自己的见解和盘托出，促使我们实践他侃侃而谈的那种教学。

——教堂慈善基金会教育项目主任，美国高等教育协会前主席拉塞尔·埃杰顿如此扣人心弦，如此热情洋溢，如此精辟准确地阐明了教学那令人神往的召唤以及教学中的甜酸苦辣。每一位教师，不管你执教于哪个教育阶段，本书都值得一读，一定要读。

——《Wherever You Go, There You Are》的作者
《Everyday Blessings》的合著者
乔恩·卡巴特-津恩

本书的问世是个喜讯——不仅对任课教师和教育工作者是如此，而且对有志于治疗人间疾苦的所有人都是如此。

——《World as Lover, World as Self》的作者　乔安娜·梅茜

对于教与学，帕尔默教给我的东西多过任何人。《教学勇气》适合所有人——不仅适合教师，而且适合领导、官员、顾问。这本书彬彬有礼但坚持不懈地提请我们认识一点：我们做好工作的杰出能力源自我们清楚到位的自我认识。

——《Leadership and the New Science》的作者
《A Simpler Way》的合著者
玛格丽特·J·惠特利

读这本书无异于享用一场令人大快朵颐的盛宴——行文文质彬彬而不失严谨，满怀激情而不失精确，如此恰到好处的融合实属罕见——这本书是送给热爱教与学的所有人的礼物。

——威尔斯利学院院长　黛安娜·查普曼·沃尔什

这本书用一种活灵活现的、令人信服的、饱含深情的方式，唤起了教师任劳任怨地做好本职工作的心灵。

——哈佛大学健康服务处　罗伯特·科尔斯

目　录

20周年纪念版前言　　　　　　　　　　　I

10周年纪念版前言　　　　　　　　　　　10

鸣谢　　　　　　　　　　　　　　　　　23

导　言
源自心灵的教学

教学与自我　　　　　　　　　　　　　29

心内与心外　　　　　　　　　　　　　32

曲径乃通幽　　　　　　　　　　　　　37

第一章
教师的心灵：教学中的自我认同和自我完善

超越教学技巧的教学　　　　　　　　　41

教学与真我　　　　　　　　　　　　　46

当教师丢失心灵时　　　　　　　　　　53

唤醒我们的导师　　　　　　　　　　　59

选中我们的学科　　　　　　　　　　　65

心中的教师　　　　　　　　　　　　　71

目录

第二章

恐惧的文化：教育与分离的生活

剖析恐惧   79

来自地狱的学生   85

提心吊胆的教师   95

令人担心的认知方式   100

不要害怕   109

第三章

潜藏的整体：教与学的悖论

整体地看世界   115

当瓦解事物时   119

自我的局限与潜能   122

悖论与教学设计   132

在课堂教学中落实悖论 138

把握对立的张力   146

第四章

求知于共同体：引人入胜的伟大事物

共同体掠影   153

现实是群体共建共享的 160

再探真理   166

伟大事物的魅力   176

求知和神圣   182

第五章
教学于共同体：以主体为中心的教育

第三方   189

从缩影出发的教学   196

医学院的缩影式教学   201

社会研究方法课的缩影式教学   207

开放空间与技术手段   211

共同体：变异与障碍   216

第六章
学习于共同体：同事之间的切磋与琢磨

关门教学   225

对话的新主题   229

对话的基本规则   237

必不可少的领导   245

第七章
不再分离：心怀希望的教学

停滞、绝望、希望   255

不再分离的生活   260

同心同德共同体   267

目录

走向公众   271

赏心怡情的奖励   278

10周年纪念版后记
呼唤新专业人士：教育就是转变

蓬勃兴起的探究心灵运动   285

制度变革：一个案例研究   291

我们需要新专业人士   295

个人和机构   299

培养新专业人士   302

情感中的真相   307

最后寄语   313

作者简介   316

勇气与更新中心简介   318

参考文献   320

20 周年纪念版
前言

文字是有分量的，或许，其分量今更胜昔。君不见，当前网络传媒上的"笔墨官司"接二连三，论战双方莫不以"惊世骇俗"的文字作为向对方口诛笔伐的"思想武器"。你眼前的这本书，称得上每个字都掷地有声，力透纸背。文字大师的功底体现在用文字守护自己的心灵，而不屑在家长里短或哗众取宠上浪费文字。

书籍是有分量的，经典著作远超寻常书本。已有上千万的读者津津有味地读过这本书，不少人还从书中获得了砥砺奋进的坚定信念。这本书问世以来不断地被推崇、引用、借阅，并反复研读。

有些作者写的书就像潘恩（Thomas Paine）写的《常识》（*Common Sense*）那样会掀起翻天覆地的革命，但这本书论性质更像一颗耀眼夺目的闪光信号弹，由此启动的是一种潜移默化、循序渐进的变革运动。可能根本不必"牵强附会"就可联想到，这种变革运动或许正是看似前途渺茫的人类所要依靠的。我将来一定试着充分地论证这个看法，但现在先让我简单地追溯一下这个看法的来源。

我与帕克·帕尔默初次相识是在 1990 年 3 月，那时他正在新墨西哥州陶斯为凯洛格全国研究员培训计划（Kellogg National Fellows）

的一些人选主持为期一周的静修班。就在静修班上，我俩开始了使我受益良多的坦诚交流，而且此后一直是互通款曲的知心朋友。他于1993年在我担任威尔斯利学院院长的就职典礼上发表贺辞，而我则在向他表示敬意的2005年版纪念文集《品味问题》（*Living the Questions*）上撰写序言和文章。我俩共同参加了多次静修班和研讨会，总是一前一后地在开幕和闭幕式上做主旨发言。

这本20周年纪念版《教学勇气》促使人们回顾帕尔默作为作者、教师、学者而不断取得的益发精彩的成就，以及他所创办的勇气和更新中心。该中心在帕尔默的精心指导下一以贯之地阐述和传播其思想，先是传到全美，近来传到全球。帕尔默所撰写的十来本著作，向形形色色的读者阐明了他所憧憬的"清平世界"，不仅使他获得了许多奖项，也使他在线上和线下拥有了众多"信徒"。自1997年《教学勇气》首次问世以来，帕尔默的这部妙笔生花的著作产生了巨大而深远的影响。

书中的要旨是"天职"观——"本性与本职的契合"可称为天职。无论我们是否意识到，我们总是要把内在的自我认同投射到外界。不过，帕尔默帮助我们认识到，如何从内向外投射要靠我们自己做出抉择。他用打动人心的洗练语言，谈到了"灵魂和角色"的融合，将灵魂比作一旦受惊于别人的"追捕"就会闻风逃进深林的野兽。帕尔默凭借着这本《教学勇气》，更广泛地传播了源自教友派传统的和他自己的探究"灵魂"的思想，因为他采用的手法十分巧妙，使这些思想带有广大民众喜闻乐见的世俗趣味。帕尔默始终如一地坚守出自本源的基本理念，他有着诗人般的才情，总能鲜明生动、新颖别致地表述这些理念。

帕尔默的笔触聚焦于"天职"和他所说的"劳心的领导"，有关的论述产生了异乎寻常的社会影响。他早期曾写过一篇意味深长的随笔，题为《源自心灵的领导》，里面说道，领导者鉴于其地位是能够向周围的人们或是投射黑暗或是投射光明的，因此领导者承担着特别的义务，即在心中注意用光明的力量克制黑暗的力量，否则就会贻害无穷。当今，位高权重者正肆无忌惮地威胁美国民主制的支柱及其所依赖的价值观，此时此刻，我们莫不痛切地感到帕尔默那番话的意义。

帕尔默有难得的写作才能，严谨的分析与高雅的言辞融为一体，提出的问题范围广，层次多，耐人寻味，既与个人利害有关，也与大众福祉相连。他的谈吐义正辞严，但又不乏富有感染力的中西部的幽默感和植根于真正谦逊之中的自我揶揄。他调侃自己说"自以为是的影子老是跌跌撞撞地附上身来"，其实这样的影子也时常附在我们每个人的身上，他还邀请我们和他一起嘲笑那些人人难免的微瑕小疵。

身处困境但心中力求完善和淡泊的个人，得用"充满勇气的心灵"来接触外界。教师在其职业生涯中越来越看清了他们正在付出的个人代价——"丧失了有勇气的心灵"。贫民区中越来越多的美国儿童在上学时也如教师一样正在丧失有勇气的心灵，因为对这些孩子来说，学校就是作家科茨（Ta-Nehisi Coates）从那里侥幸地死里逃生，并在其著作《在世界与我之间》（*World and Me*）中猛烈抨击的那可怕吓人的"死亡陷阱"。帕尔默帮助教师认识到这样的事实：社会已将他们置身于实然与应然之间的"悲剧性的夹缝"之中。

帕尔默读研究生时曾与社会学家贝拉（Robert Bellah）共事并深受其影响，譬如，帕尔默直到今天仍然特别强调"一个好社会"必须要依赖人的内在品质，即托克维尔（Tocqueville）所说的"心灵的习性"。帕尔默也是通过写作和演讲来阐述他关于教学、天职、领导、对话、民主、变革运动动力等的深邃的思想，但帕尔默与其他学者的不同之处在于他以身作则地践行其思想、专心致志地传播其思想，先传播到教育领域，再传播到那些"出于心灵召唤的理由"来吸引成员，因此也不能让成员丢失心灵的其他专业领域。

虽然帕尔默是从我们任何人可以真正地开始（或结束）自我认同、自我完善和自我进化的唯一所在之处启程，虽然他坚决反对将任何人作为实现目的的手段，他所做的工作却因基于"治疗心灵"的渴望而办得生机盎然。他想治疗的不仅有人的心灵，而且从比喻的角度讲还有机构或制度的心灵，不管是学校、医院、教堂、学院、大学，还是美国民主制本身，都是治疗的对象。

勇气和更新中心着眼于帮助人们像帕尔默所说的那样去做：重新鼓起全心全意投入本职工作的勇气，从内心深处做出"不再过分离的生活"的决定，创建或发现"同心同德共同体"。所有这一切都促进了各种各样的自由或解放运动，而平民百姓正是通过这些运动，增强了反对那些"死气沉沉"而非生机勃勃的体制或机构的力量。

我有好多次与帕尔默一起坐在由该中心组织的"信任圈"里面，这类聚会遵循帕尔默及其同事——尤其是中心的联席主管马西·杰克逊和里克·杰克逊（Marcy and Rick Jackson）——在多种场合下反复验证并不断完善的可称为"试金石"的原则和方法，即帕尔默在2004年版专著《潜藏的整体》（A Hidden Wholeness）中详细记载的那些设计周密的软技术。进入信任圈与圈内人们的交往不同于任何可想到的人际沟通方式，我每次都惊异于素未谋面的陌生人竟能一见如故，信任有加，无拘无束地相互倾听或倾诉各自心中的向往、真切的担忧、自己或他人的恐惧和希望。

人们在信任圈中安详静坐，或沉思默想，解惑破谜，互致谢意，或学而不厌，共同探索，坦诚交流，从而增强平等互惠的沟通能力，开辟互听与互说各自独特故事并从中寻求共同真理的空间。他们学着要以帕尔默及其同事所确定的"不卑不亢"的原则去倾听"别人说话"，且只询问体现真情和尊重的问题（即帕尔默所说的"诚实而开放的问题"），从而促使说者畅所欲言，也便于听者善解其意。

帕尔默曾写道：在信任圈中，"既不会对歧见听而不闻，也不会让歧见势不两立"，倡导"人人都可各执己见，并对所有意见一视同仁"。于是，人人"在求知求真的上下求索中集思广益，在不断走向真知真理的道路上共同成长"。如果人人都能将自己的内心真理与他人的内心真理比较参照，那么人人"都可能逐渐变得更加谦逊虚心，更加懂得每一条内心真理对自己生活的意义"。

在帕尔默酝酿如何撰写《教学勇气》的那几年，乔纳森·科佐尔（Jonathan Kozol）写出了鞭挞美国公立教育制度的力作，即1991年出版的《野蛮的不平等》（Savage Inequalities）。在美国的城市教育一团糟的时候，《教学勇气》的首版于 1997 年面世。在强调问责、标准、考试等苛求的"不让一个孩子掉队法"通过五年后，《教学勇气》的 10 周年纪念版于 2007 年发行。

近年来接二连三的教育改革，无一不指向美国各阶层的学生之间、美国与他国的学生之间日渐扩大的"学业成就差距"，犹如咆哮奔腾的巨浪激流，劈头盖脸地扑打着那些竭尽全力才鼓起教学勇气的美国教师。这些教育改革在学校或课堂引发了一种宁枉勿纵的"误伤"效应，竟将踏进校门的美国孩子因担惊受怕、忍饥挨饿而无法学习的可悲境况归咎于教师，教师成了代人受过的替罪羊。

前不久，布鲁金斯学会发表了一份报告，称我们现在进入了一个"特朗普和成功法的时代"。成功法是 2015 年通过的"学生个个成功法"（Every Student Succeeds Act）的缩略语，该法则收缩了联邦政府治理教育的职责，不需联邦政府去解决各州公立学校之间办学绩效悬殊的问题。

针对我们这个时代，又有了一部鞭挞当今美国教育的力作，即罗伯特·普特南（Robert Putnam）所著的 2015 年出版的《我们的孩子：岌岌可危的美国梦》（Our Kids: The American Dream in Crisis）。他在书中用确切的事实和数据揭露了严酷的现实：上一代中有 2500 万孩子被一种"经济上挥霍资金、政治上动摇民主、道德上欺压良善"的教育制度远远地甩在了后面。上面的引语出自哈佛大学肯尼迪学院仙人掌论坛（Saguaro Seminar）2016 年发表的一份报告，而这份报告正是在普特南所做研究的感召下撰写的。普特南的研究历来详实可信，总是在向人们发出赶快匡正时弊的行动号召。

走笔至此，不禁再次感慨，帕尔默的著述真是对难以预料的人类前途有着重大意义。我们现在一眼望去，社会中背信弃义的重要机构与组织比比皆是，呈现出的政治与经济状况让我们再也不能坐视不管。不过，帕尔默教导我们，要具备透过现象看本质的洞察力，我们必须先从了解人的心灵开始。

单凭学校与教师，不可能矫正在我们教育制度中继续肆虐的"野蛮的不平等"，因为野蛮的不平等只能靠全社会来整治。有鉴于此，我们需要的是敢作敢为的公民，他们就如帕尔默在《治疗民主制的心灵》(*Healing the Heart of Demoncracy*)中所写的那样："勇于创建配得上人之魂的政治。""治疗民主制的心灵"这样的措辞会提醒我们：正如我们美国人未能正视日益扩大的财富差距（这才是隐藏在亟需教育改革背后的真正问题），我们也不能或不愿对其他迫在眉睫的威胁做出充分反应。其实，众所周知，当务之急是要应对因人类的作为而给天下万物赖以存身的、本来就脆弱的地球生态系统造成的严重威胁。

我们现在做出的决策——我们面临的或寻求的机遇——将决定，我们的孩子及他们的子女多年后会如何看待世界历史此时此刻的这个时期——即人类世初期——的状况。人类世初期是这样的一个时期：我们已有确凿的证据表明，人类正在给地球生命维持系统造成了无法弥补的伤害。是让我们的后代将来看到的是全体地球人众志成城地做出有效应对，还是让他们在命悬一线时凭暗中摸索才来认清前辈自欺欺人的妄自尊大呢？

帕尔默就不会妄自尊大地看世界，他对世界进行实事求是的分析和评判，揭示世上相反相成的悖论，熟知世上蒙蔽人心的阴影。而且，作为一个用心从业的教师，他确信能给予人类随心所欲而不逾矩的知识。不过，这是一种特殊的知识，一种维持世上万物的联系并给世上万物注入活力的知识。正如帕尔默在《教学勇气》中所说："这是源于爱心的知识。这种知识将带我们走进活力四射的生命之网；将使求知者与待知者都沉浸在温情暖意的氛围之中，使重任与快慰结成密不可分的一体；将敦促我们去积极参与，相互帮助，勇于担当。"[1]

用爱心去治疗染病的世道人心，就是我们要走的路。帕尔默先是在《教学勇气》，随后在《高等教育的心灵》《治疗民主制的心灵》等一系列富有创见的著作中指明了这条路。当今在美国、澳大利亚、加拿大、拉丁美洲、英国、西班牙等地，300多名精明干练的"勇气与更新"引导员走在这条路上。他们经"勇气与更新中心"培训后，精心扶植、积极参与、大力推动保护公民权益的各种活动，将各种活动汇聚成一场日益波澜壮阔的全球性运动。这场运动蕴藏的伟力，如帕尔默所说："促使我们情不自禁地去治疗这个满目疮痍的世界。"

要在心中牢记帕尔默所描绘的这幅给人希望的画面，《教学勇气》20周年纪念版前言的最佳收笔莫过于引用帕尔默在《治疗民主制的心灵》中的结语。在该书的结语中，帕尔默告诫我们不要勉为

---

[1]《教学勇气》中未见这段话。——译者注

其难地"把效益当作衡量成败的唯一指标",如果我们迫不得已地这样做了,他断言,我们"会去做越来越不足挂齿的小事……而放弃我们本该肩负的千斤重担"。帕尔默语重心长地说:

> 我们必须用比效益更高的标准来评判自己,这个标准称为忠诚。我们必须扪心自问,我们是否忠诚于和自身休戚与共的共同体,从而尽力而为地去满足共同体的急迫需要?我们是否忠诚于人性中善良的天使,从而毫不迟疑地响应天使的召唤?我们是否忠诚于人类那永无止息的对话要求,从而用使我们不断接近真理的方式去听去说?我们是否忠诚于来自勇气的呼唤,从而使我们即使身处险境也要见义勇为?一旦忠诚成为我们的标准,我们才可能全心全意地致力于那永无止境的任务:施行公平正义,培育仁心善行,构建和谐社会。

黛安娜·查普曼·沃尔什(Diana Chapman Walsh)

美国威尔斯利学院荣誉退休院长

10 周年纪念版
前言

在撰写《教学勇气——漫步教师心灵》的 10 年里，我花了许多时间认真反思过去，预示未来。

我的佛教徒朋友对我说，这种处世方式不好。凡具智慧的传统都极力倡导要我们活在"永恒当下"的真实中，而不是活在曾经如何或可能如何的虚幻中。然而，若没有过去和将来作为素材和源流，无论作者拥有多么丰富的记忆力和想象力，都是不可能写作的。尤其对我来说，单凭记忆和想象来写人的内心世界，其可信程度是令人质疑的。

事实上，我一边回顾从事教育工作的 30 年，一边写作，因为我要弄清楚到底为什么教学总是令我既兴奋又恐惧。我探索着这种教师生活的内在景观，由内向外，清晰地揭示智力、情感和精神的互动状态如何使我们的工作有样或走样。我要探寻出加深自我理解的方法，进而深化任何像我一样关心教学的人的实践。

同时，我一边写作一边展望未来。身处一种贬低内心活动的文化中，我希望多做一些事：不仅仅是说明好教师必须克己、自省，还要试图去理解激发他们的生命活力、影响他们更好或更糟的行为的种种动因。我预感到，我们的社会将越来越沉迷于教育的外在价值——包括那无情且愚蠢的标准化测试——我深感其对教育的冲击。我要寻求一些方法来保护和支持位于真正的教学、学习与生活之核心的心灵旅程。

随着时光流逝，如今我们能够透视过去的全貌。因此，为《教学勇气》10周年纪念版写前言和后记使我更清晰地看到这本书就是源自我自己的教学经验。它也给我提供了一个机会，来检验本书初版时我对未来预测的准确程度和"对症下药"的适切程度，这些预测包括当时"尚未通过正规形式发生"的事件。[1]

回顾过去

因为我花了10年功夫才完成《教学勇气》初版，所以，对我而言，这本书的10周年纪念更像是20周年纪念。事实上，在我写完这本书之前的整整10年里——其间很长的一段时间里，我所拥有的仅仅是一个题目，接踵而来的是一些尚不成熟的想法、写满潦草笔记的成堆便条，以及一页又一页的无用文本。在这本书形成的过程中，我多次演讲中都提到过它，以至于有些人以为《教学勇气》已经成书出版了。

那时我开始接到图书馆管理员的电话："有人想借一本《教学勇气》，但是我哪里都找不到，我如何才能弄到一本呢？"令他们扫兴的是，我告诉他们我也希望拥有一本，在我把书写成之前，我们都不得不等待。

我用整整10年来写这本书，部分原因是我写得非常慢。当人们问我靠什么谋生时，我告诉他们我是一个"重写者"。真的，我写的每一页都是反复修改多次后才拿去发表的。同许多作者一样，我写作并非始于一个清晰的观点。写作帮助我发现对某事的所感和所知，因为后续的每次修改都能推动我进入更深层的发现中，而不知何时停止。

然而，我用了整整 10 年才写成这本书，又不仅仅是因为我写得慢。我也相信是宽宏大量的上天给我时间来积累和吸收我的两次经历，倘若没有这两次经历，这本书就会缺少根基，缺少诚实，因而也缺少帮助他人的价值。这两次经历，一次是失败的，一次是成功的。如今，我把它们看作是上天赐予的祝福。

当然，那失败的经历在当时我并不觉得是个祝福。在《教学勇气》首版付梓前的四年里，这本书有时让我感觉像有盼头的一缕阳光，有时又像鞋里的沙子、心头上的疙瘩。我索性在肯塔基州伯里亚学院（Berea College）待上一年，任礼来客座教授（Eli Lilly Visiting Professor）。就在这一年结束时，我想起与本书有关的两件事：第一，为什么这个题目如此切中要害（至少对我来说）；第二，为什么我需要尽可能敬畏地撰写论述教学的著作。

从 1855 年起，伯里亚学院就一直面向阿巴拉契亚地区的年轻人开办课程。伯里亚学院的博雅教育课程对这些来自美国最贫困地区之一的学生是完全免费的。学院为这些学生提供校园内的工作，既帮助学院运营，又资助他们解决了学习费用。早在 20 世纪 60 年代，我还在加利福尼亚大学伯克利分校研究生院读书时，伯里亚学院就格外吸引我，那时高等教育因忽视那些上不起大学的贫困者而受到全面、严正的批评。能在一所以社会公平正义为使命的大学任教，早就是我职业意愿清单上的首选。

"小心许愿"虽是老生常谈，但还是值得留神。在伯里亚学院任教的一年是我一生中最艰难的一年。作为一个过惯富裕生活的北方人，我对阿巴拉契亚的认识，仅仅是从阅读中得来的。对于我和学生之间的文化鸿沟，我也完全没有准备，因此我无法跨越这道文化鸿沟进行教学。我对于他们——"他者"——的亲身体验和了解的缺乏，导致我自身的"建立联系的能力"——《教学勇气》中的一个关键概念——频频不足。更糟糕的是，我花了很长时间才承认和修补自己的无知。

个人的失落又加剧了专业方面的挣扎，正如我在书中一直坚持的看法——个人的本性与其专业永远形影不离。不管是在黑暗的日子还是在光明的日子，我们都是"教如其人"。在伯里亚过了半年，一个严寒到零下的元月凌晨，我接到我深爱的父亲意外逝世的噩耗。远离家人和朋友的安慰，我崩溃了。

在伯里亚第二学期度过的每一天，我都得攀爬个人悲痛加上专业失败的这座大山，强行把自己拖回教室。同时，我内心也在经历着"教学勇气"的潮涨潮落，且多处于潮落状态。我决不会为了名誉和金钱再经历那么一年，但那一年确实留给了我一份无价之宝。我更深切地感受到：教师每天所做的教与学的日常工作，无异于攀登崇山峻岭。

在《教学勇气》初版问世前的10年间，我的另一重大经历是一段绝对成功的经历，但功劳不在于我，而应归功于那些与我分享的人们。从 1994 年到 1996 年，应菲兹尔研究所（Fitzer Institute）的请求，并在其慷慨给予的资金和人员的支持下，我设计并落实了名为"教学勇气"的项目。在与来自密歇根西南部的 22 位从学前班到高中的教师们一起工作的过程中，我成了"向内心世界探索"的领路人，用静修会的形式帮助他们探索自己生活的内心景观。静修会按照一年四季的周期，两年共办了八次，每个季度都花上三天时间。

技术上，是我领导这个项目；实际上，是那些教师在引领我。我从他们身上得到了永远铭刻于心的教益：我得知，太多的公立学校教师不得不在令人气馁、饱受压抑，甚至是在残忍的条件下工作；我得知，这些善良的人们自发自觉地想办法求生存，而不是坐等别人的援助；我感受到他们心灵深处的、让他们面对再大的困难也坚守课堂的献身精神——为我们孩子的福祉必须具备的无私无畏的献身精神。

我和这些公立学校教师一起度过的两年，使我坚信，他们和他们的亲人才是我们这个时代当之无愧的教化楷模。他们每天要跟那些为社会弊病所伤害的孩子朝夕相处，而且除了他们没有谁决意去匡正时弊。他们每天还因所谓的种种不足和失败而遭受政府官员、公众和媒体的斥责。然而他们每天仍对学生敞开心扉，期待以心灵影响心灵，帮助学生同样敞开心扉。

《教学勇气》面世前的 10 年里，那些教学的艰难岁月，那些与其他教师相处的欢快时光，促使我用发自内心的炽热激情来写这本书。当然，**激情**这个词，既可指强烈的爱，亦可指极端的痛苦，或两者兼而有之。这两种情感不仅在语言上密不可分，在生活中也是密不可分的。

展望未来

今天,《教学勇气》已经面世 10 年了。既然历时 10 年的事件已经"通过正规形式发生"了,不妨评估一下我的水晶球占卜——我当年对教育的未来、教师的需要、我这本书可能提供的帮助等种种预言——到底有多么准确。

我曾凭直觉预感,教育将更加痴迷于外在的价值,从而挤掉支持教师和学生内在价值所需要的空间。如今我伤心地发现,这不祥的预感竟如此准确。其实,做出这样的预言并不需要去求教德尔菲神谕。那过分的"不让一个孩子掉队法"——一套已严重挫伤教师士气、窒息真正的教与学而且既无资金投入又无事实依据的联邦法令——就是对教与学只关注权重与测量而轻视意义之思维模式的不可避免的后果。

有人说:我们需要量化指标,我们需要细称精量,以加强和实施教育问责。我的回答是:当然,我们确实需要细称精量,但必须具备三个我们至今尚未具备的条件。其一,我们要测量真正教育情境中值得测量的东西,死记硬背在真正的教育情境中是无足轻重的;其二,我们要懂得怎样测量我们准备测量的东西;其三,我们要重视那些可测量的东西,更要重视那些量化工具测量不到但同样重要或者更重要的东西。

否则我们会发现,我们处于哭笑不得的境地,我认为确实如此,这是杜威(John Dewey)早在 70 年前就讥讽过的。当时有人问他对智力测验的看法,他根据自己童年的农场经历做了回答。其实,杜威的回答,完全适用于"不让一个孩子掉队法"所要求的诸多"学习测量"：

> 杜威认为智力测验就像他家去集市卖猪前的准备一样。为了算出猪的卖价，他的家人把猪放在跷跷板的一端，在另一端堆砖头，直到两边平衡。杜威说："然后，我们又设法去算出那些砖头有多重。"[2]

如今我们所做的，比如测试语言技能，无非是说，在语言技能方面，这个孩子值"76 块砖头的重量"，而那个孩子值"83 块砖头的重量"。但是我们仍然不知道这些砖头的重量，况且各种情境所用的砖头种类也各不相同！不管我多么希望是我预测错了，我在 1997 年预言我们的社会会继续痴迷于教育的外在东西，却不幸言中了。

我曾指出，教师关注自己的内心活动，有助于他们联系学生（从而可促进学习），有助于他们增强力量以抵制损害真正教学的威胁（"不让一个孩子掉队法"只是最近的一个例子）——让我高兴的是，这一点也让我说对了。这本书出版后的 10 年里，我从很多教师那里听到，在艰难的日子里，就是这种教学之道帮助他们深化、更新、支撑他们的教学生涯。我还会在本前言稍后引用一些可以为我的教学之道提供证据的研究。

然而，我对这本书的潜在读者却估计错误。虽然面世前，我有好几年的时间与学前班到高中的教师一起密切合作，但我以为我的读者应几乎全是来自高等教育和成人教育领域。我已经在高等教育和成人教育领域工作了 30 年，且有一定的知名度，因而书中引用的大部分例证也都来自该领域。所以，当我得知许多公立中小学的教师和行政管理人员也都读了《教学勇气》时——在 1997 年，对于他们的领域，我不过是个新手——这时常令我感到惊喜和欣慰。

同样令人开心，更令人惊喜的是，这本书也吸引了其他领域的读者，包括医疗、法律、政治、慈善、宗教以及组织领导等领域。自从《教学勇气》问世以来，不断有人问我："既然你在这本书中所说的很多内容都适用于其他工作，而不仅仅是教学，为何你不写一本《领导勇气》《服务勇气》或《治疗勇气》呢?"每一种因"心灵召唤的理由"而吸引人们从事的专业，也是人们与其工作因失去心灵而饱受煎熬的专业。他们像教师一样也在问："我们怎样才能重拾心灵，从而拥有完整的心灵向他人敞开呢?"——向他人敞开心灵，正是最初他们挑选职业时最看重的理由。

但过去的 10 年最令我欣慰和惊喜的是——当然是与《教学勇气》有关的——我们已经取得了令人鼓舞的突破和进展: 通过创造各种通道和平台，给我们的理念"装上飞轮"，使我们的理念广为传播，到处扎根，让想探索这些理念的人们共同分享。

这里的"我们"，指那些完成最初两年的"教学勇气"项目，又和我共同成立"教师重塑中心"的人——后来，顺应非教师人数不断增加的需要，"教师重塑中心"改名为"勇气和更新中心"。[3]"我们"包括马西·杰克逊 (Marcy Jackson) 和里克·杰克逊 (Rick Jackson)，他俩是创立该中心和维持其运行的联席主管; 汤姆·毕奇 (Tom Beech)，罗柏·勒曼 (Rob Lehman)，米奇·欧利凡提 (Mickey Olivanti)，以及菲兹尔研究所的戴夫·司旅特（Dave Sluyter）；史密斯学院的教授山姆·英特拉托（Sam Intrator），还有编辑梅根·斯克里布纳（Megan Scribner），他为编辑出版由《教学勇气》衍生出的一系列书做了大量提升工作，使我们的工作广为人知。[4]

今天，勇气和更新中心是通过拥有150名经过培训的促进团队——即"勇气合作"团队——来运行的，在30多个州和50多个城市为人们提供培训课程，帮助各行各业的人将"本心与本职重新建立联系"。我们现在所说的"信任圈"——在性质和做法上都相当于1994—1996年在菲兹尔研究所实行的教师圈——中心一边继续开展与学前班和中小学教师有关的重点工作，[5]一边与医生、律师、神职人员、基金会主管、政府官员、非营利机构的领导等合作，互助。

正如我在本书后记中所指出的，过去10年间发生的许多事情，都已经证实并发展了《教学勇气》所强调的关于教师和学生内心活动的观点。其中一个发展是2002年安东尼·拜瑞克（Antony Bryk）和芭芭拉·施耐德（Barbara Schneider）发表了题为《学校中的信任：学校改进的核心资源》（Trust in Schools: A Core Resource for Improvement）的研究报告。[6]这两位芝加哥大学的学者，得到拉塞尔·赛奇基金会（Russel Sage Foundation）的赞助，"在20世纪90年代初期，随着深化学校分权管理的1988年法令的实施，开始就芝加哥学校所展现的改革动力机制进行探索"。[7]

拜瑞克和施耐德相信，人际关系中的"互信"是学校成功的一个至关重要却被忽略的因素，因此他们检视这一因素对学生学习成绩的影响。他们采用标准化测试成绩来衡量，比较了"互信水平高的学校的学生学业成绩和互信水平低的学校的学生学业成绩"。当时《教育周报》(*Education Weekly*) 报道的结果如下：

> 他们发现，标准化测试分数处于最高的25%的学校，互信水平通常高于那些分数处于最低的25%的学校。他们还调查了1991年至1996年间在标准化考试中年度得分最好和最差的100所学校，并且将这些结果与教师调查表中关于互信的数据做了对比。
>
> 由此他们发现，1994年，高互信学校的学生最终在阅读、数学分数方面的提高，比那些低互信学校的学生高三倍。1997年，高互信学校有二分之一的机会被归到"成绩有所提高"的范畴，相比之下，低互信学校只有七分之一的机会归到此类。两位执笔人写道：不论1994年还是1997年，凡是被本校教师反映互信水平低的学校，"这些学校的学生，事实上没有机会在阅读或数字方面得到提高"。[8]

拜瑞克和施耐德也发现，教师与学校行政管理者之间、教师与教师之间、教师与家长之间的互信，具有抵消外部因素影响的力量。一般认为，外部因素足以左右一个学校为学生服务的能力。"学习成绩的提高不可能发生在办学经费短缺、种族隔离严重、学生流动频繁的学校。但这两位研究者认为，即使在考虑了上述因素的影响后，互信和学习成绩之间仍存在着明显的正相关。"[9]

如果把学生教育好的本领取决于人际关系的互信，那么人际关系

的互信又取决于什么呢？很明显，取决于一个教育者在自己的生活中
"探索内心景观"的能力，凭此学会如何永葆信任之心，安然通过人
生之旅中那遍布陷阱的险要地段。

人际关系的互信建立在人的内心活动上，诸如同理心、忠诚、悲
悯、耐心、宽恕等。一旦忽略对教育成功很关键的内心活动，无视培
养上述性情品质所必需的内心活动，忽视抵制种种损害这些性情品质
所必需的内心活动，没有相应的制度来支持内心活动，那么这个关键
的变量只能听天由命。我们都清楚，在一个不断腐蚀信任的文化里，
等着它的是什么样的命运。

拜瑞克和施耐德的研究很有价值。但是，我需要指出——不是
评论他俩的研究，而是评论我们的心态——《学校中的信任》揭示了
一个隐藏的却又显而易见的秘密：向**互不信任的人们**提供最上乘的
方法、最时新的设备和最充裕的经费，但取得的仍然是糟糕透顶的
结果，这谁不知道？**相互信任、紧密合作的人们**，即使没有充足的资
源，照样能拿出卓越的成果，这谁不知道？

其实，对这些事我们都心里有数。但一到公众场合，我们就不肯
说出真相——真的，我们还主动否认呢——就这样，我们持续不断地
屈服于由机构制造出来的幻觉，即人心的活动逻辑与现实世界的运转
是不相干的，现实世界的运转必须凭实物"论输赢"。真不知该怎样认
识这种幻觉，是有意地割裂、否认、贬低人的自我呢，还是本来就是
可悲的、愚蠢的胡言乱语。我想，所有这些词加在一起，**甚至**用更尖
锐的字眼，才能准确地描述这种特殊的机构性精神病。

我很感激拜瑞克和施耐德将他俩的研究发现公布于世。他们劝导教育决策者接受"信任在提高学习成绩方面起着重要作用"这一见解。他们写道:"从政策层面,我们要经常留意,学校的每一项新举措对校内人际关系的互信是促进还是损害。"[10]

按照他们的提议,我们不妨从"不让一个孩子掉队法"开始,看看这个法到底对于学校内的互信产生了什么影响。一旦我们认识到它造成的危害——即认识到一旦忽视人心的活动逻辑时,一个机构追求使命的能力会有什么样的后果——我们就可能学会如何制定有效地促成真正教育改革的政策。因为这样制定出来的政策对"人性中的善良天使"具有感召力,真正扎根于世界运转合乎情理的共识之中,从而可以郑重地对待师生生活中的内心景观。

致谢读者

最后,我要向我的读者说一声:谢谢你们!谢谢你们在《教学勇气》初版时就购买了三十多万册!谢谢你们跟学生、同事和朋友分享《教学勇气》!最最重要的是,我由衷地感谢你们把书中教与学的愿景带到教学第一线!

跟10年前相比,如今我对教育改革的潜力怀着更大的希望,这是因为通过本书我结识了许多人,包括学校教师、行政管理人员和改革者,他们热切地关心教育、关心学校、关心他们为之服务的学生,并愿意为实践理念承担风险。

就是基于这个希望,我还为10周年纪念版写了"后记",题为

"呼唤新专业人士——教育就是转变"。在后记中，我探索培养能真正造福世界的新专业人士的途径和方法。这些新专业人士不仅要掌握诸如教学、医学或法学专业领域的核心能力，也要具备必需的本领和意愿，以帮助其所在的专业机构转变——因为往往就是这些机构不断地威胁着我们的最高专业准则。

正如本书众多读者已证实了的，"探索教师生活的内在景观"使我们复归本性，扎下根基，重获新生，再从容面对我们生活的外在景观。当我们真正全心地投入到感召我们的工作中，我们就能再一次把我们的心灵献给我们的学生、我们的同事、我们的学校，以及我们的世界——一个心如铁石但只向从内心生发的才智和美德低头的世界。

鸣谢

1983 年，我出版了《以反求诸己的方式求知：作为精神之旅的教育》（*To Know as We Are Known: Education as a Spiritual Journey*）。这本书为我提供了结识国内来自不同机构的教师并与他们一起工作的机会，这些机构有高等院校、公立学校、继续教育中心、进修中心、宗教机构，以及各种学习型组织，如企业、基金会、社会变革工作组等。

与这些非凡的、不同背景的教育者的对话激发我写了此书。《教学勇气》有两点不同于《以反求诸己的方式求知》：既坚持关注教学实践，又坚持集中探索通向内心活动的途径。我所见过的富有献身精神的教师的内心活动是向各种途径敞开的，我感谢那些鼓舞我沿着这一思路著述的良师益友。

我要特别感谢菲兹尔研究所所长罗伯特·勒曼（Robert F.Lehman）。我是该研究所的一名高级顾问。在该研究所的一系列计划中，他使我可以从容地安排到各地的长途旅行，从而完成此书。这本书所展示的心灵之旅饱含着他大度且忠实的同伴情谊。罗伯特了解内心活动以及这种内心活动以其罕见的深度和激励力量对行为世界的影响，我深深地感谢他的睿智、友谊和见证。

与菲兹尔研究所的合作丰富了我的教育经验。我自己的教学主要在大学和成人学习计划中进行，本书中大部分故事都来自这两个领域。但在1992年到1997年之间，我通过帮助菲兹尔研究所创设教师重塑计划，即在公立学校开办两年制的教师更新静修班，从而对学前班和中小学教师的生活有了较为深刻的了解。实施这项计划的场所分布在伊利诺伊州、马里兰州、密歇根州、南卡罗来纳州、华盛顿州等地。在本书即将出版的同时，菲兹尔研究所正在建立一个全国教师重塑中心，以便推动更多的中小学落实教师重塑计划。

1994年到1996年，我领导了第一个教师重塑小组。我非常感谢密歇根公立学校的意气风发的教师，多亏了他们才使这项实验性计划取得巨大的成功。他们是玛吉·亚当斯、杰克·本德、马克·邦德、劳里·鲍尔索克斯、玛格丽特·埃尔斯、理查德·富勒、琳达·哈梅尔、埃莉诺·海沃德、玛丽安娜·休斯顿、凯瑟琳·肯尼迪、彻里·麦克卢汉、迈克尔·佩里、琳达·鲍威尔、托尼·洛斯达米、里克·塞拉菲尼、杰拉尔德·汤普森、马西娅·温霍尔德。

我也很感谢那些正在给教师重塑计划更广泛和更持久生命力的人，他们是朱迪·布朗、托尼·钱伯斯、查理·格拉泽、埃莉诺·格林斯莱德、萨莉·黑尔、玛丽安娜·休斯顿、马西·杰克逊、里克·杰克逊、米奇·欧利凡提、梅根·斯克里布纳、戴维·斯拉特、彭尼·威廉森。他们是我的朋友，也是计划实施的合作者。菲兹尔研究所的全体人员甘于奉献，辛勤工作——回复电话，写备忘录，开出支票，打扫房间，清理场地，提供食物——这些都使计划进展顺利。还要感谢研究所的董事，他们坚信这项工作有用并且予以支持。他们是贾尼斯·克拉夫林、布鲁斯·菲兹尔、温克·富兰克林、林恩·特威斯特、弗朗西丝·沃恩、杰里米·韦尔茨基和朱迪斯·斯库奇·惠特森（荣誉退休董事）。

过去的 10 年里我独立地工作。尽管我不间断地进行教学——在研讨班、教师工作坊和静修班，在各种形式的"课堂"上——但我再也不会在传统的教育环境中教同样的学生一个学期或更长的时间了，就像我于教学生涯早期在乔治敦大学伯洛伊学院和教友派的彭德尔希尔终身学习社区所做的那样。

1993 年至 1994 年，我被任命为肯塔基州伯里亚学院的礼来客座教授，对此我心存感激。就在这一年时间，我经历了教学现实的再次洗礼，写出了本书的初稿。我特别感激菲利斯·休斯、利比·琼斯、拉里·希恩，已故的约翰·斯蒂芬森，还有伯里亚友谊协会的各位成员，是他们激励我在职业生涯中蒸蒸日上。

我也很感激美国高等教育协会的朋友们，我在协会里担任高级会员。这些朋友是拉塞尔·埃杰顿（美国高等教育协会前主席，现任教堂慈善基金会教育项目主任）、卢·阿尔伯特、帕特·哈钦斯和特德·马契斯。十多年来，他们鼓励并帮助我开展工作，使我成功地深入到一个不同寻常的对话共同体中，而这单靠我自己是永远不可能实现的。

本书的大部分工作是在 1996 年至 1997 年完成的。在那段时间里，我有幸得到四位出色编辑的支持。若无他们的鼎力相助，只由我个人写完的书稿必定要比本书逊色很多。

萨拉·波尔斯特和谢里尔·富勒森是乔西－巴斯出版社（Jossey-Bass Publishers）负责出版本书的编辑，我感谢他们总是在恰当的时机给我恰当的支持和鞭策。

马克·尼波是一位诗人、随笔作家、教师和非凡的编辑。他认真地阅读我写的每一个字，热心地对大部分内容加以评论，提出赞成或反对的意见，并且尽力引导我说出自己的看法，而不是将他的看法强加于我。他帮助我紧紧抓住要旨重点，向我展现那些我还未曾领悟其中妙处的表达法，对此我有说不尽的感激。

沙伦·帕尔默目光敏锐，心地纯良。她与我同甘共苦，共享了这项计划，并使我的书文体明晰、精神完整。这本书的题词并不能充分表达我对她深深的感激。我也很感激我的父亲，他是我认识的最优秀的男人。

帕克·帕尔默
威斯康辛州麦迪逊
1997年9月

源自心灵的教学

啊，别分离，

无一丝一毫间隙，

胜群星相引相吸。

心，何为心？

若非浩茫似苍旻，

怎任无数的鸟儿齐飞，

怎任归家的风儿劲吹。

赖内·马利亚·里尔克[1]

《啊，别分离》

教学与自我

　　我是一名用心从业的教师，上课时常有让我难以抑制的欢乐时刻。每当我和学生发现可探索的未知领域、走出盘根错节的迷局困境、体验令人豁然开朗的思想闪电——此时此刻，教学真是我所知的最美好的工作。

　　不过，课堂上也会有令我心烦意乱的时刻——面对死气沉沉的教室，而我却一筹莫展——我若当场还自称是教师，说不定要被当成最易识破的冒牌赝品。此时此刻，敌人似乎从四面八方向我涌来：或是来自那些看起来如同天外来客的另类学生，或是来自那门我自恃精通的执教学科，或是来自那种非要靠教书来谋生的个人苦衷。我竟愚蠢到异想天开，还以为自己早已轻车熟路地掌握了教学这门玄妙技艺——哪里知道教学可比茶渣占卜 [1] 还要神秘莫测，我们这

---

[1] 茶渣占卜源自17世纪，当时欧洲人在喝茶之余，利用杯中的茶叶渣占卜自己的运气。——译者注

些凡夫俗子甚至连"差强人意"也无法做到！

如果你是从未熬过苦日子的教师，或是虽说艰辛度日却不以为意的教师，那么你不必费心来读本书。有些教师既有过"苦日子"也有过"好日子"，他们对有的日子之所以感到"苦"，恰恰与其心中之挚爱息息相关；还有些教师决不放任自己如铁石心肠那样冷酷无情，因为他们热爱学生，热爱学习，热爱教学。本书就是为了这些教师而写的。

如果你对教学满腔热忱——这样敬业的教师千千万万——那么摆脱教学困境的唯一途径就是对教学了然于胸。面对教学中乱麻似的难解疑团，我们必须迎难而上，而非畏难躲避，唯此才能理清头绪，从容应对，从而不仅是守卫自己的心灵，更是呵护学生的心灵。

教学困境出自下面谈及的三大原因，前两个可谓老生常谈，第三个最为根本，却常被忽视。第一，我们传授的学科像生命现象一样广泛而复杂，因此我们的学科知识总是残缺不全的，无论我们怎样地致力于读书和研究，也总是达不到教学中对掌握学科内容的要求；第二，我们教导的学生或许比生命现象更广泛更复杂，要想清晰而全面地认识学生，并及时而明智地回应他们的切身需求，无异于苛求我们担当望洋兴叹的一身二任：既要有弗洛伊德的辨析才学，又要有所罗门的明断智慧。

如果所有盘根错节的教学难题都源自学生或学科，那么我们就有了可奉为圭臬的解决办法——尽可能随时按需地更新学科知识，尽可能学到更多足以推测学生心态的技术手段。但是，之所以有棘手的教学难题，还在于第三个原因：我们如何为人，也就如何教学。

教学——如同任何真实的人类活动——无论好坏都来自内心深处。只要我在教学，就会不知不觉地把我的内心状态投射到学生、学科以及我们三者之间相处的方式上。课堂上我体验到的难缠的纠葛常常可追溯到我心中未解的疙瘩，就此而言，教学亦是反映教师心灵的镜子。如果我心甘情愿地去照这面镜子，并敢于直视镜中的模样，我就获得了认识"自我"的机会。对优质教学来说，认识自我与认识学生、认识学科同样重要。

实事求是地说，是否能认识学生、认识学科主要取决于是否能认识自我。我若不能认清自我，也就不能认清学生。我自己如果过着不知内省的浑浑噩噩的生活，此时想去了解学生无异于雾中看花——既然我不能认清学生，自然也不能教好学生。我若不能认清自我，也就不能认清学科——即不能从个人格物致知的深切体悟中将学科的真谛妙用融会贯通——此时我所认识的学科，不过是与我无关且远离现实的一大堆抽象概念。

教学工作要求教师"认识你自己"，这不是自私，也绝非自恋。我们作为教师所获得的任何自我认识，都有助于教好我们的学生，教好我们的学科。优质教学依赖于教师的自我认识，这是一个显而易见的秘密。

心内与心外

本书旨在探究教师的心灵，但也由此提出了一个关于教师心灵如何从遁世到入世的问题：在教育领域或教育改革的公开对话中，教师的自我怎样才能成为一个合情合理的议题？

教与学对我们个体与集体的生存及生活质量是至关重要的。如果我们不去拓展教与学的能力，势必难以适应日新月异的社会变化，深深陷入让我们不知所措或无能为力的困境和冲突之中。与此同时，抨击教师成为一股社会风气，因为世人面临着使其惶恐的各种苛求，对自己不能解决的问题或不能对付的恶行，需要找到替罪羊。

教师很容易成为众矢之的，因为他们是芸芸众生中无权无势也无力反击的群体。常常有人无端地指责教师不能治愈那些谁也不知如何处置的社会弊病，并且武断地喝令教师立刻采用由国家掌管的"百病消制药机"最近炮制的任何"灵丹妙药"。那些本可以为大家找到出路的教师，既代人受过还遭人逼迫，免不了日益心灰意冷，最终麻木不仁。

我们迫不及待地要进行教育改革，却忘掉一条朴实的真理：如果我们继续让堪当教育改革支柱即称之为"教师"的人力资源失去自尊，丢掉自信，仅仅凭着增加教育拨款、调整学校结构、修订教学大纲、重编教材课本，实现改革教育的目标就遥遥无期。教师理应享受更为优厚的待遇，顶住官僚作风的侵扰，肩负学术治理的责任，获取上好的教学方法和教学用品。但是，如果我们不去珍惜、不去激励作为优质教学之源泉的教师心灵，即使有了上述的一切也无法使教育面目焕然一新。

现在举国上下都兴致勃勃地加入了一场有关教育改革的大讨论，不过，讨论合适的问题才是合适的讨论。本书提出的一个事关教学的问题，在当前的大讨论中就无人发问，甚至在培养教师和聘用教师的地方也很少有人提及。但是，只要关注优质教学，就必须提出这个问题，因为这个问题尊重并激励教师的心灵，较之传统问题更能引发对教学的深入探讨。

- 我们最常问的是关于"什么"的问题——我们要教什么学科？

- 讨论再深入一些的话，我们会问关于"怎样"的问题——优质教学需要用怎样的方法和技巧？

- 偶尔，我们还会再进一步，问关于"为何"的问题——我们教学是为了什么目的，要取得什么结果？

- 但是却很少有人问关于"是谁"的问题——谁应该是那个教学中的自我？我的自我品质是如何成形的或变形的——即我是如何与我的学生、我的学科、我的同事、我的世界建立相互联系的？教育体制怎样才能支持和深化可以带来优质教学的自我？

　　我不会无事生非地对事关"什么"、"怎样"或"为何"等问题说三道四，但也不会以偏概全地仅把它们归属于耐人寻味的问题。不过，尽管研讨这些问题都能产生对教与学的真知灼见，但却无一个问题足以开辟我在本书将要探讨的领域：构成教师自我的内心景观。

　　要描绘出这幅内心景观的全景图，必须通过三个重要的途径——即理智的、情感的、精神的——三者不可偏废。把教学简化为纯理智的，它就充满了冷若冰霜的抽象概念；把教学缩减为纯情感的，它就弥漫着孤芳自赏的自恋气氛；把教学概括为纯精神的，它就丧失了系牢现实之舟的抛锚之地。理智、情感和精神之间相互依存，构成不分彼此的整体，三者本应相得益彰地交织于人的自我之中，结合于教学之中，因此我在本书中也努力阐明它们之间如何形成水乳交融般的相互关系。

　　所谓"理智的途径"，是指我们应对教与学进行有条不紊的思考——我们应从概念上把握人们求知和学习的机制、探究学生与学科的本质特征以及有关概念的形式和内容。所谓"情感的途径"，是指我们在教学时应使师生产生有利于交流的情感——喜怒哀乐等情感都会在教学现场或强化或弱化师生之间的交流。所谓"精神的途径"，是指我们应以多种方式来回应内心急欲与外界息息相通的渴望——这种渴望会激发人们对工作的热爱，尤其是激发对教学工作的热爱。

　　本书导言开篇引用的里尔克的诗句表达了这种渴望："啊，别分离……"如果我理解不错的话，他指的就是精神上渴望沟通外界的追求，这种追求将引领我们从隐秘的心灵深处走进明朗的大千世界："心，何为心？若非浩茫似苍旻，怎任无数的鸟儿齐飞，怎任归家的风儿劲吹。"

里尔克借助不同寻常的意象，向我们揭示了何谓妙绝天成的浑然一体：内心与外界天衣无缝地交汇融通，就像麦比乌斯圈[1]的环面那样不留痕迹地表里合一，从而永无止境地共同塑造着我们本身和我们安身立命的世界。虽然本书以教师的内心世界作为立论的基础，但也由内向外地延伸到教与学所需的各具形态的共同体。向内追求和善的心灵会变成向外追求和睦的关系：我们自己的心灵舒适自在，与人交往就会亲密无间。

当许多教师还在仅为生存苦苦挣扎的时候，我却关注教师的内心景观，这看起来似乎有些矫情，甚至不合时宜。有时别人问我：给教师提供一些日常教学中可用到的授课妙招、窍门、技巧等，让他们在课堂上站稳脚跟，岂不是来得更为实际吗？

这个问题令我费解，因为30年来，我一直身体力行此书表达的理念，主持了为各类教育工作者开办的工作坊和静修班。与我合

---

[1] 德国数学家麦比乌斯（1790—1868）发现：把一根纸条扭转180°后，两头再粘接起来做成的纸带圈，具有魔术般的性质。普通纸带具有两个面（即双侧曲面），一个正面，一个反面，两个面可以涂成不同的颜色；而这样的纸带只有一个面（即单侧曲面），一只小虫可以爬遍整个曲面而不必跨过它的边缘。这种纸带圈后来被称为"麦比乌斯圈"。——译者注

作的教师数不胜数，其中许多人都确证了我的个人经验：我们不管从事什么样的教学工作，各有所长的教学方法固然重要，但最有普适意义的是可参透教学时自己内心活动的自我洞察力。我们对自己的内心世界越是熟悉，我们的教学乃至生活就越是踏实。

我听说，培训心理医生时要用到各种实用技术，由此流行这么一种说法："实用技术先来，心理医生后到。"精巧的技术手段固然有助于心理医生了解患者的病情，但有效的心理治疗必定起始于能跟患者知心交心的心理医生。

与此类似，教学中也常是实用的技术先来，真正的教师后到，本书就是要促使真正的教师及时到场。对教师个人而言，的确是心有所思才身有所行，从而取得切实的教学效果。即便如此，切实性的问题还会以另一形式出现：教育体制怎样支持教师的内心世界？应该指望教育体制支持教师的内心世界吗？

回答这个问题值得缜密思考，为此我殚精竭虑地专门写下了第六章。不过，在此我暂且将类似的问题换成反问的方式，就不难看出我的基本观点：如果学校不能支持教师的内心世界，岂能教育学生？学校的教育就是要指引学生走在心明眼亮地做事做人的人生大道上，如果学校不去鼓励作为引路人的教师探察学生的内心世界，岂能不辱使命？

曲径乃通幽

　　对有些人来说，我至今还如此看重教师似乎是有点不识时务，因为他们坚信，尽量少操心教师的教，尽量多关注学生的学，才能有名副其实的教育改革。

　　我绝不否认，教学的旨趣着眼于求学的学生，而非任教的教师：唯有学生学有所得，才能说教师教有所成。我也毫不怀疑，学生在学习时完全可以各显神通，做到异曲同工，有些学生的学习不必依赖任课教师，或者既不靠教师也不靠课堂，照样学得出类拔萃！

　　但我同样心知肚明的是，在演讲厅、研讨班、实验室、实习现场甚或电化教室——即在绝大多数人接受绝大部分正规教育的地方，教师拥有的力量是足以创造促使学生尽量多学或根本不学的条件的。教学即教师有意地创造这些条件的行为，而优质教学还要求我们务必透彻地了解教师的意图和行为的内在根源。

　　长期以来，我主要是在高等院校任教，面对成年学生授课。不过，近年来，我一直在与从学前班至十二年级（K-12）的公立学校教师合作共事，并且从中获益良多，里面就含有令人警醒的两点认识：一是各级教育层次中的教师具有的共同之处，远远多过我们以前的料想；二是千万不要想当然地将教育层次与教学水平混为一谈，高等院校的教学水平不一定都是"高等"的。

　　学前班教师通常比那些有博士头衔的人更能心领神会地把握

教学技巧，或许正是因为"最低"年级的学生恰如童话《皇帝的新衣》中的幼童，他们不会在意你上的是哪所研究生院，你的论文答辩委员会主席是何许人，更不会在乎你写出了多少部专著，但却能一眼看出你是否真实，还能一口道破实情。天真无邪的幼童就能辨别真伪，这一事实更加增强了我的信念：无论在哪一个教育层次，教师的自我状态都是关键。

"谁是那个教学中的自我？"这是本书要探讨的核心问题。以出书的方式回答这个问题，要不断面对各种难以想象的挑战。过去五年，在一次次绞尽脑汁地修改本书时，我总算彻底明白了，为什么人们总是乐于回答有关"什么""怎样"和"为何"的问题：那些问题不仅仅更易于撰文作答，还更易于变成可得到拨款资助的科研课题！

可我不改初衷，一以贯之地追问关于"是谁"的问题，因为它在寻找教育改革的道路中显然是人迹罕至的一条小径，但绝对是优质教学随时随地需要的一条可从内心不断地获取资源的小径。我们迫切地需要真正的教育改革——我们曾多次大张旗鼓地调整教育体制，但真正的改革却像遥不可及的幻梦——因此，我们发现的任何小径都值得派出探险队去考察。

我至今仍念念不忘"是谁"的问题，还出自一个不妨实话实说的原因："谁是那个教学中的自我"正是我自己职业生涯中的核心问题。我坚信，这个问题是为了学习和学生而就教学和教师所能问出的最根本的问题。只要我们（个人或群体）是在开诚布公地解答这个问题，那么我们就能更加真诚地为学生服务，更加意气风发地联合诸位同仁共同奋斗，努力促使教育给世界带来更多的光明和生机。

第一章

教师的心灵：
教学中的自我认同和自我完善

～～

现在，我终于找回了自己。

曾度过了多少岁月，

曾换过了多少场地；

我一次次的动摇，

我一次次的迷失，

戴着别人的面具……

～～

梅·萨顿
《现在我终于找回了自己》[1]

超越教学技巧的教学

就在我动笔撰写本书之前不久，恰是由残夏渐入初秋的学校开学季。有一天，我走进了大学的一间教室，也由此走进了我教学生涯的第三十个年头。

那天去上课时，我还暗自庆幸又有了教学的机会，因为教学是让我最心旷神怡的工作；可当晚回家时，我却再次认定自己永远无法胜任这叫人最费心伤神的职业。我既对一些学生的课堂表现而恼怒，又为自己的应对无方而羞愧，不由自主地又掂量起那个挥之不去的揪心问题：到了我这把年纪，还能不能改行，去找一份自己有点把握干得好的新工作？

上课的前半段，学生们犹如修道士那样沉默，我近乎低声下气地苦苦乞求，却求不来他们的丝毫反应。这一下子让我陷入一种由来已久的恐惧之中：我这人一定是极端无趣的。这些年轻人课前在走廊上还生龙活虎，谈天说地，可上我的课不到片刻工夫就无精打采，一言不发。

上课的后半段，学生们总算开口参与课堂讨论了，可原本心平气和的交谈突然变成面红耳赤的争吵，只因一个同学说另一个同学所谈都是微不足道的"鸡毛蒜皮"。我尽力掩饰心中的不快，劝说他们要虚心听取不同的意见。可此时课堂讨论的热烈气氛已经骤然冷却，学生之间的对话难以为继。当然，这又让我陷入一种由来已久的焦虑之中：学生们七嘴八舌各抒己见时，怎么偏偏总是我尴尬地叫停争辩！

我教过成千上万的学生，出席过数不胜数的教学研讨会，观摩过别人的课堂教学，细读过别人的教学专著，也反思过自己的教学经验，还学到了形形色色的教学方法。但是，每逢给新班上课，一切都好像要从头再来。我反复遇到的问题，也是其他所有教师都熟悉的老问题，可每次老问题的出现还是令我猝不及防。我对付老问题时，表面看来平和淡定的程度与年俱增，可实际上几乎每次都如同一个初为人师的新手那样手足无措。

从教30年通过悉心学习教学本领，我才领悟到何谓高深的教学造诣。简而言之，每次上课都应是我和学生面对面地进行一场古时称为"教育"的那种教学相长的交流。要做如此的交流，既不能撇开教学技巧，也不能仅凭教学技巧。与学生面对面交流时，唯一可供我即刻调用的资源是我的自我认同和自我意识，即对教学中的那个"我"的认识。若无这种自我认识，我也就无法具有对学习中的那个"你"的认识。

本书的所有立论都基于一个简单的逻辑前提：**好的教学不能降**

低到技术层面，好的教学来自教师的自我认同与自我完善。

这个前提言近而旨远，在此虽不便于花费时间详尽地阐明其含义，但可以较为简明扼要地将其表述为：在我任教的每堂课中，我与学生建立联系进而引导学生与学科建立联系的能力，与其说是依赖于我所使用的教学方法，不如说是依赖于我在多大程度上对自己的认识和信任——亦即是否能将自我收放自如地服务于学习。

支持这一前提的依据，部分源自多年来我一直在请学生讲讲他们遇到过的好老师的故事。只要听过这些故事，就能明白为何不能妄下断语：所有的好老师都使用同样的教学技巧。在课堂上，有些老师口若悬河，有些老师寡言少语；有些老师照本授课，有些老师自出机杼；有些老师和颜悦色，有些老师疾言厉色……教无定法，不一而足。

但是，在我听到的每一个故事中，好老师们有一个共同的特性：在教学中折射出强烈的自我意识。常听学生这样议论："看到某某博士如何教学，就可知道她如何为人""某某先生对执教的学科，简直就是一往情深""谁都看得出来，某某教授视教学为生命"。

我还听到一位女生说，她不能用三言两语来描绘"好老师"，因为他们个个别具一格，但寥寥数语就能形容"差老师"，因为他们全是一种形象："他们说出的话听起来言不由衷，就好像漫画书中的气泡框里的话语，常常漂浮不定地遮掩着说话人的脸面。"

既然差老师都带着这位女生所说的一副模样，那么他们在教学中先就疏远了自己的执教学科，继而疏远了自己的学生，而好老师则在教学中将自我、学科与学生融为一体。

优秀教师是能将人、事、物连成一片的编织能手，他们能将自己、学生、学科编织成相互联系的网络，学生从这个网络中也可学会如何编织出属于自己的一片天地。这些编织能手用到的方法大相径庭：讲授法、苏格拉底式反诘法、室内实验法、合作解决问题法、乱中出新法等。优秀教师能形成的广泛联系不在于他们的方法，而在于他们的心灵——**心灵**在此取古时的含义，是人类自身中智能、情感、精神和意志的汇聚之处。

当优秀教师要把自己、学生、学科编织出一幅不分彼此的织品时，他们的心灵就是织布机，就在这里纺纱捻线、转动梭子、织出布匹。毫不奇怪，教学会让教师挂心，会让教师开心，甚至会让教师伤心——教师越热爱教学，可能就越伤心。教学勇气就是教师在面对强人所难的苛求时仍能尽心尽力地坚持教学的勇气，凭着这股勇气，教师、学生、学科才可能被编织到学习和生活所需要的共同体结构之中。

若能真的不把教学降低到技术层面，说不定既是好消息也是坏消息。说它是好消息，在于大多数教师不必翻来覆去地把教学仅仅当成一个"怎样做"的问题加以探讨，从而避免了常常因此而起的腻烦、乏味。教师彼此之间原本是很少深入地探讨教学上的各种问题的——既然教师除了"妙招、窍门、技巧"之外就无可切磋了，为何还要画蛇添足地琢磨其他问题呢。可教师之间如此浅尝辄止的交流无法触及教学中教师的心灵。

若能真的不把教学降低到技术层面，对许多自有所长的教师更是福音。他们不必再遭受那不堪忍受的痛苦：那种改变自己的独特才能、削足适履般地迎合强求一致的方法及标准而感到的痛苦。在当今的教育中，"一刀切"引起的痛苦无处不在：每当我们把某种教学方法捧为独步天下的方法时，就迫使采用不同教学方法的教师感到"自愧不如"，不得不违心地屈从他人立下的规矩。

我永远不会忘记一位教授，他在我即将开办一个教学工作坊之际，为了发泄多年积压起来的对此类工作坊的不满情绪，怒气冲冲地责问我："我本来就是一个有机化学家，难道还要你费两天功夫来告诉我，应该只用角色扮演法去教有机化学吗？"问得在理，我们必须树立这样一种教学理念：尊重学科和教师的多样性，而这一点只讲采用这种或那种教学方法是无法办到的。

好消息固然好极，坏消息也着实坏透。如果优质教学源自教师的自我认同和自我完善而非教学技巧，如果我们想要成长为展现自我的教师，必然要做一件与当今学术文化格格不入的事情：我们彼此必须推心置腹地进行沟通交流。这种做法在惧怕个人风格，只能在讲究技术、传统、学理中寻求安全感的教学行业中，确实要冒着惹火烧身的风险。

不久前我听到了一群大学教师的争论，使我又回想起谈个人而色变的这种恐惧。教师争论的话题是：当学生在课堂上分享个人经验时教师应该怎样应对——而且这些个人经验还和课程主题密切相关。一些教授认为："能将个人经验派上用场的是心理治疗，而不是大学课堂。"

人们很快就分成了可以预料到的两派：一个是学术中心派，强调学科至尊至贵，绝对不能为了迁就学生的生活而降贵纡尊；另一个是学生中心派，主张学生的生活至高至上，即使亏待学科也在所不惜。两派各执一端，互不相让，争论越来越激烈，对立越来越严重——可他们对教学和自己的了解却越来越稀少。

两派的观点似乎隔着一条不可跨越的鸿沟——除非我们能找到形成鸿沟的症结。从本质上说，这些教授不是要去就教学技巧争长论短，而是要揭示教师群体中有各自不同的自我认同和自我完善，说句归总的话："谈到如何理顺学科和学生生活之间的关系，谁都有自身的局限，谁也都有自己的潜能。"

倘若我们不再相互推销各自的教学招数，而是探讨如何当一位**"教如其人"**的教师，或许就会发生一件非同小可的美事：在关于如何教学的争辩中，我们再也不会顽固不化地死守各自教学门派的阵营，而是从心中滋生对自我认同和自我完善的追求。

教学与真我

好的教学来自教师的自我认同和自我完善，这个说法听起来好像是劝谕人们行善积德的浅显道理，若是虔诚的信徒更可能这样说：好的教学来自好人。

不过，我所说的自我认同和自我完善，并不是仅指我们的高尚品德、仁慈行为，或是谈笑自若地面对险关危局的坚毅性格。自我认同和自我完善既和我们的长处与潜力有关，也和我们的短处与局限、感伤与恐惧有关。

我说的**自我认同**，是指一种不断演变的与自我相关的联系进程，在此进程中，构成我人生的所有要素汇聚相交而形成神秘的自我。这些要素有：我的遗传气质、赋予我生命的父母的性格、我成长时的文化环境、支持过我的人和伤害过我的人、我对人或对己做过的好事和坏事、品尝过的甘甜和体味到的苦涩——举不胜举，难以尽述。在将人生的构成要素建立起相互联系的复杂进程中，自我认同是逐渐使我成为"舍我其谁"的各种外在因素和内在因素的交汇之处，在此聚合的要素不同就是人之所以成为这种人或那种人的奥妙所在。

我说的**自我完善**，是指我无论怎样都是一个整体，每当各种要素交汇一处来塑造和改造我的人生模式时，我是能够发现这种整体性的。自我完善需要我识别出有哪些要素是构成自我不可或缺的，分辨出其中哪些适合我，哪些不适合我，选择出使相聚于我内心的要素触发生机的联合方式：对这些要素我是欢迎还是畏惧？是接受还是拒绝？是追随还是反对？通过追求自我完善，我会日益完整。但完整并不意味着完美，承认不管什么样的我都是一个整体，倒是更符合实情。

自我认同和自我完善不是用以凿刻虚构英雄的花岗岩石，而是在一个复杂而严苛的自我发现的过程中需要随时体察的微妙部分。**自我认同**是构成我人生的各种要素的总汇，而**自我完善**则是这些要素的联合方式，是促使我的人生完整协调、生机勃勃的，而不是分崩离析、死气沉沉的联合方式。

以上所述就是我给自我认同和自我完善下的定义，虽然我曾试图做出更精确的界定，但总是做不到贴切、周全。或许任何人都不可能充分而准确地指明或摸透自我认同和自我完善，甚至包括那些完全表里合一的人。它们是我们一生中随时可从熟悉处领略惊异的感悟，是只能从眼角余光偶然瞟见的一闪而过的真实。

故事是描述这种真实的最好方式。下面就讲一个关于两位教师的故事，故事情节以我熟知的真人真事为基础，他们的人生经历比任何一种理论都让我更多地领会到自我认同和自我完善的精微之处。

艾伦（Alan）和埃里克（Eric）都出生于乡村的工匠之家，他们的父辈虽没受过多少学校教育，但手艺非常娴熟。两人小时就显现出双手灵巧的天赋，在长大成人的过程中手工技能也日臻精纯，并形成了以能工巧匠为荣的自我意识。

艾伦和埃里克还有天资聪慧这个共同点：两人上中小学时学习成绩均名列前茅，成为各自工匠世家中考进大学的第一人，读大学本科时学业上依然成就斐然，随后考入研究生院，获得博士学位后，又都选择了到大学任教的职业。

此后艾伦和埃里克的人生之路则分道扬镳，虽然两人自我意识的中心部分都是以自己有手艺而自豪，但艾伦能够将这种才能融入自己的教学生涯之中，而埃里克却很早就刻意掩饰自己与手艺的联系。

埃里克18岁时从乡下一下子跨入著名的私立大学，对在校时遭受的文化冲击一直耿耿于怀。因此，在与当时的大学同学和以后的大学同事交往时，凡是面对他认为出身比自己更"有文化"的人，他都不由自主地感到局促不安。尽管他学会了像一个文化人那样谈吐或行事，可心里总觉得自己跻身书香门第的子弟之列好像是在欺世盗名。

不过，埃里克这种难以释怀的惶恐既没有使他改弦易辙，也没有使他反躬自省，反而促使他揣着"最坚固的防御就是最猛烈的进攻"这一执念，将一身暴戾之气带进教学生涯。在学术研讨中，埃里克常常信口开河而非仔细探求，对别人的见解吹毛求疵，无论何事都可胡搅蛮缠地争论一通——对待别人的任何反驳总是隐隐约约地露出不屑一顾的蔑视模样。

在课堂上，埃里克更是独断专行，动辄一声猛喝"蠢问题"就让学生闭口不敢提问，可用自己的偏题怪题为难学生倒是他的拿手好戏，一旦有的同学答错便会遭到他的无情讥讽。他折磨学生似乎为一种需要所驱使：他要让学生在读大学时受到与自己同样的折磨，也由此造成与自己同样的创伤——一种让自我本身受辱蒙羞的心灵创伤。

不过，只要他回到家中坐在工作台前，如醉如痴地从事手工制作时，他的自我又脱颖而出了。他居家时如鱼得水，变得和蔼可亲，与人为善。通过再次连接以真我为其中心的根基，他又能达到恬淡而自信的心境——可这种心境一回到大学校园就丧失殆尽。

艾伦的情形则大不相同，他从乡村飞身跃进大学时并未遭到文化冲击，部分原因可能在于他读的是一所赠地学院[1]，很多学生都有和他差不多的出身背景。因此，他不必自惭形秽地藏掖自己的手工才能，反而积极主动地将这种才能用于学术事务上而使其发扬光大：先用于学习之中，后用于教学与研究之中，在运用时秉承着先辈们做金工或木工时以手艺为荣的自我意识。

你观摩艾伦的教学，觉得像看一个巧匠做细活儿——若你了解艾伦的身世，就会明白如此比喻不是捕风捉影，而听课观感也非一个比喻所能言表：在艾伦的授课过程中，每个教学步骤都是"精雕细刻"手边现成的材料，"严丝合缝"地讲清每个概念的内涵与外延，并且做出"画龙点睛"的小结。

艾伦教学时所具有的影响力，远远超越了他的"手艺"带来的魅力。他的学生深知，只要想成为他的门下弟子，艾伦都会将所有学识全盘相授，其做法正如他家中的长者毫无保留地将独门绝技全部传给小艾伦。

---

[1] 赠地学院亦称"农工学院"。美国各州依据两次《莫里尔法》（1862、1890）获联邦政府赠地而建立，旨在促进农业和工艺教育，适应南北战争后经济发展对技术人才的需求。这些学院后来多半发展为州立大学，成为美国高等教育的一支重要力量。——译者注

艾伦的教学基于浑然一体的自我——这种自我是优质教学的核心因素，也是本书的中心概念。在浑然一体的自我中，人生中每条重要的"纱线"都受到重视并相互交织，用它们编织出将学生、学科和自我安放得错落有致的织品。这种向内整合一致的自我，才能向外建立优质教学所要依赖的各种联系。

但是，埃里克却未能将自我认同的主流融入自己的教学职业，他的自我是一个分裂为二的相互内斗的自我。埃里克将这种内斗投射到了外界，因此他的教学变成了如何争强斗胜而不是如何业精于勤。这种分裂的自我总是要疏远他人，甚至要尽力摧毁他人，才可能维护那脆弱的自我认同。

如果埃里克在读本科时未与所处环境格格不入，或者，如果这种格格不入触发的是自我反思而不是自我防护，那他很可能就如同艾伦一样能在自己的教学职业中获得自我完善，并将自我认同的主流融入教学工作。不过，自我之所以神秘莫测就在于因人而异：甲之完整乃乙之分裂。从埃里克迄今为止的人生看，有一条贯穿始终的线索：执教于大学不是使他焕发活力的选择，也不是使他的真我能健康而完整地展现的背景，更不是与他的独特本性密不可分的职业。

自我没有无限的伸缩性——它有潜力也有局限。如果我们从事的工作缺乏自我完善的方式，那么我们自己、工作、同事都会受到损害。艾伦的自我在教学生涯中日益壮大，因而他所做的工作叫人看起来赏心悦目；而埃里克的自我却在教学生涯中日趋萎缩，改行或许是他自我完善的唯一出路。

甘地（Gandhi）称他的人生是"体验真理"的人生。影响我们人生的各种力量聚合为复杂的角力场，我们从中要体验的就是如何更多地了解我们的自我完善方式。[2] 我们从体验中感悟到：与一些人或事的联系会使我们兴高采烈，而与另一些人或事的联系则使我们心灰意冷；选择增添我们活力的联系，就会有利于我们的自我完善，而认可那些压抑我们活力的联系，则会有害于我们的自我完善。

体验是要冒风险的，我们不能预知哪些东西可使我们精神抖擞，哪些东西可使我们萎靡不振。但是，如果我们想要深刻理解我们的自我完善方式，我们就必须体验，并且愿意根据体验结果做出选择。

布伯（Martin Buber）说："所有真实的人生都在于相遇。"教学就是无穷无尽的相遇。[3] 教学中要迎接一次又一次的新相遇，在每次相遇中，若总是力图去区分自我完善的人与自我不完善的人，这可是一件让人厌烦，有时让人恐惧的事情。我就时常试图以地位或身份为屏障来守护我的自我意识，以此将我与同事、学生或理念隔离开来，避免彼此相遇时一定会有的冲突。

当我抵挡不住这种诱惑时，我的自我认同和自我完善就消失得无影无踪——这样，我也就丢失了教学的心灵。

当教师丢失心灵时

我们许多人是出于心灵的理由而成为教师的，这种意欲从教的心灵中充盈着钟爱某门学科的激情、助人学有所成的豪情。但在年复一年的教学中，我们许多人却丢失了心灵。那么，我们怎样找回丢失的心灵，从而像优秀教师那样，把真心献给学生呢？

我们之所以丢失了心灵，部分原因在于，教学就像是我们每天都要谨小慎微地举行一场"防灾避祸"的演习。虽说如此，作为一名教师，我不必当着全班透露令我羞愧的个人糗事；学生打瞌睡或递纸条时，我只需进行句法分析或在黑板上演示运算；不管我教的学科多么专业化，我只教我在意的内容——也就是那些有助于确定自我的内容。

教学不同于许多其他职业，这个职业总是处在个人生活和公众生活之间那个危险的交叉点上。优秀的心理医生必须私下了解患者的隐情，而且绝对不会公开患者的任何个人信息：即使只是说出患者的名字，那也是在玩忽职守。优秀的庭辩律师必须在公开场合进行辩护，而且辩护的立场绝不能因个人看法而有所动摇：如果庭辩律师带着厌恶的个人情感看待委托人的罪行，不去努力地为委托人辩护，那就是背离了职业操守。

可是，优秀的教师则必须站在个人和公众相交的地方，就像徒步穿越一个路口，一边应对着络绎不绝的呼啸而过的车流，一边努力"编织联系之网"。当我们试图将自己及学科与学生相互联系起来的时候，我们也容易使自己及学科受到漠视、审判、嘲笑等伤害。

为了减少我们容易受到的伤害，我们与学科分离，与学生分离，甚至与自我分离，我们在真实的内心与外在的表现之间筑起一堵高墙。我们只是在"扮演"教师的角色，说的尽是言不由衷的话，成了"漫画书中气泡框中的话"，我们自己也成了失去本来面目的漫画型人物。为了最大可能地降低受伤害的风险，我们使自我疏远学生、疏远学科——可我们偏偏忘了，这种通过隔离自我而造成的疏远反而会给教学生涯带来更多的风险。

这种将个人特质与教学实践割裂的"自保式"心态，被一种不信任"个人真理"的学术文化的怂恿而大行其道。学术界尽管声称看重多种多样的认知方式，可它顶礼膜拜的唯有一种——一种只有"去掉我们的自我"才能领着我们进入"现实"世界的"客观的"认知方式。

在这种学术文化中，客观事实被认为是纯净可靠的，而主观情感则是浑浊可疑的。在这种学术文化中，自我不是有待开发的资源，而是亟需压制的风险，不是有待实现的潜能，而是亟需克服的障碍。在这种学术文化中，那种脱离自我的口是心非被当成美德得到赞誉和表彰。

如果有人觉得，我的概述中似乎将学术界对自我的偏见夸大其词，那么在此不妨读一读几年前我在大学授课时发生的故事。

一开课，我就给学生布置了该课程的书面作业：一是要求他们按照要学的课文中的各个主题写出一系列分析性短文；二是要求他们根据同样的主题写出一系列与亲身经历有关的自传性短文，这样学生就可能看到课本知识与他们生活之间的联系。

第一节课结束后，一个学生走过来问我："在你要求我们写的自传性短文中，可不可以用'我'这个字？"

听到这种问话，我不知道是该哭还是该笑——但我确实知道，对一个刚刚敢于敞开心扉、不以为耻地提出这个问题的年轻人，我的回答必将对他产生很大的影响。我告诉他，他不仅可以用"我"这个字，我还希望他经常用，自由自在地用。接着我就问他为什么提出这样的问题。

他说："我主修的是历史，每次在书面作业中用'我'这个字，老师大笔一挥就扣掉半个评分等级。"

学术界对主体性的偏见不仅迫使学生尽写鹦鹉学舌般的文章（总用"有人认为……"而不用"我认为……"），而且还扭曲了学生对自己及世界的看法。总而言之，我们让学生错误地以为，就事实谈己见是坏文章，这样一来，我们也就使学生远离他们自己的内心世界。

大学教师常常抱怨说，学生根本不重视发展自己的洞察力和领悟力——而洞察力和领悟力才是接受教育的真正收获——学生唯一牵挂的是能否与"现实"世界挂钩的急功近利："这个专业能让我找到一份工作吗？""这份课堂作业在'现实'生活中有用吗？"

但是这些问题并不反映学生内心深处的问题，它们不过是迫于形势而不得不提的问题：一方面迫于缴纳学费的家长，他们希望子女大学毕业后能就业挣钱；另一方面迫于一种学术文化，这种文化不信任或看不起内心的真实性。当然，学生对教育的感化功效是嗤之以鼻的，那是因为我们不断地告诉他们，所谓主观能动的自我是无足轻重的，甚或是虚无缥缈的。学生的这种冷漠态度恰恰证明了，当学术文化摈斥内心真理，只推崇外在世界时，不仅是老师，学生也丢失了心灵。

作为教师，为了学生、自己和教育改革，我们怎样才能找回丢失的心灵呢？这个直白的问题是在质疑一个驱动大多数教育改革的推论——有意义的教育改革不是来自人的心灵，而是来自人心之外的各种因素，譬如，教育经费、方针政策、课程修订、院校重组等。更进一步地说，这个问题也是在质疑涉及西方文化的现实与动力的有关推论。

任何文化的根基都在于它如何回答这个问题——"现实与动力归属何处？"有的文化答曰神祇，有的文化答曰自然，有的文化答曰传统。我们的文化也有清晰明确的答案：现实和动力归属于由物体和事实构成的外在世界，归属于研究外在世界的科学。而诸如心灵这样的内在世界不过是臆想中的美妙幻境，用于躲避残酷的现实，或许对"现实"世界有所影响，但绝对不是撼动"现实"世界的力量源泉。

我们梦寐以求的是能够熟练自如地操纵外在的事物，因为我们相信，这样的操纵会让我们拥有某种主宰现实的力量，为我们赢得某种摆脱现实限制的自由。技术似乎已有改天换地的能量，这让我们对技术心醉神迷，而对内心世界则不屑一顾。这样一来，我们把面对的每一个问题都变成有待解决的客观问题——因为我们相信，每一个客观问题都可用某种技术方法加以解决。这就是为什么我们培养的医师是治疗身体而不尊重心灵，培养的牧师是当公司总裁而不是当精神向导，培养的教师只管掌握教学的技巧而不管探查学生的灵魂。

不过，时至今日，有一点应该很清楚：依赖外部的"各种技术办法"不足以长时地维系人们关注教学的热情。教育体制改革进度缓慢，我们翘首以待"它们"替我们履行职责——却忘记了教育体制亦和"我们"同进同退——是我们在等待中延误教育体制改革，是我们在等待中逐渐得过且过，而得过且过正是现在许许多多教学人员的性格特征。

除了等待，我们还有另一种选择：我们再次坚信内在世界具有改造我们工作和生活的力量，我们之所以成为教师是一度相信观点与见识至少与我们周围的世界一样真实可信，强大有力。现在，我们必须提醒自己，相信内心真理能赋予人们变革外在世界的力量。

哈维尔（Václav Havel）的经历，就为我们提供了关于这一点的证明。哈维尔写过诗，做过工，还领导了使捷克斯洛伐克摆脱苏联统治的"天鹅绒革命"，这可是一场突破了重重障碍（比教育改革要凶险万分）才取得胜利的革命。

哈维尔任捷克共和国首任总统期间，曾描述了 1968 年后捷克老百姓在苏联"巨石压顶"般的体制下度过的艰苦岁月，后又谈到播撒在人心中的人格意识的种子，这颗种子如何历经 20 年终于绽放出击碎极权主义这块巨石的花朵："我刚才讲述的这段历史使我确信，要拯救人类世界唯有依赖人的心灵，因为人类世界是否得救要取决于人的反思，取决于人的谦恭，取决于人的担当。若不在人格意识上掀起一场全球性革命，这个世界决不会变得更加美好，而走向灾难则是不可避免的。"[4]

哈维尔通过提醒捷克人民"何以为人"帮助他们重新找回了心灵，他也同样提醒了我们所有人：人不应是外部力量的牺牲品，而应是拥有不可剥夺的内心力量的人，虽然我们有可能或实际上将这种力量舍弃不用。

将我们的自我和我们的力量铭记在心是能够引发革命的，但这种铭记仅靠记住一些事实是远远不够的。铭记（Remembering）可拆字为"合体"（Re-membering），这意味着再次组成完全的自我，恢复自我认同和自我完善，重新过上身心统一的人生。一旦我们忘记自己是谁的时候，我们丢掉的不仅仅是一些个人资料，而是在给自身"解体"，给我们的政治、工作、心灵带来可悲的后果。

大学教师常常遭受解体的痛苦。表面看来，这些人之所以痛心疾首，是因为原以为加入的是一个和谐的学者共同体，却发现自己与同事、学生总是处于一种疏远、竞争、冷漠的关系。不过往深处看，这种痛苦源自精神的原因，而非社交的原因：这种痛苦源自切断了我们与真实自我的联系，切断了与从教热情的联系，切断了与心灵的联系，而心灵才是干好一切工作的源泉。

如果我们丢失了从教的心灵，那么我们如何重新找回心灵？我们如何为了我们自己和我们服务的对象而将自己合体呢？

唤醒我们的导师

如果我们是在我们人生中各种力量的交汇处找到自我认同和自我完善，那么重访那些当初召唤我们从教的交汇处，就可能找回那个导向优质教学的自我。在本节和下一节，我将反思两个这样的交汇处——一是与唤醒我们的导师相遇；二是与选中我们的学科相遇。

导师的力量不一定在于能传给我们优质教学模式，因为教学模式说到底和教师应该是谁这个问题并无多少关联。导师的力量在于能唤醒我们的内心去认识真理，一种多年后回想起导师对我们人生的影响时仍可再次感悟的真理。例如，如果我们遇见了一位优秀教师，使我们的内心认识到何谓教师的心灵，那么，每当回忆当初相遇的情景，就有助于我们在教学中重新找回心灵。

在大学教师工作坊上，我常请参与者在做自我介绍时谈谈一位对自己人生有重大影响的教师。这些讲述使我们想起与优质教学有关的各个侧面：教学形式多种多样；优秀教师教的知识会被淡忘，但其本人的音容却永驻在心；多亏有了我们的恩师，才有了我们的今天，不管如何时过境迁也要感谢他们的恩情——一方面是因为我们确实对恩师感激不尽，另一方面是因为要以我们的感恩戴德鲜明地反衬出自己学生的忘恩负义！

我还向参与者提出更有深意的问题，我问的不是"为什么你的导师会不同凡响？"而是"为什么是**你**会得到不同凡响的指导？"导师指导学生具有唇齿相依的互动性质，不仅学生要遇到合适的导师，而且导师更要遇到合适的学生。在师生的这种相遇中，体现出来的不仅是导师特立独行的品质，还有学生由此激发出来的择善而从的品质。

我最难以忘怀的有这么一位导师，他似乎违背了优质教学的所有"金科玉律"，讲起课来眉飞色舞、口若悬河，不给学生留一点提问和评说的时间。他只沉迷于自己的想法，对学生的看法听而不闻，这倒不是他瞧不起学生，而是因为他迫不及待地要用所知的唯一方法去教学生——让学生分享他的知识和激情。因此，他上的课几乎都是独角戏，而学生只配当听众。

他如此这般的满堂灌听起来像是一场教学噩梦，但当时我却莫名其妙地着迷于他的教学——的确，正是他改变了我的人生。数年后我才明白了为何对他的教学心驰神往，那是因为他为我揭示了追寻自我认同的线索。

我是家里第一个上大学的，尽管我家看重教育，但无法给我提供如何做学问的先例，可我好像天生就有做学问的禀赋。在整个高中期间，我一直将这种天赋藏在密封的盒中，把课外活动当成主要课业，毕业时学业成绩还稍低于应届毕业生的平均水平。直到大学的第二个学期，我才打开盒子，为盒子里的东西欢欣鼓舞，此后学业上突飞猛进，一路凯歌，读完本科继续读研究生院，接着又到大学执教。

读大学时就是那位上课侃侃而谈的教授使我初次认识到自己的这种天赋。只要听他讲课，我就激动起来，这不在于他讲了什么——虽然他讲的内容也令人兴奋——而在于他让我发现了仍在休眠的自我认同。他是否违反了有关如何形成良好的集体或周到的人际关系的各种清规戒律，对我来说无足轻重，我最看重的是，他能毫无掩饰地亮出他的心智活动，充分地表现出他有好学善思的天赋。听他讲课我就朦朦胧胧地觉得，我也有这种天赋，尽管多年后我才确信我真有这种天赋。

在大学执教后的很长的一段时间里，我在心中总是藏着一种想法：虽然我非常喜欢思索、阅读、写作，但它们算不上"真正的工作"。我教书，也写书，可我是通过管理教育机构和教学项目来"证明"我自己的用处——做的是实际的，因而是有价值的工作，就像我可敬的家人所做的工作。直到40多岁的时候，我才最终将心智活动作为我职业的支柱，坚信我内心深处对做学问的呼唤。当我能够解读我早期受教于导师的经验时，这种信念更加坚定了。

每当我们回忆导师的影响时，由导师而反观自身的见识并非都像我所说的那样舒心惬意。当我们年轻且缺乏判断力时，有时从导师那儿汲取的是于己有害的经验。

几年前，我应邀去某大学主持一个教师工作坊，就亲眼目睹了这种情况。该校接待我的负责人转弯抹角地提醒我，X 教授虽有精深高超的专业才干，但却是一个乱发脾气、不受欢迎的教师。这位负责人说，在参加工作坊的 40 人中，X 教授报名的本意或许不是来学习如何教学的，而是来对我们所做之事痛斥其非的。

怀着忐忑不安的心情，我尽量以"温和"的方式为工作坊揭开序幕：请参与者做自我介绍时谈谈对自己教学有影响的导师。轮到 X 教授时，大概有 8 人谈过了，大都情真意切地倾诉了颇有见地的心里话，整个房间充满了坦荡融洽的气氛。当 X 教授开口时，我不禁捏着一把汗，生怕他的发言会将这种气氛一扫而空，不过，很快就证明我不过是虚惊一场：X 教授也被这样推心置腹的交流打动了。

X 教授迟疑不决地讲述了自己导师的故事，看得出他的木讷迟钝是因为提及了心中敬畏的事迹——当他谈到如何设法以导师的教学生涯为楷模时——出乎我们的意料，一定也出乎他自己的意料，他竟然哽咽得说不出话。

后来，我在与 X 教授的私下交谈中了解到他情绪失控的原因。20 多年来，他一直尽力模仿导师的教学方式与生活方式，可总是带来事与愿违的后果。他和他的导师是天差地别的两类人，X 教授试图一丝不苟地照搬导师的风格，结果是扭曲了自己的自我认同和自我完善，将自己迷失于与己南辕北辙的自我认同之中——这是一种鼓起勇气才敢于承认的令人痛苦的醒悟，亦是一种催人奋发可带来光明前景的醒悟。

当人们都愿意以诚相待地剖白心迹时，常常会产生各有所得的相互启示，X 教授的故事也促使我进一步反省自己。在我教学生涯的早期，我也是拼命效仿我的导师一口气从头讲到尾的授课方式，后来我认识到，就吸引学生而言，这种徒具形式的模仿远远赶不上我的一些同学别开生面的创意。

于是，我开始寻求更符合我本性的教学方式，这种教学方式应与我的自我完善相互契合，就像我的导师的教学方式与他的自我完善相互契合一样——我的导师上课有效果，关键是他的教学方式与他的本性之间是一脉相承的。为了怎样当教师而去理解自己的本性，对我而言，是一个漫长的探求过程。在此过程中，我也去学习那些有可能与本性相互契合的教学技巧。

有时我需要讲授法，甚至偏爱讲授法，可一直都用讲授法连自己都感到腻烦乏味：因为我知道我要讲什么，而且讲的也全是我以前听过的。而对话法可使我兴味盎然，我得去倾听，去反应，去随机应变，更有可能听到来自别人、来自自己的出乎意料的独到见解。

但这不意味着讲授法是错误的教学方法，只是说明我有与我的导师不同的本性，更适合采用对话法。当我还年轻，对自己的本性不甚了解的时候，我需要有人做示范来点拨我认识自己有做学问的天赋，但现在人到中年，由于更加深刻地认识到了自己的本性，也就更加了解我的本性对我的要求：我应该在与他人的相互交流、相互依赖中利用自己的天赋。

我认为，各种教学技巧自有各自的作用，但教学技巧要发挥恰到好处的作用则因人而异：**当我们更多更深地了解自我时，我们就能学到展现而非掩饰自己个性特点的各种教学技巧，由此可产生优质教学**。基于这种认识，我们再也不必迫于唯专业论的风气，非得假托教学技巧来掩盖主观能动的自我。现在，我们能够理直气壮地利用教学技巧来更充分地发挥自己的天赋才能，从中产生最值得称道的教学。

来自反思的自我认识，对我的教学至关重要，因为它揭示了我的内心与学生的内心之间复杂多变的性质。就我的情况来说，教学中的那个"我"对心智活动又怕又爱，长久以来受到心中一个执念的困扰：做学问好像就是一种自欺欺人的闭门造车。当时的"我"尽管也有满脑袋的奇思妙想，但由于不能确切地把握自我，因此欣然接受导师那种将学生参与撇在一边的讲授法。不过，今天的"我"发现这种讲授法招人讨厌，需要用对话法去取长补短。

只要我忘记了自己内心的多变性，忘记了自己不断走向实现自我的漫长历程，我就对学生有了不切实际的过度期望。如果我能牢记我自己内心的多变性，牢记我自己的自我出现的缓慢进程，我就能考虑学生内心的多变性，依据他们年轻人的成长步调，提供更加贴心的服务。通过回想我们的导师，我们就能想到自己，通过回想我们自己，我们就能想到我们的学生。

回首往事，我认识到，我有幸在年轻时的每一个关键阶段——在青春期，在大学，在研究生院，在大学执教的初期——都有导师在我的自我认同需要发展的时刻来到我身边指点迷津。可当我完全是成年人时，发生了奇怪的事情：导师居然再也不来了。我老在盼望着下一位导师的光临，可白白地空等了好几年，我自身的发展在此期间也停滞不前。

然后，我忽有所悟：我不再是一个学徒，因此不必再有导师，现在该轮到我去做别人的导师了。我需要的是挥手告别以往，寻求新的人生，将我年轻时从导师处得到的厚礼再回馈给现在的年轻人。在每一次与学生的新相遇中，只要我这样做了，我的自我认同与自我完善就得到了新的发展机会。

教育犹如人类自古有之的一种舞蹈，教师和学生历来就是这场舞蹈中不可或缺的共舞舞伴，教学的一大好处就是它每天给师生提供重返舞池的机会。这是一种代代相传的两全其美的舞蹈：年长者给年少者以经验，年少者给年长者以活力，他们在一起翩跹起舞，共同塑造着休戚与共的人类社会。

选中我们的学科

对我们许多人来说，召唤我们矢志从教的契机不仅是与某位导师相遇，而且还是与某门学科相遇。我们情不自禁地倾心于该学科的专门知识，因为这些知识不仅能阐明外部世界，还能揭示我们的自我认同，不仅是我们选中了一门想教的学科——这门学科同样选中了我们。不妨回想一下，正是我们与某门学科专门知识的"情投意合"，该学科才唤醒了我们还在休眠的自我意识。通过回想学科如何唤醒自我意识的过程，我们或许就能恢复教学的心灵。

卡普兰（Alice Kaplan）是一位教法语和文学的教师，她在《法语课》（*French Lessons*）一书中就谈到自己的这种回想。"为什么有人喜欢异国他乡的文化？"当她总结自己的教学与生活的经历时这样问，并自答道："那是因为在他们的本土文化中有一些他们讨厌的东西，即不能彰显其名的东西。"[5]法国文化就给卡普兰展现了一条从本土文化中找不到的获取自我认同和自我完善的途径。

在教学过程中，一个原本相当排外的年轻人，通过接触使用不同语言的不同的人，学会了如何理解和欣赏素不相识的陌生人。卡普兰就此事反思道："每逢发生类似的事情，我就会想到，学会一门外语就是获得成长的机会，获得自由的机会，获得从我们偏执的成见和心态解脱出来的机会。"[6]

不过，卡普兰同样看到了学习外语带来的不利于自我认同的弊端："学习法语对我也有害处，给了我一个遇事就可躲避的地方。一旦日子过得乱七八糟，我就马上抽身逃进我的'清平世界'。"但是，她又说："通过写一写如何学法语的过程，我可以诉说我的疑虑、我的愤怒、我的渴望，而这种学法语的过程是别人万万想不到的。"[7]通过探寻为何迷恋法语专业的缘由，卡普兰得到了自我认识。正是这种自我认识帮助她重新思考、努力应对，甚至从净化心灵的角度看待生活中令她愁肠百结的人或事，从而维系着不忘初心的教师心灵。

读到卡普兰就学科影响所写的反思（其中的利弊分析远比我的简短转述写得丰富和深刻），我也不禁浮想联翩。我在大学本科主修的是哲学和社会学，这两门学科中学到的许多具体知识早已淡忘，可 35 年前，我无意中知悉了米尔斯（C.Wright Mills）所阐明的"社会学的想象力"[8]的观点，那一刻的惊喜今天依然记忆犹新。我对这个观点不仅是心悦——简直就是诚服。

米尔斯的这个观点，虽说简单易懂，却令我耳目一新：我们仅靠肉眼的远眺近观并不能看透"外部世界"，我们是通过观察世界的透镜来认识世上万物的，利用新的透镜，我们就能看到旧的透镜所看不到的东西。

米尔斯教会我利用社会学理论这种透镜来观察世界，当我第一次戴上这种透镜时，就像戴上了当时好莱坞兜售的看立体电影的眼镜，整个世界异常鲜明地跃入眼帘。我看到了那些塑造我们的社会生活，并可以操控我们的无形结构和隐秘信号，而我原来以为这种操控力量只限于面对面的关系之中。以这种新眼光看待人生令我震惊：人们并不像我以前以为的那样是行动自由的，而是像提线木偶那样被隐身的木偶玩家用系在其心灵和头脑的提线操控的。

为何我如此信服"社会学的想象力"这种观点？为何这种观点成为我世界观的主干？通过思考这些问题，我从"合体"的角度分析了构成"我为何是我"的某些关键特征。

从理智上说，我接受"社会学的想象力"这个观点可谓正当其时，18 岁的我已经懂得"表里未必如一"的道理。20 世纪 50 年代是我的童年时代，其间光怪陆离的社会现象层出不穷，我在此时经过前思后想也认识到：个人或群体看得见的作为不过是在"前台"的表演，而在"后台"的动态则比我们看到的前台表演有着更为深远的影响力。

但是，我被米尔斯的观点所吸引并不完全出于理智，它还有助于我克服藏在内心深处的个人恐惧。作为一个年轻人，我发现前台世界既诱人亦吓人：这既是一个可以露才扬己，令我跃跃欲试的名利场，也是一个说不定自曝己短，令我畏缩不前的竞技场。当我明白了由"社会学的想象力"所揭示的后台现实，我就能甩掉在前台表演时怯场的毛病。

只要张望一下后台，就能看出人们的举止何等普通，何等平凡，甚至笨手笨脚——与光彩夺目的前台表演截然不同——此刻我会扪心自问："既然他们都能做得到，难道我就不能吗？"对后台的了解，让我有了一种足以自慰的想法：每一个英雄都有不为人知的弱点。这个念头起到的镇静作用恰如常给心慌意乱的演讲者壮胆的一句话：你只当面对的听众都是赤身裸体的。

不过，"社会学的想象力"这个观点吸引我还有更深的缘由，它不仅是契合我智力上的兴趣，让我摆脱行为上的怯弱，更是道破我灵魂深处中一种难以弥合的分裂。米尔斯论及的前台表演与后台现实的差别反映了我自己截然不同的双重生活。表面上，我已经学会如何使自己的表现看起来有几分从容不迫、灵巧优雅；内心里，我则感到焦虑不安、笨拙无能。

我感受到的自己和他人眼中的自己总是存在着反差，这种反差令人难受，有时甚至觉得自己是在厚颜无耻地行骗。不过，通过"社会学的想象力"所揭示的社会生活的两面性，我认识到自评和他评的反差无处不在，人人大抵如此，我也不再有让我无地自容的行骗感了。

我花了很长一段时间才将米尔斯的观点从用以分析社会转向用以考察自己。"社会学的想象力"得到社会科学的青睐，因为这个观点很容易用来作为"揭穿假象"的工具之一。借用这个工具，我们可以站在路边冷眼旁观经过的游行队伍，貌似公允地挑剔游行中的瑕疵。

长期以来，我一直站在路旁去评判和贬损别人，现在我明白了为何这样做：我是把感到的那种"行骗感"全都投射到社会，而不是投射到我本人，我是在用这种投射来避开我自己生活的两面性。如今，我不想再这样生活下去，这就是为什么我要在此煞费苦心地阐明如何从另一个方面把握"社会学的想象力"的真理。

我在本章前面已经说明，我们的内心世界有着改变现实的强大力量，从而可以避免沦为有害环境的牺牲品，并促使我们为自己的生活负起责任。也就是说，由社会结构和社会信号组成的外部世界未必决定我们的生活，让我在年轻时着迷的"社会学的想象力"的观点（现在对我还有强烈的影响）并非是放之四海而皆准的。就在我写本章的过程中，我不断地与学科，与自己重新相遇，我依然重视社会现实的力量，但不想再以"形势所迫"作为逃避个人责任的借口。

作为一名教师，我从以上的"合体"分析中获得的关于自我认同的认识，在某种程度上还是令人鼓舞的：假若我的前台生活与后台生活没有相当程度的表里如一，我如今也不能理直气壮地宣扬大有可为的内心现实性。

但我也深知，我的前台生活与后台现实的冲突还远未解决——它还会一再地出现在我的教学中。在本章开头我讲的那些教学故事的主题就是这种冲突，这些故事中吊胃口的戏剧性原本就在于：面对各种课堂问题，我虽然在内心感到无能为力，但我在表面还要竭力应付。

令我爱不释手的教学随笔之一是汤普金斯（Jane Tompkins）的《沮丧者的教育学》[9]，它似乎也是对我的双重生活的直接写照。汤普金斯以惊人的坦率写道，她曾觉得当教师最令人痴迷的地方不是如何帮助学生学到想学或需学的东西，而是"（1）向学生显示我有多聪明；（2）向学生显示我有多博学；（3）向学生显示我备课有多完善。我一直在装模作样地作秀，其真实目的不是帮助学生学习，而是以此获得学生的好评"。

她接着问道："我们身为大学教师，为什么竟把作秀作为自己教学的主要目标呢？"她的回答在我看来绝非虚言——因为恐惧："害怕别人看出自己的短处而丢脸，比如被人看成骗子、笨蛋、蠢材、乡巴佬、低能者。总而言之，害怕有负众望。"

我有时就如上文所述的那样，因为害怕暴露在后台的笨拙无能，我就尽量使前台的表演看起来更加顺畅、圆熟。在此过程中，我的学生除了学到如何掩饰或炫耀外，很难再学到其他东西。我因掩藏了自己的内心，也就不能按教与学的要求形成教学相长的有机联系。

值得再次指出的是：当我寻求自我认同和自我完善时，找到的并非都是给我添彩增辉，令我洋洋得意的东西。在我记得的那些塑造和揭示自我的相遇中，我发现的"自我"有时是令人尴尬的——但也是真实的。无论为这尴尬付出多大代价，我都决心要更好地认识自己，从而成为更好的教师。因为，我既然认识到我内心隐藏着有可能胡作非为的力量，就不会傻乎乎地听任这些力量破坏我的工作。

斯科特－马克斯韦尔（Florida Scott-Maxwell）在其耄耋之年令人信服地说明了这一点："你要做的无非是表明，你可将波澜起伏的人生全都用来造就非你莫属的自我。如果你真正地掌控你面对的一切、你从事的一切……你就是在现实中义无反顾的勇士。"[10]

心中的教师

与导师和学科的相遇可以激发我们的自我意识，获得发现我们是何许人的线索，但是令我们一心从教的召唤不能仅凭外部的相遇——若无我们内心的赞同，任何外部的导师或学科都无足轻重。

任何对从教的真正的召唤归根结底来自心中教师的召唤，这种召唤要我们不折不扣地遵循我们的真心。

所谓心中教师的召唤，我指的不是良心或超我这种道德仲裁或评判的标准，其实，一般意义上理解的良心，反而很可能给我惹来一堆职业上的麻烦。

在生活中只要留神听听对我们提出的"应该"做什么的要求，就可能发现有不少是可能扭曲我们自我认同和自我完善的外部期望。虽然根据抽象的道德原则，我应该去做很多事，可这些事是我的本职工作吗？我有做这些事的才能和意愿吗？应做之事是否恰好处在我的内心自我和外部世界之间的交叉点，或者是不是别人对我应该如何度过人生的设想？

如果我只是满足外在的"应该"要求，或许我做的事情在道德上值得赞许，但我并不是真心实意地去做的。我若从事某项违心的工作，无论表面看起来多么有价值，必然会侵犯自我，更确切地说，是假借抽象的道德规范去侵犯自我认同和自我完善。我既然可以侵犯自己，我最终必定要侵犯到与我合作共事的人们。不是有不少教师把自己的痛苦强加到学生身上吗？这种痛苦难道不是来自他们所做的、从来不是或再也不是尽其真心的工作吗？

与"应该"的要求直接挂钩的职业观不仅恼人，甚至伤人，相形之下，比克纳（Frederick Buechner）提出了一种宽容大度、与人为善的职业观："职业是你心中的深层愉悦与外部的深层渴求一拍即合的地方。"[11]

在一种有时将工作与吃苦混为一谈的文化中，提出对职业的最佳感觉是心中的深层愉悦，这无异于一场振聋发聩的巨变——而且是一种顺应实情的巨变。如果某项工作是我真心想做的，尽管日以继夜，备尝艰辛，我也会乐此不疲。甚至原本令我焦心的日子到了后来也会令我开心，因为这是我真心想做好的工作，正好借助出现的问题磨炼我的做事才干。

如果某项工作不能令我感到出自真心的欢快，我就要考虑放弃这项工作了。当我投身去做的事情与我的自我认同相悖、与我的本心相违时，那我多半是在加重而不是减轻对外部世界的渴求。

有时我们必须为金钱而非为意义去工作，我们也许永远不能潇洒到这个份上，因工作不开心就辞职了事。可不辞职，我们就得继续忍受违背我们内心的工作给他人或自己造成的伤害，我们就得反复思量维护自我完善是不是一种奢求，时刻纠结于心的是：我是继续工作还是尊崇内心，究竟哪一种选择才使我更为心安理得？

心中教师发出的呼声不是召唤良心的呼声，而是召唤自我认同和自我完善的呼声，它要告知的不是我们应该如何，而是什么会与我们情投意合。例如，"这个工作适合你，那个工作不适合你""这事可以体现你的为人，那事不能体现你的为人""干这个让你振奋，干那个让你泄气——简直让你痛不欲生"。心中教师守卫着自我的门户，将有损于我们自我完善的拒之门外，将有益于我们自我完善的迎进门里。每当我在影响我人生的角力场上寻途前行时，心中教师的呼声就在提醒我要依顺内心的真理。

我认识到，某些大学教师会觉得所谓的"心中教师"不过是个美妙的幻影，可我的确不明白他们为何有这种看法。如果我们的人生中没有真实的"心中教师"，那么数百年来西方关于教育宗旨的论述就成了口不应心的空谈。按照经典的解说，教育就是试图从人们的内心自我中"引出"可有力地抵制谬误的核心智慧，从而用真理之光（即不是借助外部规范，而是依靠通情达理的自我决断）照亮人生之路。心中教师就是我们人生中鲜活的核心智慧，任何名副其实的教育活动都足以唤起可向其求教的心中教师。

对教师来说，"心中教师"的这个想法或许是不受欢迎的，因为它迫使我们不得不面对教学中两种最难应付的实情。

其一，如果我们不将教学内容与学生人生中鲜活的核心智慧即学生的心中教师相互联系，学生就绝不会"吸收"这些内容。

我们能够，也的确正把教育办成一个光做表面功夫的事业，迫使学生死记硬背和照搬照抄一些知识，却从不吁请学生的内心真理——结果可想而知；学生一旦离校，再也不会去读发人深省的书籍，再也不会去提破旧立新的见解。如果我们忽视学生的心中教师，就不会有使学生彻底改变的教学。

其二，下面要说的实情则更叫人畏葸不前：唯有当我们能够与自己的心中教师对话时，我们才能与学生的心中教师对话。

那位把差老师说成像漫画人物的女生，描述的就是对学生的心中教师置若罔闻的教师。这些教师将内心真理与身外活动彻底割裂，从而斩断了与自我意识的联系。心有灵犀才能一点通，如果我们不能探知我们的内心深处，当然也就无法探知学生的内心深处。

教师如何才能注意到心中教师的呼声呢？对此我提不出什么特定的方法，无非还是那些惯用的方法：独处静思、默读深思、林中散步、常写日记、寻找能倾听的朋友。简而言之，尽量多地学些"自我交谈"的方法。

当然，我们通常用"自我交谈"这个短语来指精神失调症状——我们的文化如何看待"内心声音"的观念，由此可想而知！不过，那些学会自我交谈的教师或许很快就会惊喜地发现，心中教师是他们遇到的神志最健全的谈话伙伴。

我们需要找到各种方法去倾听发自内心的呼声，并认真考虑其中的建言忠告，这样做不仅是为了我们的工作，更是为了我们的身心健康。如果外部世界有人想方设法地要告诉我们某件大事，我们对此却视而不见、听而不闻，这时，此人或是干脆停口不说，或是因力图引起我们的注意而变得暴躁起来。

与此类似，如果我们不去回应心中教师发出的呼声，心中教师不是立即闭嘴就是变得暴躁：我确信，抑郁症的某些症状就是由于我们长期忽视心中教师的呼声而引起的（我有亲身体验），因此心中教师甚至要以摧毁我们的威胁来换取我们的倾听。其实，只要我们略微注意到心中教师的声音，心中教师就会以更为温和的方式作出回应，从而与我们进行一场激发活力的知心对话。

这样的对话不必按其结果判断其价值：我们的自我交谈不一定始于明确的目的、目标和计划，以实际成果来衡量知心对话的价值，无异于朋友之间要以帮忙的次数来衡量友谊的价值。

朋友之间的对话自有其益处：在朋友面前，我们感到自由自在、无拘无束，可以相互信任。我们关注心中教师，不是要得到什么定见，而是要善待内心自我，养成一种处处如家的自我认同与自我完善的意识。

教师面对的一个最基本的问题是：我该怎样树立我的教学**权威**，从而具备在课堂和生活中的各种力量夹击下坚守自己立场的能力呢？

在一个讲究教学技巧的文化中，我们常把教学权威混同于教学权力，可两者并不一样。权力是从外向内起作用，而权威则是从内向外起作用。一旦我们要从内心之外寻找树立教学权威的来源，无论是利用如集体管理那么精巧的技术，还是利用如等级评分不那么精巧的社会控制方法，我们都将错得离谱。这种教学观把教师变成站在街角执勤的警察，虽然竭力按照符合民意的平和方式维持社会秩序，但毕竟随时都可动用由法律赋权的各种强制性手段。

体现权力的外在工具，虽然偶尔可在教学中发挥作用，但绝对不能取代权威，因为权威基于教师的内心世界。"权威"（authority）这个词本身就是一个佐证，因为该词以"创始人"（author）作为其核心内涵。"权威"原本就是尊称那些以自己独特的文字、作为、人生而被公认的独树一帜的大家，而不是指那些远离自己的本心只管引经据典的学究。如果教师要借助法律或技术带来的强制性权力，那么他们就毫无权威可言。

　　我在教学中有时也会失去与心中教师的联系，随之也失去了我的教学权威。每逢这种时候，我就会拼命地获取教学权力，一边以居高临下的教师地位为盾牌来遮蔽自我，一边以决定学生前程的等级评分为大棒来胁迫学生。现在一想到当时的情景，我仍感到痛心不已，羞愧难当。其实，只要我心中的教师为我的教学当家做主，我在教学中根本无需攻击的武器或防护的铠甲。

　　加强自我意识，牢记职业使命，找回我的自我认同和自我完善，我的教学权威自会归来，这时就会产生遵循我内心真理的教学——也是与学生的内心真理相互呼应的教学。

第二章

恐惧的文化：
教育与分离的生活

❧

日复一日，我凌空展翅，苦口婆心，引人探索奥秘。
可一旦敛翼，就感到无人理，将我的话全当空言虚辞。

虽然世人只信确认的事实，我仍兴高采烈地探求未知。
对待过失像对待迷路的孩子，我扬起让他迷途知返的羽翼。

每根敏捷的羽毛都在呼唤正义，其锐利酷似割木如飞的锯齿。
我传播正义，可要向院长解释——
哎，正义的概念混沌难解有分歧。
申明正义真是一件曲高和寡之事。

❧

威廉·斯塔福德（William Stafford）
《诲人不倦的导师》[1]

剖析恐惧

如果想要扩展和深化对优质教学起核心作用的联结能力，我们对"分离的"生活那种反常的强大引力就必须透彻了解并坚决抵制。学术文化是如何和为何阻止我们过上一种相互联系的生活？学术文化是如何和为何怂恿我们远离我们的学生、我们的学科，使教与学远离我们的心灵？

表面看来，答案似乎显而易见：我们是被使教师与学生不相往来的评分制度所分离，是被将知识分门别类的院系建制所分离，是被令师生都提心吊胆的同伴竞争所分离，是被使教师和官员相互抵牾的行政管理所分离。

教育体制中当然存在着使我们分离的各种结构，但将我们的分离全都归咎于此反而造成了一个更加令人信以为真的神话：外部世界比内心世界更强大。其实，那些外在的教育结构若不是引发令我们最胆战心惊的恐惧，就绝不会具有使我们分离得如此之深的力量。

如果我们从内心不赞成这些教育结构，或许会掀起一场叫这些教育结构土崩瓦解的学术界版本的天鹅绒革命。可是现实中我们却与它们结伴为伍，居然常常为"改革"教育结构而担心发愁，这是因为我们对这些教育结构怀着深深的恐惧。就是这种恐惧，使我们远离同事，远离学生，远离学科，远离自我；就是这种恐惧，杜绝了促使我们广泛联系的"真理体验"——从而也束缚了我们的教学能力。

从小学开始，教育就好像非要办成一项叫人害怕的事业。身为学生，我经历过太多太多充满恐惧的课堂，这种恐惧致使太多太多天生好学的孩子憎恶学校。身为任课教师，只要是让恐惧统率了教学——不管是我对学生心怀恐惧，还是叫学生对我心怀恐惧——我的教学就糟糕透顶。身为大学教师，同事之间的关系常常因恐惧而日渐疏远，而大学教师与行政官员之间的关系中随处可见恐惧，恐惧已经成为许多官员必备的并用起来最顺手的管理工具。

我虽有30年的教学经历，但恐惧还是与我形影不离：当我走进某间教室感到像是纵身跳入激流时，我心生恐惧；当我提出某个问题，可学生却像岩石般沉默时——就好像我强求他们背叛朋友，我心生恐惧；当我觉得教学局面就要失控时——问了一个云山雾罩的问题、闹了一场莫名其妙的乱子、上了一堂因自己稀里糊涂而使学生稀里糊涂的课——我心生恐惧。只要是磕磕绊绊地上完课，我在好长的时间里仍会心有余悸——担心自己不仅是一个不好的教师，还是一个不好的人。由此可见，我的自我意识和我从事的工作是密不可分的。

学生心怀的恐惧绝不亚于我心怀的恐惧，可我在教学生涯的初期忽略了这一事实。我当时觉得，我独自站在教室前面，孤立无助，软弱可欺，可学生却低头于书本之后，混迹于群体之中，这种默默无闻的安全，着实令人嫉妒。

其实，我本该从自身的求学经验得知学生也会害怕：他们害怕学业失败，害怕无人理解，害怕牵涉进力图避免的问题，害怕自己的无知露了馅或自己的偏见曝了光，害怕在同学面前显得愚蠢。一旦学生的恐惧和我的恐惧相互渗入叠加，恐惧就以几何级数成倍增长——教育随之瘫痪，难以为继。

要是我们将用于外部结构改革的部分能量转用于驱除恐惧这个内心的魔鬼，我们就是朝教与学的更新迈出了一大步，我们再也不必空耗时日、眼巴巴地等着教育结构改革。只要了解我们心怀恐惧的缘由，我们就能以这种自我认知的力量去解除各种使我们分崩离析的教育结构。

究竟是什么样的恐惧居然叫我们死心塌地地依附于这些教育结构呢？答案同样是显而易见的：如果我不毕恭毕敬地服从那些体制性权力，我就会丢掉工作、丢掉脸面、丢掉地位。不过，这种解释未能做到透过现象看本质。

我们之所以与具有分离力量的那些结构串通一气，是因为它们足以保证我们免除人类内心最深处的一种恐惧——害怕与异己的"他者"正面交锋，不管这"他者"是学生、同事、学科，还是心中自我否定的声音。我们害怕这样的正面交锋——"他者"随心所欲地展现自己的本色，心直口快地诉说自己的真理，直言不讳地告知我们不愿听到的实情；我们希望这样的迎头相遇——符合我们开出的如何相遇的条件，以利于我们可以控制相遇的结果，避免"他者"威胁到我们的世界观和自我观。

大学那样的学术机构提供了多种办法使我们避免受到正面交锋的威胁：学生为了避免与教师正面交锋，可以一言不发地躲在笔记本的后面；教师为了避免与学生正面交锋，可以躲在资历、学历、权力的后面；教师为了避免与同事的正面交锋，可以躲在自己钻研的学科的后面。

为了避免与学科的正面交锋，师生都可躲在所谓的"客观性"的后面：学生可以说："不要叫我思考这些内容——只要告诉我事实。"教师则说："这些是事实——无需思考，只需记住。"为了避免与我们自己的正面交锋，我们可以学习过分离的生活这种自我异化的本事。

对正面交锋的恐惧其实肇始于对多样性的一系列恐惧，只要我们安居在拒绝他者的大一统的天地中，我们就仍抱着这样的幻想：我们已经掌握了关于自己和世界的真理——毕竟在那里没有挑战我们的"他者"。可是一旦我们承认多样性，我们就不得不承认：我们的观点不是唯一的观点，我们的经验不是唯一的经验，我们的方式不是唯一的方式，这样，只围绕我们的生活而构建的真理就开始变得不那么牢靠了。

如果我们认可多样性，我们又会马上面临继之而来的恐惧：害怕各不相同的真理相遇时必然引发的冲突。因为我们的学术文化中只有一种冲突，即称为竞争的那种一决胜负的冲突。我们由此害怕这种竞争性的正面交锋的后果——一方大获全胜，另一方一败涂地。为了避免就我们之间的分歧进行公开论战所带来的危险，我们将这些分歧私藏心中，结果却发现这些分歧越来越大，越来越具有分离我们的力量。

如果我们剥掉对冲突的恐惧，就会见到第三层的恐惧：对失去自我认同的恐惧。我们许多人可以说由其思想可知其人，一旦与他人进行各执己见的舌战，我们冒的风险与其说是输掉辩论，不如说是输掉自我意识。

当然，存在着比非胜即败的竞争性冲突更能激发创造力的冲突形式，如果要推动自我的发展，这些形式起着关键作用，可是学术文化中几乎没有这些创造性的冲突形式——例如，共识决策的形式——的立锥之地。在共识决策中，人人皆赢，无人会输，因为"赢"意味着吸收参与其中的每个人的自我意识而扩大自己的自我意识，由此可知，自我不是一块只待防护的草坪，而是一种有待扩充的能力。

即使我们承认多样性、创造性冲突、为"赢"而"输"等会给我们带来光明的前景，我们依然面对着最后一种恐惧——害怕与他者的正面交锋将会驱使我们甚至迫使我们改变自己的生活。这绝非毫无来由的恐惧：全世界的确都在竭尽全力地让我们俯首帖耳！认真地想一想，他者总是诱使我们彻底变样，召唤我们去见识的不仅是新的事实、新的理论、新的价值观念，而且是新的生活方式——这才是最最吓人的威胁。

我们对正面交锋的重重恐惧，不仅是师生带进课堂的个人情绪，而且是我们共同生活的每个领域的文化特征。我们实行的是一种恐惧的政治，候选人的当选要借助选民对种族问题和阶级问题的焦虑。我们是按照一种恐惧的经济学做生意的，如何"赚钱与花钱"取决于消费者生怕落后于邻居的担心。我们对各种吓人的宗教顶礼膜拜，因为它们利用了我们对死后下地狱的畏惧。在恐惧即我们呼吸的空气的这种文化中，已经很难说清我们的教育是多么可怕了——无法想象有除此之外的其他的教与学的方式。

本章主要是解析病态的恐惧，但恐惧也可以是健康的，记住这一点很重要。有些恐惧有助于我们生存，甚至有助于我们学习和成长——只要我们知道如何破解这些恐惧的意义。例如，我害怕我的教学很糟糕，这样的恐惧或许不是一种表示教学失败的征兆，而是一个表明旨在提高教学技艺的证据；我害怕上课时会突如其来地冒出某个话题，这种恐惧或许不是一个让我回避这个话题的警告，而是一个让我正视这个话题的信号；我害怕教学正在涉及公私交叉的危险领域，这种恐惧或许不是表示我胆小怕事，而是证明我正在冒着优质教学所要求的风险。

恐惧在学生的生活中也可以起到积极的作用。加缪（Albert Camus，1913—1960）曾说，"旅行的价值就在于使人恐惧"，这句话非常适用于优秀教师与学生一起探究陌生事物时的活动。[2] 加缪谈到的恐惧正是我们面临陌生事物时常常感到的恐惧，这种恐惧促使我们开拓思路，充实自我，扩展生活——这种恐惧使我们知道，我们离真实学习仅一步之遥："在远离故土的某个时段，我们一定会在心中翻滚着一种茫然若失的恐惧，升腾着一种重寻原有旧俗之庇护的本能渴望……在这种时刻，我们虽说惶恐焦虑，但也可打开心窍，由见微而知著。我们与启迪心灵的理智之光不期而遇，那一瞬间即为永恒。"[3]

促使我们对真实学习"打开心窍"的恐惧就是一种健康的恐惧，它能提升教育的功效，我们必须找到激发它的各种办法。不过，我们首先要对付的是那种令我们关闭心窍而不是打开心窍的恐惧，这种恐惧束缚了我们广泛联系的能力，摧毁了我们教与学的能力。

我将要考察易于发生关闭心窍的三个地方：一是在学生的生活中；二是在我们的自我保护的心灵中；三是在我们主导的认知方式中。要摆脱病态的恐惧，既不能靠技术手段，也不能靠结构改革，要靠洞悉这种恐惧是为何和如何主宰我们生活的。

来自地狱的学生

束缚我们联系能力的恐惧通常与我们的学生有关，假如我们能看清这一事实——而且学会如何化解而不是利用学生的恐惧——我们就能改进教学。当然，"看清"绝非易事，最近，许多教师用以观察年轻人的"透镜"常常扭曲了学生的本相。

每当我请教师举出优质教学的"最大障碍"时，他们通常是异口同声地说"我的学生"。当我追问其中的缘由，我听到的是一连串的抱怨：学生性格孤僻，默默无言，闷闷不乐；既缺乏对话能力，也少有注意广度；他们不属于慎思和明辨各种概念，但却信奉和笃行"切实"或"有用"的狭义观点，将理念世界完全抛诸脑后。

如果我说的听起来有点危言耸听，请看下面近日的一则短文，它以赫然醒目的通栏标题刊登在一本关于全国教与学会议的资料手册的封面。

无可辩驳的事实

许多学生既无人生志向，也无学习动机，对团队合作和集体协商等必需的社会技能一无所知。他们在需要行动的场合下缩手缩脚、踌躇不决，而在需要反思的场合下则动手动脚、恣意妄为。

当我探问这些所谓过错的原因时，听到的又是众口一词的一连串抱怨，不过这次是将过错归咎于某种社会弊病——双亲缺失、家人离散、百孔千疮的公立教育、平庸媚俗的电视节目与大众文化、泛滥成灾的吸毒和酗酒——所有这一切皆是造成学生的心态与生活日渐低迷的罪魁祸首。

与上面列举的致错归因同样引人注目的是，有些教师固执地认为今日的学生就是远远不如自己那一代，那种毅然决然的劲头的确促使人去琢磨：难道仅是社会变化导致学生的急剧沉沦吗？或许是遗传基因在过去的 25 年中发生了严重退化！

对学生的偏见虽说不全是捕风捉影，但把基本现实弄得面目全非，扩大了师生之间的隔离程度。对学生的冷嘲热讽，不仅使我们的生活相对于狂暴粗野的年轻人显得高贵典雅，而且还将学生问题产生的根源归之于远离我们的生活与学生的生活相互交汇的地方。在任何危机四伏的职业中，责怪当事人是从业者惯常的自卫手段，而且有了这些对学生的偏见，我们可以借机乘便地卸下对引发学生问题的一切责任——或说对解决学生问题的一切责任。

几年前，我遇见一位实验学院院长，当时他正在一所名牌大学指导如何将已有一年的"实验学院"项目继续推进到第二年。我们见面时，他刚开完教师会议，从他的表情看，工作进展得并不顺利。

"怎么啦？"

"所有教师用了一上午喋喋不休地抱怨学生的质量，他们说，如果我们不招学习底子好的年轻人，我们这个项目肯定会半途而废。"

"你怎么说呢？"

"一开始我只能洗耳恭听，可他们颠来倒去一味地怪罪学生。最后我忍不住讲了几句：你们的话就像是医院的医生说：'不要再给我们送有病的病人了——我们不知道拿他们怎么办——给我们送无病的病人来，这样的话，我们可以看起来像是医术高明的医生。'"

他的比喻有助于我明白事关教学的核心原理：**我们诊断学生有何"病情"将决定我们对学生如何"治病"**。可是我们作为教师却不舍得花时间来共同地诊断学生的"病情"，也不舍得花时间共同地考虑教学本应治愈的学生身患的"疾病"。我们的学校没有像医院里那样常规的"大会诊"：医生、护士、治疗师及其他专业人员共同诊断病人的病情并据此共同商定治疗方案。相形之下，我们却漫不经心地容许按那些充斥于教师文化中的对学生的偏见来确定"治疗方案"。

直截了当地说，主要的诊断结论是我们的"病人"处于脑死亡状况，既然如此，我们采取如下所述的主要治疗方案也就不足为奇了：将资料一点一点地输进学生的血管，用轮椅推着他们昏睡的躯体去接触一个又一个信息源，直到按部就班地完成预定的疗程——指望学生从中吸取足以苟延残喘的智力营养，奄奄一息地直到毕业——当然，学生都交足了学费。

上面漫画式的夸张笔法意在凸显一条真理：我们既然设想学生处于脑死亡状况，就会实施无需他们用脑的教学。当我们的教学是将知识像打点滴那样输进学生不省人事的躯体时，入校时意气风发的学生，经过这样被动地消费知识后，在毕业离校时就变得心灰意懒了。我们总是忘了预言有自我应验的效力：我们很少会想到，学生之所以会在课堂上变成活死人，是因为我们采用的是把他们当作活死人的教法。

在我主持的一次教师研讨会里曾有一场涉及学生的谈话，大多数教师纷纷责怪学生有多么冷漠、多么沉默。我们研讨会的举办地点恰好是位于新教学大楼的中心那间以玻璃为墙的会议室，而且本来用来遮蔽走廊视线的窗帘恰好也是拉开的。在教师七嘴八舌地怪罪学生时响起了一阵下课铃，会议室周围的教室顿时人去屋空，而走廊上顷刻挤满了谈笑风生的年轻人。

我请与会的教师仔细看看眼前的证据，还请教师费心说说为何他们所说与他们所见会有如此不同："你们的学生或许不是脑死亡吧？他们的课堂昏迷症恐怕是课堂环境造成的吧？学生换个地方可能就起死回生了吧？"

我们需要一种诊断学生内心情况的新方式：设身处地地探查学生的实际需求，不再文过饰非地推卸我们造成学生困境的责任。或许只有这样，才可能带来创造性的教学模式。我想再给大家讲一个我自己的教学故事，用此来推广这种诊断学生的新方式。

有一次，在中西部某所大学由我主持的教师工作坊刚刚结束了为期两天的研讨，有人说这次研讨让教师深入地领略了教学艺术。就在一片对我们合作成效的颂扬声中，我被领进了政治课的课堂，去当我已应允的"一小时的代课教师"。

我本该见好就收，趁早一走了之。

教室里有30名学生，或许29位都是好学的吧，但我无从得知。可在最后一排的课椅上，有一人无精打采地蜷缩在墙角，如同传说中的幽灵，足可称之为"来自地狱的学生"。

"来自地狱的学生"泛指难对付的问题学生，有男生也有女生，我遇到的是男生。他把帽子拉下来遮住眼睛，因此我看不见他是睁眼还是闭眼，而且我也看不见他的笔记本和文具。那天是春季一个风和日丽的日子，可他却把外衣扣得严严实实，俨然一副不可冒犯的架势。

至今还让我记忆犹新的是他的坐相，虽然他坐的是那种狭窄的配备固定搁板的课椅，可他还能摆出一副解剖学上无法说得通的坐姿：尽管横隔着固定搁板，他的身体几乎俯垂到与地面平行。我竭力地寻找这个幽灵有何可取之处，哪怕是区区的一点也行。这时我不由自主地想到：他一定精通哈他瑜伽术，才能随心所欲地扭曲身体。

当时，我已有 25 年的教龄，可面对这个"来自地狱的学生"却犯下了只有头次上课的新教师才常犯的错误：全神贯注地紧紧盯住这个学生，而眼前的其他学生却统统地视而不见了。

在漫长而痛苦的一个小时里，我针对这个学生使出浑身解数，竭尽全力想把他从练功式的冥思中唤醒，可我无论怎样旁敲侧击，他好像总在装聋作哑。由于我把全部心思都用来对付"来自地狱的学生"，其他学生都变得无足轻重，也就忽略了他们的需求。就在那天我真正地知道了什么叫"黑洞"：一处强大无比的引力将光明吸收得无影无踪的地方。

我离开教室时心乱如麻，自怨自艾、愤恨、恼怒、自欺欺人等感触在胸中此起彼伏。在对这次教学研讨的喝彩声还余音未歇时，我就因自己的无能而上演了一出糟蹋"教学艺术"的剧目。任课教师以我代课为借口"翘了课"，因而我的拙劣演出——如同往常一样——未被任何同行发现。可是我的自尊受到了极大的伤害，我知道该怪谁：全怪那个"来自地狱的学生"。开脱自己、归咎他人——这是心安理得混日子的不二法门。

我巴不得马上离开那座城镇，可还有一个绝不能推掉的应酬：在校长家里与几位教师共进晚餐。吃饭时我又听到了对工作坊的赞美之词，可这次的赞扬却令我无地自容，加剧了我的那种自欺欺人的感觉。因此，听到校长说送我到机场的车来了，我如释重负地轻松下来。

我出门走近私家车道，将随身行李丢在车的后座，接着上了车的前座，然后转过脸与司机打招呼——竟然是"来自地狱的学生"。

我是一个虔诚的教徒，于是我开始默默地祈祷：我作孽了，确实有罪，只要有诱惑出现，恐怕还会作孽，可我做过的或打算去做的都不该受到如此的惩罚——和"来自地狱的学生"在车上待上一个半小时。

我们沉默地看着前方，车子驶离私家车道，绕出住宅小区，开上高速公路，这时司机突然开口说道："帕尔默博士，我们谈谈好吗？"

我体内的每一个细胞都在大喊着"不"，可我那张训练有素的嘴却说："当然好啊，这还用说。"

我永远忘不了接下来的谈话。这名学生的父亲是一个酗酒成性的失业工人，他认为儿子那个完成大学学业并成为专业人员的愿望简直就是痴心妄想。

这个年轻人与父亲住在一起，父亲每天都在教训他："这个世界就是愚弄我们这种人的，大学就是整个骗局中的一个托儿。赶快退学，找份快餐店的工作，省吃俭用凑合着过吧。我们的日子从来是如此，将来也是如此。"

这个年轻人上大学的动机因此日趋衰微，他问我："你是否有这样的经历，你说说我该怎么办？"

我们一直聊到我乘坐的飞机就要起飞，此后一段时间我们还有信件往来。我不知道我是否帮了他一把——可我知道他帮了我一把。他让我懂得，教室里看上去沉默和阴郁的学生并不是因为"脑死亡"，而是因为充满了恐惧。

"来自地狱的学生"并不是天生就是那种样子，而是被不能控制的环境造成的。当然，或许有一两个是魔鬼撒旦直接派到这里来摧毁我们所知和所爱的西方文明的。但是，这类学生——其困境也代表了许多其他学生的困境——迫使我深入地了解学生的内情，从而渐渐地转变了我的教学方式。

这些学生在我们的社会可归属于无权无势的"边缘人"，我们在教室里面对的沉默就是边缘人习以为常的沉默——他们有十足的理由害怕那些有权有势的人，早就懂得祸从口出。

多年来，非裔美国人在白人面前是沉默的——沉默，无言地诉说着他们真正的思想感情。多年来，女人在男人面前是沉默的。现在，时移世易，少数族群和妇女逐渐从社会边缘移向社会中心，开始说出像我这样的人应该去听的实话了。

但是年轻人仍然处于我们社会的边缘——自 20 世纪 60 年代以来，我们越来越害怕和排斥年轻人，因而他们的处境也越来越恶劣。各种各样的暗示或明示无非是告诉年轻人：他们没有供人汲取的经验，没有值得一提的看法，没有远大的前程，没有重要的使命。

既然这样的信息无处不在，学生在教室里宁愿保持沉默而不愿冒着被呵斥的风险，何怪之有？学生的沉默并非肇始于愚蠢和平庸，而是出于以自保求生存的愿望。那是一种年轻人对成人世界的恐惧所驱使的沉默，在成人世界里他们感到无依无靠，无权无势。

当然，有些学生并不年轻，有的是在中年时返校读书，甚或年龄超过他们的老师，但是年轻学生心中的恐惧，在这些年长学生的心中同样存在。这些成人学生常因某种被推到社会边缘的变故——离婚、失业、丧偶——而再来上学。我们往往认为成人学生比年轻学生更为开朗，更有自信，可是流逝的岁月只是让他们更加老练地掩饰心中的恐惧。这些学生的年龄即使大过自己的老师，但仍把老师视为"前辈"，而且和年轻学生那样，小心翼翼地关注我们将要如何对待他们。

学生有着各种恐惧，如果我要改进教学，必须看清楚并了解他们内心深处的恐惧。任何教学技巧都无法挽回我在课堂上处理"来自地狱的学生"的惨败，因为问题根植于更加隐秘、更难驾驭的内心深处，我无法知根知底地解读他的为人和行为。我对他的解读不是以他的实情为观照，而是以自己的假设为依据（稍后将详谈这一点），这种自以为是的误读将我引入了最差劲教学的境地。

因恐惧而产生的行为——默不作声、玩世不恭、冷眼旁观等——常常与因无知而产生的行为相似。因此，对我来说，在观察有些学生的时候，相信自己看到的是焦虑而不是平庸，殊非易事。既然学生的外在表现常会给我误导，我需要不断地更新对学生真实状况的认知。

虽然这一点说易行难，但会先苦后甜。当我开始理解学生的恐惧时，我在教学上就能另辟蹊径。我在教学中再也不把学生当成愚昧无知之辈，再也不自私地、不准确地去误判学生，我会力图针对学生的恐惧有的放矢地施教，凡是我能这样做的时候，学生往往也能焕发出自己的聪明才智。

莫顿（Nelle Morton）曾说过：我们这个时代的一项重大任务是"倾听别人说话"，[4] 现在我明白了这句话的涵义。在因恐惧而沉默的后面，我们的学生想要找到自己的声音、发出自己的声音、让别人听到他们的声音。一个优秀教师甚至能倾听学生尚未发出的声音，长此以往，学生总有一天能够坦诚而自信地开口说话。

倾听尚未发出的声音意味着什么呢？意味着宽容他者、关心他者、关注他者、尊重他者；意味着不要匆忙地用我们可怕的言语去充塞学生的沉默时刻，不要迫使他们说出我们想听的话；意味着体贴入微地走进学生的世界，使他们将你看成诚心诚意地倾听他者真心话的人。

"来自地狱的学生"的故事体现了一种耐人寻味的意象，启示我们如何倾听学生说话：一旦那个年轻人真正地"掌控方向盘"，他就找到了自己的声音。可在由我兴致勃勃地大发议论的课堂里，他只能兴味索然地坐在那里不发一言。不过，一旦对他委以实际责任——将我安全、准时地送到机场，他就找到了自己的声音，而且是畅所欲言。

当我找到更多的让学生"掌控方向盘"的途径，也就会鼓励更多的学生找到自己的声音，说出自己的心里话。在这个方面助我一臂之力的某些方法，我将在本书后面加以探讨。但若要公正而有效地应用那些方法，我必须明了学生内心的恐惧——也要明了我内心深处的恐惧。

提心吊胆的教师

为什么我们那么难以看透学生的实情呢？为什么我们常常诊断学生"病危"并用"致命"的教学方法呢？为什么我们不能看到学生心中的恐惧并找到帮助他们克服恐惧的办法，而只是责备他们的无知与平庸呢？

表面看来，答案很简单：作为教师，我们习以为常的诊断方式允许我们诿过于学生而遮掩自己的失误。可是更深层的原因在于我们看不见学生的恐惧，而进一步深究为何看不见则更令人怵惕不宁：我们只有认清了自己的恐惧才能洞察学生的恐惧。如果我们想掩盖自己的本来面目，就不愿在他人身上看到反映自身的丝毫影子。

如果你能听出"来自地狱的学生"这个故事的弦外之音，就会知道其中有两层寓意：一个是关于学生心中的恐惧，另一个是关于我心中的恐惧。

"客观地"看，很难相信我害怕那个年轻人——这证明了"客观性"的局限性。当时，我任教于即将辞别的中西部的一所小规模大学，得到作为我衣食父母的校方的赏识。刚过50岁，事业蒸蒸日上，志得意满，其乐融融地享有健康、家人、朋友。可我面对的那个落寞的年轻人，不过20来岁，找不到一点他胜我一筹的地方——可我是那么地害怕他，这害怕居然让我失去了方寸，失去了教学能力，失去了自我与自我价值的意识。

在亲朋好友面前无需提防的时候，我们这些教师会承认有着各种各样的担心：工作不见起色，报酬不够丰厚，在一个温煦的清晨突然发现自己入错了行，把大好时光耗费在鸡零狗碎的琐事上，最后还觉得自己是一个欺世盗名的骗子。但是，我们许多人还有一种不愿明说的真实恐惧：我们害怕年轻人对我们的无情评判。

年复一年，日复一日，我们走进教室，望着那一张张年轻的面庞，其表情——或是明目张胆或是不动声色——都好像在向你发出信号："你已是与时代脱节的老古董，不管你看重的是什么，我们可不看重——既然你无法了解我们看重的东西，我们也懒得费工夫告诉你。我们待在这里只是迫不得已，因此不管你要做什么，早完早了，好让我们继续过自己的日子。"

我们有时就是这样**解释**学生向我们发出的信号，其实，学生通常发出的是表示恐惧而非鄙视的信号。可我还未学会破译这样的信息时，就草率地把许多学生打入"来自地狱"的另册——如果我不明了自己害怕学生的评判，我就绝不能破译出学生的真意。

埃里克森（Erik Erikson）在论述成人发展历程时说：人到中年，往往必须在"停滞与繁衍"面前做出两者择一的选择。[5] 即使你是年轻教师，埃里克森的观点也是适用的。要知道，教师的年龄是加速增长的：我敢肯定大多数教师一过 29 岁就到了中年期。如果有人每次秋季开学返校时都觉得他的学生还和去年一般大，那他的中年期更会提前到来。

非常害怕学生的教师选择的状态是停滞，他们将资历、讲台、地位、学问作为防范学生的盾牌。可具有反讽意味的是，停滞造成的后果恰恰是这些教师最担心的自己与学生的隔离。心怀恐惧的学生会疏远教师，而受此伤害的教师又心怀恐惧地躲避学生，结果形成日益互怕的恐惧循环。

处于职业生涯中期的教师往往身披"玩世不恭"的铠甲，以无所谓的消极态度去对待学生、对待教学、对待前程。当一个人对教学的满腔热望因亲身经历而化为泡影——或者不能准确地解释亲身经历，玩世不恭也就随之而生了。我总是有这样的强烈印象：教师表面有多么冷淡的玩世不恭，后面就有多么热烈的从教愿望。或许，从教愿望还能再次燃起烈焰，因为，心冷如冰源自热情似火：只要对教学痴心不改，玩世不恭或许就蕴含着自我更新的种子。

　　根据埃里克森的看法，更新的途径可称之为"**繁衍**"。繁衍是一个既可爱又确切的字眼，因为它指向了健全的成人自我认同中相互关联的两个方面。

　　一方面它指向"**创造性**"，意味着不管我们处在什么年纪，都有可资利用的创造世界的潜力；另一方面它指向"**代际性**"，意味着因人类代代相传无穷已，就必然要求前辈抚育后辈，并帮助后辈开拓前途超越自己。将这两个意思合而为一，所谓"繁衍"就成了"为年轻人服务的创造力"——一种年长者既为年轻人的幸福也为自己的幸福尽心尽力的方式。

　　面对显然是来自学生的评判，教师必须做到加以正视而非忽视，以自己的言行向学生表明："我们之间有又宽又深的代沟，但是不管这沟有多宽多深，我都会竭尽全力跨过去——不仅因为你们需要我来帮助你们茁壮成长，而且因为我也需要你们的见识和能量来帮助我焕发活力。"

　　我反复掂量着对"来自地狱的学生"的恐惧，觉得它似乎分为两个部分：其中的一部分，我希望有一天能够舍弃，而另一部分则希望永远保留。

　　我想要舍弃的那部分恐惧，源自我企图博取年轻人欢心的需要——这种需要或许在教师中很常见，却会妨碍我们很好地为学生服务。这种恐惧是病态的，它使我委曲求全地巴结学生，既丢了尊严也乱了章法，只因生怕后排的那个无精打采的学生不喜欢我，结果既不能给他一个人，也无法给全班所有人授业解惑。

　　我希望永存的那部分恐惧——唯恐不能与年轻人进行激发生机的交流。我再也不愿见到坐在教室后排状如幽灵、落落寡合的学生：如果"来自地狱的学生"对我无关紧要，那么我的生活对世界也无关紧要。

　　反思我与"来自地狱的学生"相处的那段经历，我会因那天弄得乱七八糟的教学而责备自己，但同样可以肯定的是，我在教室中的某种作为触动了那个年轻人，他才会几小时后主动地将他难以启齿的苦恼对我和盘托出，我的某种作为的确有助于建立一种让那个年轻人乐于向我讲真话的关系。

　　或许，尽管在教学中我心生恐惧，表现拙劣，可我对"繁衍"关系的渴望，对"不要分离"的呼唤，还是感染了他。如果以下所说合情合理，我倒不妨为教学上未能关照到所有学生稍微地自我开脱一下：我那执意要与一个学生建立联系的热情感化了他，最终让他有了直言相告的胆量。他那推心置腹的倾诉，不仅适合他的需要，也适合我的需要——我需要和年轻一代的生活保持息息相关的联系。

　　优质教学是对学生的一种款待，而且总是一种主人比客人受益更多的款待。"款待"这个概念起于古代，而当时更易看出其中互利互惠的关系：在游牧文化中，一个人昨天给某个陌生人提供食宿，他明天就有望得到另一个陌生人提供的食宿。通过人与人之间的相互款待，每一个人都参与了建立让所有人安身立命的社会结构——这样一来，款待对客人来说是给予食宿，而对主人来说则是给予希望。教学也是如此：教师对学生给予款待将有望造成一个人人款待教师的世界。

从事教学的一大好处是给了我们不断与年轻人相遇的机会，不过最终我们感觉是好处的东西很可能最初看起来是祸害。先要知道正如学生害怕我们，我们其实也害怕学生——然后着眼于为年轻人服务的创造力，学会不仅要破译学生的恐惧，也要破译我们的恐惧。如果对上述过程心中有数，我们就很有可能"因祸得福"。

令人担心的认知方式

教育的根基深埋在令人担心的土壤里，这给师生带进教室的个人恐惧火上加油。我想到的这种令人担心的土壤并非无稽之谈：它就是我们的占主导地位的认知方式。这种认知方式带着唯我独尊的高傲昂首阔步，以至于人们很难看到藏在其背后的恐惧——除非人们能记得高傲常常是掩饰恐惧的伪装。

这种或那种认知方式的形成都源自我们如何回答涉及教育使命的两个核心问题：我们以何种方式获得知识？我们根据什么标准来确保我们获得的知识是正确的？我们有着各种各样的解答，大部分可能是约定俗成的，有的甚至是想当然的，但是这些答案都会影响到我们教与学的方式方法。

如果我们认为真理来自高高在上的权威，课堂看起来就像要实施独裁统治；如果我们认为真理取决于想入非非的个人，课堂恐怕就要陷入无政府的混乱状态；如果我们认为真理生成于人们相互切磋的复杂过程，全班很可能就会成为一个集思广益并取长补短的共同体。我们关于如何认知的假设，或增强或削弱优质教学所依赖的联系能力。

在教育领域大行其道的认知方式——所谓的"客观主义"——造成了教师、学科、学生之间的分离，因为这种认知方式根植于恐吓之中，认为我们若不把身心与认知对象彻底隔绝，就不能获得关于它的真理。

为何如此？因为我们如果与认知对象过于接近，我们主观世界中的杂质将会污染对它的认知。不管"认知对象"为何物——历史的一个事件、自然界的一种生物、名著的一个段落、人类行为的一种现象——客观主义宣称，我们只有拉开距离才能正确而全面地认知世上万物。

对客观主义来说，主观本身是最令人恐惧的敌人——一个潘多拉盒子，盖子一旦打开，从里面放出来的看法、偏见、无知就会扭曲我们的认知。我们要关紧盒盖，唯有依靠主观愿望（或揣测）不可撼动的理性、逻辑、事实、数据。依照客观主义所规定的认知方式，我们的大脑和感官的作用不是用来联系世界，而是用来隔离世界的，以免污染我们对世界的认知。

在客观主义看来，主观之所以可怕，不仅仅在于它污染我们对事物的认知，还在于它创建了事物与我们之间的联系——这种联系也是污染媒介。当某事物不是一个客体，而是我们生活中一个能与我们互动的主体——不管是一件艺术品，还是一个原住民族，或是一种生态系统——它可能就开始影响我们，让我们对它偏心，从而再次威胁到我们认知的纯洁性。

这样，客观主义在恐惧的驱使下就阻止我们与世上万物建立联系。它的操作方式很简单：当我们将自己与某事物隔离时，某事物就成为一个客体；当它成为一个客体，它就不再有生命；当它没有生命时，它就不能影响或改变我们，这样我们对它的认知就能保持纯洁性。

对客观主义来说，任何在求知者与待知者之间要求主观介入的认知方式都是浅薄的、不可靠的，甚至是危险的：将直觉斥之为毫无道理，将真情贬之为无病呻吟，将想象视之为胡思乱想，将讲故事判之为信口开河。

这就是在学科排序中为何音乐、绘画、舞蹈处于底部而"硬"学科处于顶部的原因，这也是为何每门"软"学科都有人从事更讲客观性的研究：文学学者一心计算副词的数量，而不是探究作品的意义；心理学家只顾分析人类外显行为的数据，好像将人类等同于毫无内心活动的泡沫塑料。

多年之前，怀特海（Alfred North Whitehead）曾指出："惰性思想"是高等教育的祸根，使教师和学生的教与学的过程都像是一潭死水。可对客观主义来说，惰性思想才是健全的思想，就像鳞翅目昆虫收藏家捕获了蝴蝶，不会再让它忽隐忽现地飞来飞去，而要对它药浸、盒装，制成固定不动的标本。这种认知方式或许使世界变得枯燥乏味，但在倡导者看来这不过是为了获得客观真理而付出的一丁点代价。

我不会忘记，客观主义产生的部分原因是要把我们从一意孤行的主观主义造成的罪恶中解救出来。黑死病的受害者本应得益于这种客观知识：病源是来自受感染的老鼠身上的跳蚤，而不是惹恼了上帝。历史上无数妇女只因被人称为"巫婆"就遭受了火刑被活活烧死，这些默默无声地证明了主观主义可以有多么的惨无人道。

客观主义本想把获取真理建立在更为坚实的基础上，而不是建立在王公和神父的怪异念头上。对这一点，我们应该满怀谢意。但是，历史充满了讽刺，其中之一就是客观主义滋生出它原要铲除的罪恶的新版本。我马上就想到了两个例子：现代独裁统治的兴起与现代战争的特性。

一个很好的例子是，试图使人们解开主观武断这副枷锁的客观主义，有时却与其他邪恶势力同流合污，又给现代人戴上极权主义的枷锁。当人们深信一切问题都有客观的解决办法——而且应运而生的专家又乐于提供解决办法——人们就不再信任自己的知识，而去权威那里寻求真理。如此一来，为这些"权威"在社会岌岌可危的时候攫取政治权力铺平了道路，他们可以向社会大众宣告："唯有我知道拯救你们的真理，跟我来！"

残忍的现代战争是客观主义横行的又一产物，如同残忍的火烧巫婆是主观主义横行的产物一样。许多美国人认为第一次海湾战争是可以接受的，甚至是受欢迎的，因为战争中采用的技术可以使我们处在自身安全的远方对他人实施暴力。我们在海湾战争中杀死了成千上万的伊拉克人，但是我们看到的只是模糊的被摧毁的影像——全美上下都为电视中的这些影像喝彩，我们是在为具备远距离杀人的能力而感激涕零。

在与海湾战争截然不同的越南战争中，我们不得不进行面对面的，或说"主观"的殊死决战，与客观的海湾战争相比，美国人绝不欢迎主观的越南战争。在越南战争中，我们的士兵要与敌人面对面，我们的平民要与五万名美军阵亡者面对面，我们的全体国民陷入了难以自拔的内疚和悲伤之中。当布什总统宣称海湾战争的胜利终于使我们"踢开越战综合征"时，他是在欢庆客观之遥控击败主观之肉搏的胜利。

为什么客观主义竟然与极权和暴力沆瀣一气？寻根究底，客观主义一开始就不是一心一意地寻求真理：它是在恐惧的驱使下要把危害现代前期社会的主观主义赶尽杀绝。客观主义从不满足于给主观主义画地为牢，而是要用"根绝自我"来确保客观真理——就像独裁者要杀光异己者来确保"公共秩序"、武士要杀光对手来确保"天下太平"。

"根绝自我"不是由我臆造出来的概念，而是客观主义文献所宣扬的核心观点。大约百年之前，客观主义如日中天，当时的哲学家皮尔逊（Karl Pearson）撰写了一部风行一时的著作，名为《科学的语法》（*The Grammar of Science*）。书中对"客观认知"做出了一个经典性解说："科学思维的特征是一以贯之地依据不受个人好恶影响的事实来做出判断。"[7]

遗憾的是，皮尔逊的这个经典性解说还伴随着一个无意中泄露天机的经典性失言："科学家的首要任务是要在其判断中彻底地消除自我。"有些人或许只把"消除自我"看成是用词不当，而我却把它当作不幸而言中的谶语：自皮尔逊写出此话的百年间，客观主义已经相当成功地实现了消除自我的目标，因为竟然会有一位大学生过来问写自传性短文能不能用"我"字。

我不赞成客观主义的理由主要是从教学的角度出发的，客观主义害怕求知者与待知者的联系，要求拉开两者之间距离，从而扭曲了教师与学生、与学科、与自己的关系。其实，指斥客观主义的求知模式还有一个更能切中其要害的例证：它连自己最重视的科学领域的求知过程都无法自圆其说。

任何科学家都无法通过隔离世界来认识世界，如果力图在求知者与待知者之间竖起一堵客观主义的高墙，我们除了知道这堵墙外就别无所知。科学要求以深入世界来了解世界，要求求知者与待知者之间生动活泼的相遇。这种相遇不一定有用感官去接触的时候，但一定有用心灵去感触的时候。

任何认知都是为了形成某种关联性认识，因为我们渴望与认知对象亲密无间的会聚交融。为何历史学家要研究"没有生命"的过去？是为了揭示今天它在多大程度上还活在我们的心中。为何生物学家要研究"沉默"的自然？是为了让我们听到它形象地讲述生态系统如何决定着人类的存亡。为何文学学者要研究"小说"的内容？是为了向我们证明不借助想象就无法理解事实。

认知就是如何与陌生的他者建立联系，就是如何与我们若无关联性认识就无法理解的现实建立联系。认知是人类寻求建立各种联系的方式，在此过程中会有各种会聚交融，这些会聚交融将不可避免地改变我们。归根结底，认知总是有关各方共生共享的。

至今仍被人津津乐道的生物学家麦克林托克（Barbara McClintock）的传奇故事就说明了这个事实：我们是通过连接世界而不是隔离世界来获取知识。麦克林托克1992年去世，享年90岁，她在其科研生涯的早期就着迷于破解基因转位的奥秘，虽然她的研究成果通常被看成是"离经叛道"而遭人唾弃，可她依然"固执己见"，其成果终被承认是现代基因遗传学上"开疆拓土"的发现，并因此于1983年荣获诺贝尔奖。

在从事科学实验时，麦克林托克没有将她的"研究对象"客观化，因而也没有按照教科书上的正统要求将"研究对象"分解为各种数据，而是基于"共生现象"的假设来探究基因材料。诚如有人所说，麦克林托克"认识到活的微生物的基因遗传比前人所知的更为复杂，更为相互依存，这才有了重大的发现。是通过观察基因在整个环境中如何发挥作用，而不是仅仅把基因看成各不相干的实体，这样她发现了有些基因能在染色体上四处移动"。[9]

当凯勒（Evelyn Fox Keller）为写麦克林托克的传记而采访她的时候，越发明确了这一点：指导麦克林托克科研工作的"共生"

假设，已经不限于揭示基因之间的联系，还包括揭示基因与研究基因的科学家之间的联系。

凯勒想知道"为什么麦克林托克探究基因的奥秘时比同行看得更深远？"凯勒说麦克林托克的回答其实很简单："她一再地告诉我们，一个人必须有时间去细看，有耐心'倾听研究材料对你的倾诉'，有气度'让研究材料的话语直达你的肺腑'。最重要的是，一个人要有'一种体贴微生物的情怀'。"[10]

当然，麦克林托克取得不同凡响的科研成果，也在于丝丝入扣的推理分析和无懈可击的完整数据，否则也无缘于诺贝尔奖。但是，任何伟大的科研成果都源自相反相成的两极，数据和推理不过是其中的一极。麦克林托克无疑是我们这个时代最伟大的生物学家，当有人请她指出认知过程中的关键要素时，她无一例外地用的都是"关系""联系""融合"等字眼。正如一位评论家所说的那样，麦克林托克"把自己的感情移入所研究的玉米之中，将自己的身心沉浸在玉米世界之中，从而消解了实验对象与观察人员之间的界限，也由此获得了有价值的知识"。

凯勒把麦克林托克的才华，也是最精彩的认知过程中的才华归结为一句简单明了的话：麦克林托克在与玉米的联系中，达到了"最高形式的爱，即和而不同的爱"。[12]

这句打动人心的话所指向的不仅是麦克林托克的科研的实质，而且是人生中可能建立的各种真正关系的实质——建立与历史的关系、与自然的关系、与他者的关系、与精神的关系，莫不如此。同时，这句话也指向一种不再恐惧他者且尊重甚至需要他者的认知和生活方式。

驱动客观主义的真正意图不是讲出如何认知的真理，而是加强我们胆大妄为的神话：知识就是力量，凭借知识的力量，我们就能治理世界。人们经常为了否认自己的恐惧而说谎——客观主义在我们的知识和我们的力量这两方面都在说谎，企图回避我们面前触目惊心的证据：我们正在毁灭世界而不是正在治理世界。

现代知识使我们可以开发世界，但无法掌握世界的命运（更不用说掌握我们自己的命运了），这是随着生态系统的消失与我们人类系统的衰退而日益清楚的事实。的确，通过切断我们与世界的联系，客观主义将我们引入与现实格格不入的行动当中，如果我们不悬崖勒马，必遭灭顶之灾。客观主义根本不是告诉我们如何认知的真理，而是虚拟的神话，旨在继续维持我们对日渐失去光环的科学、技术、权力、主宰的幻想。

如果我们敢于摆脱我们的恐惧，将求知作为一种爱的形式，我们就可能放弃"主宰"的幻想，而与世间万物形成伙伴关系。通过找到我们在现实的生态系统中应有的一席之地，我们就更能分辨出触发生机的行动与不触发生机的行动——在这个过程中，我们会更充分地关切我们的命运和世界的命运，而不是为了满足"主宰"的欲望而行动。这种关联性的认知方式——其中爱驱散了怕，共同创造取代了独断专行——是一种可以帮助我们恢复相互联系能力的认知方式，而相互联系的能力是优质教学所依赖的基础。

不要害怕

恐惧无处不在——存在于我们的文化，我们的院校，我们的学生和我们自身，从而将我们与世间万物隔离。我们在恐惧的围攻下，为了教与学如何突破恐惧的重围并重新与现实建立联系？据我所知，能把我们引向重新建立联系的唯一途径是打上"精神"印记的途径。

恐惧与人的身心状况息息相关，任何精神上的伟大传统都源自克服恐惧对我们生活的影响。尽管使用不同的话语，但全都宣扬同样的核心信息——"不要害怕"；尽管提出不同的克服恐惧的方法，但全都坚持同样的希望：我们能从恐惧造成的猥琐卑怯中脱身而出变得雍容大度，从而与他者的相遇不仅不会威胁我们，而且会丰富我们的工作和生活。

一定要细细体会核心信息的确切含义，"不要害怕"并不是说我们不该**心中有**恐惧（如果它是这个意思，我们不妨把它当成不切实际的空话而束之高阁），而是说我们不必**心慌**于恐惧，两者是迥然不同的告诫。

当我是年轻教师时，我热切地盼望：有朝一日，我对教学工作胸有成竹、能力超群、经验丰富、成效显著，可以毫无畏惧地走进任何一个课堂。可年近六旬时，我知道那一天永远不会到来，我总是心中有恐惧，但我不必心慌于恐惧——因为我心中还有其他让我能说能做的广阔天地。

每次我走进教室，我都能从我的心中选择一个教学起步的地方，正如我能从学生的心中选择一个教学归宿的地方。我不必出于恐惧来进行教学，我可以出于好奇、希望、怜爱、诚挚来进行教学，这些教学上的起点在我心中正如恐惧一样真实。我可以心中有恐惧，但我不必心慌于恐惧——只要我愿意，我可以立足于心中的任何地方进行教学。

我们渴望有各不相同的立足点，就我所知，对这种渴望的最好描述莫过于本书导言开篇引用的里尔克的诗句。

啊，别分离，

无一丝一毫间隙，

胜群星相引相吸。

心，何为心？

若非浩茫似苍旻，

怎任无数的鸟儿齐飞，

怎任归家的风儿劲吹。[13]

"分离"是我们习惯的生存状态，但是我们的内心不断地产生对联系的渴望。这是一种强烈的渴望，是对我们的心灵与遥远的星辰、我们自己与世上他者亲密无间地共同生活这一状态的渴望。我们渴望与他者结合为休戚与共的共同体，因为我们知道，在这种共同体里，我们的生活会更自在，彼此不再是陌生人，地球上不再有异乡人。

不过，里尔克所说"归家"有两个完全不同于我们通常意义的"家"的两个特性：首先，它指的是内心世界，而不是外界实体，这个家不是一个我们能有物权的地方——但是鉴于同样的理由，我们既不会被这个家拒之门外，这个家也不会被别人洗劫一空。不管我们身在何处，不管我们处于什么状态，不管我们的前面有多少障碍，我们只要转向内心就能返回家园。

其次，转向内心时，我们找到的家就不是一个仅供我们与世隔绝、形影相吊的封闭而狭隘的地方，而是一个犹如天空那样开放而广阔的地方。在这个家中，我们彼此之间谦和地容纳与自己不同的陌生的思想和陌生的人们，我们置身的这个家，毫无矫揉造作地既拥抱渺小的"我"，也欢迎宏大的"非我"。在这个家中，我们知道自己不是受到他者的威胁而势单力薄的"原子"，而是广袤的生命网络中不可或缺的"元素"。在这种认识中，我们超越了恐惧而通向完整的人生。

在解答"我们如何才能超越摧毁联系的恐惧"这个问题时，我说："去恢复消除恐惧的联系。"其实，我意识到这是一种循环论证——可精神上的活动轨迹不就是在不分始终的圆圈里往复循环吗，正如艾略特（Eliot）所说：我们"探索的终点就是到达起点，从而平生首次认识这个地点"。[14] 唯一的问题是，我们站的地方是在圈内还是圈外。

我们如何进入圆圈？如果唆使我们彼此分离的恐惧牢牢地掌控我们的话，那么是什么促使我们与他者携手前行呢？实不相瞒，靠的就是在我们心中已经存在的那个圆圈。

在人类的精神世界里，明显相对的东西时时刻刻绕着圆圈你追我赶：爱与恨、笑与哭、恐惧和欲望。我们对联系及其带来的舒适有多么强烈的欲望，我们对联系及其形成的挑战就有多么强烈的恐惧。尽管出于恐惧我们千方百计地借助分离来保护自己，而人类灵魂却始终如一地渴望联系，不断地呼唤："啊，别分离……"只要我们在恐惧时尊重这样的渴望，回应这样的呼唤，就能进入那个在我们心中已存在的圆圈。有时要做的就是这么简单。

在一个与我合作两年的中小学资深教师团体里，有一位在中学教工艺的男教师，身高 1.98 米，体重 109 公斤，体格健壮，嗓音浑厚，无人相信这样的男人也会害怕，甚至连他本人也不相信。

有好几年，他任教的学校校长一直督促他去暑期技术进修学院学习新技术，对他说："工艺课程必须现代化，而且要快，否则学生学的都是时过境迁的无用内容。"

"胡扯！"这位无畏的教师反驳道："进修学院所吹捧的技术很可能不过是昙花一现的花架子，就算不是，中学生需要学的是夯实基础的工艺课——运用材料和工具的实际操作，以后才会有很多时间心灵手巧地改进技术。"

工艺教师和他的校长就这样陷入了要求与拒绝的不良循环，而每次循环都使双方更加恼怒，两人的关系也日益变得对立和紧张。当这个工艺教师参与我们的团体时，这个问题沉甸甸地压在他心头。

有一天，工艺教师来开会时对我们说：那个不良循环打破了。校长找了他，再次要求他去进修，这次他没有争辩传统工艺课程的可取之处，而是直视着校长说："我还是不想去那所学院进修，但是现在我知道为什么了。我害怕，我害怕我搞不懂那些技术，害怕我的专业与我日益生疏，害怕作为教师的我已经过气。"

沉默片刻后，校长也开了口："我也害怕，我们一起去那里进修吧。"

两人一起去了，不仅和好如初，而且更加情深谊厚。工艺教师现在觉得他在课程现代化改革和提升职业使命感两方面都取得了进步。

这位教师的突破不涉及直接地采用某种教学新技术，其实根本不涉及直接地**做出**任何事。他的突破在于进入到一种新的**生存**方式，进入到一种意识状态：他可以心中有恐惧，但不必心慌于恐惧——他的言行能够以真诚地对待心中的恐惧为出发点，而不是以恐惧本身为出发点。

这位工艺教师所做的，不过是在心中有恐惧时尊重自己内心的渴望，这种渴望呼唤他不要与校长分离，不要与学生分离，不要与本职工作分离，不要与教师心灵分离。有时超越恐惧的办法就是那么简单。

第三章

潜藏的整体：
教与学的悖论

❧

一切看得见的事物，

都含看不见的东西。

暗淡的光亮，

谦恭的匿名，

潜藏的整体。

如此和谐统一，

多么奇妙神秘，

造化全凭圣智。

它的惓惓眷顾，

就是万物之母，

就是万物之主。

❧

托马斯·默顿（Thomas Merton）

《圣索菲亚大教堂》[1]

整体地看世界

损害教与学的分离文化的滋生蔓延，在一定程度上是出于恐惧，但同样是出于我们西方的非此即彼的思维方式，就是此种思维方式将"分离"提升到理智美德的高度。这种思维方式在我们文化中根深蒂固，我们即使尽力摆脱也挥之不去——我自己的言论就证明了这一点。

在前面的几章，我试图纠正教学中的若干偏失问题：为了纠正对教学技术的过分倚重，我强调要重视教师的自我认同和自我完善；为了纠正对客观知识的过分痴迷，我强调要重视主体的主观投入；为了纠正对智力力量的过分关注，我强调要重视足以禁锢或解放心智的情感力量。

我纠偏的本意是使教学这个天平的两端由失衡变成平衡，可在一种非此即彼的文化中，矫枉必过正。我因竭力为受到忽视的一端申辩，很可能会被人误认为是这么一种人：因教学技术的贫乏要找开脱的借口，才鼓吹教师去"体现自我"；因根本不相信有真理的标准，才宣扬"你想的是什么就是什么"；因毫不在意思想内容，才大谈特谈"宣泄你的情绪"。

显而易见（但愿如此！），别人的看法全都歪曲了我所说的本意。不过，我们一直就是这么歪曲世上万物的，因为我们这些科班出身的人，从受到的学术训练中既不会知道什么叫对立统一，也不会知道什么叫兼听则明。我们的这个问题比某些人的"舌战"坏习惯还要严重，这个坏习惯就是：只要你对我亮出了你的论点，我就想方设法（不管是有理不饶人，还是无理搅三分）找出与你针锋相对的反论。而我们的问题则根植于我们是依据分析的透镜来认识世界这一事实：我们用非此即彼的观点看待一切事物，不是加就是减，不是开就是关，不是黑就是白，将现实分散为无穷无尽的非此即彼的系列。简言之，我们是分离地看世界。

分离地看世界犹如遥远地看世界，曾经赋予我们巨大的力量。就像我尊重客观性（须确解其意）的力量，我也尊重分析（须用得其所）的力量。我在本书中就用分析的工具来论证我的观点，而且我写作本书所凭借的电脑就是靠数以亿计的"非此即彼"的决策来驱动的。若无非此即彼的二进制逻辑，我们就既无计算机，也无来自现代科学的许多礼物。

虽然非此即彼的思维方式在科技中已为我们大显身手，但同样给了我们一个支离破碎的现实观，并以此摧毁了生活中的完整和奇妙。使我们的问题更为严重的就在于这个事实：非此即彼的思维方式尽管用于逻辑范围之外关乎"何以为人"这类老问题时，总是在误导和蒙哄我们，但是已经成为几乎任何一个学科领域的认知规范。

我们如何摆脱非此即彼思维的束缚？怎样才能做到"整体地看世界"？也就是说，怎样才能做到：我们应该既不舍弃用得其所并供我们条分缕析的逻辑，也要努力养成虚怀若谷的心胸，从而不断扩充优质教学所依赖的联系能力。

诺贝尔物理学奖得主玻尔（Niels Bohr）提出了一个我想作为立论主旨的基本观点："与一个真命题相反的是一个假命题，而与一个深刻的真理相反的是另一个深刻的真理。"[2]

玻尔以洗练的寥寥数语确立了可视为"整体地看世界"的关键概念——即对立统一的"悖论"概念。在一定的情况下，发现真理不是靠**非此即彼**地割裂世界，而是靠**既此又彼**地拥抱世界。在一定的情况下，真理是明显的对立面的一种悖论式的联系，如果我们想要认识那条真理，就必须将所有对立面视为一个统一体加以拥抱。

诚如玻尔所言，在经验主义的世界里，必须依据理性和事实去分辨真假是非。如果我们的考察任务是弄清某棵树是橡树还是枫树，我们可以满怀信心地验证其种属，认定它绝无可能既是橡树又是枫树，因为某些可作为实证的标记会揭示它是哪种树木。

但是，玻尔同样确定了二进制逻辑会误导我们的认知领域，即"深刻真理"的领域。在这个领域里，如果我们想要获知事物的本质，必须停止分离地看世界，要整体地看世界。

深刻的真理——而非经验主义的事实——才是构成悖论的原

料，但是所谓"深刻"不一定意味着"古怪"或"深奥"，我们每天都能见识悖论式的深刻真理，原因很简单：我们属于人类，自己就是靠呼与吸的悖论来生存的。的确，呼与吸本身就是一种悖论形式，有呼有吸才能完整。

本书头两章中所详述的关于教学的普通真理，可用悖论的形式简要地表述出来：

- 我从 30 年教学生涯中得到的认识，就是在每节新课开始时以"新手"的感受去上课。

- 我那看不见的内在自我认同，只有同看得见的外在"他者"相遇时才能显现，从而被他人，甚至被我自己知晓。

- 优质教学来自自我认同而非教学技术，但是如果我凭自我认同指导自己采用与之契合的技术，技术就能帮助我更充分地体现自我认同。

- 教学总是发生在个人与公众交汇的地方，因此，如果我想搞好教学，就必须学会站在对立事物的交汇点上。

- 理智与情感协同一致才起作用，因此，如果我希望开启学生的理智，就必须同时开启他们的情感。

这些教学真理都不可能用非此即彼的方式加以表述，可是我们却一如既往地将此种方式带进我们的学术文化。我和大学教师常常谈及学生上课时心怀恐惧，而恐惧又如何压抑他们的学习能力，可总有一些教师会不以为然地指责说："难道你要我们不做大学教授，而去当心理医生？"

不，那绝非我的所要，我要的是打破二进制思维的框框，创设一种更加丰富、更加体现悖论的教学模式。此种教学模式会揭示理智和情感之间的悖论式关系是如何相反相成地结为一体的——不管我们是不是对悖论心安理得。

从上述教师的指责中不难看出，我们所受的学术训练就是叫学生及我们自己不要把情感和理智视为不可分割的一个整体。不过，大学教师作为教授和作为心理医生是不可分割的一身二任。一个人，如果是健全的，其理智和情感就是"既此又彼"的结合而不是"非此即彼"的分离，在教学中尊重这种悖论有助于我们把握全局。

当瓦解事物时

我们全面把握悖论的能力与生俱来，是后天的训练教我们分离地看世界。不信的话，那就请观察一下一个幼儿如何度过一天的各种情景。你会看到，动与静、情与理、哭与笑怎样成为形影不离的亲密伙伴。

我们还是孩子时，身上各种对立面伴着顺畅的呼与吸而成为水乳交融般的相反相成的一体，可是不久就会有人叫我们去掉这种对悖论泰然自若的认可态度。因为在我们刚刚踏上走向成人的旅途时，就不断地有人告诫我们：生存依赖于我们解析生活并分辨其中各个部分的能力。

区分能力确实重要——但仅用于避免我们身陷困境的场合。一个孩子必须学会区分冷与热以防伤害自己，学生必须区分对与错以防伤害别人。可是同样重要的是，在区分会使我们身陷困境的场合——我们进入成年时由于理智与情感、个体与集体、光明与阴暗的分隔而造成的困境，我们必须保持或恢复接受悖论的能力。

我们如此精打细算地割裂悖论，反而不能算出为养成此习惯所付出的代价。悖论的两极犹如电池的两极：两极相合通电，两极相离停电。我们在生活中若将深刻真理中对立的两极加以分离，那两极都将成为毫无生气的幽灵——我们也会变得毫无生气。就像强求自己只吸气不呼气会戕害我们身体的健康，瓦解一个充满生气的悖论同样会戕害我们理智、情感和精神的健康。

不妨想一想我们既要共处又要独处的这种悖论式需求吧。人类的生存需要建立各种各样的人际关系，若无一个丰富而滋润的关系网，我们就会枯萎和死亡。我这可不是危言耸听地打比方。临床证据表明，缺乏关系网的人比由家人和朋友簇拥的人更容易得病，也更难以治愈。

与此同时，我们也需要独处。我们的生活或许因有各种关系而丰富多彩，但人之自我仍然是除了自己，别人难以探求或知晓的内心隐秘。如果我们不能忍受必不可少的独处，而只能在与别人的共处中寻找生活的意义，我们也会枯萎和死亡。与别人的直接相处或许非常有助于我们在人生的某个阶段中所扮演的某种角色，可是我们越是要接近心中的奥秘，我们就越是要乐享必不可少的独处，这样才能保持我们健全的身心。

独处与共处构成一个明显的悖论，我们对此悖论的两极都有同样的需求。如果将此悖论的两极割裂分离，那么本来生机勃勃的两极都会沉沦为死气沉沉的幽灵。与共处截然分开的独处，不再是一种闲适自得的内在体验，而成为一种孤苦伶仃的离群索居；与独处截然分开的共处，不再是一张沁人心脾的关系网络，而成为一群闹闹哄哄的乌合之众。

诚如潘霍华（Dietrich Bonhoeffer）所说："让不会独处的人提防共处，让不会共处的人提防独处。"在将悖论的两极割裂的文化中，许多人根本不懂独处与共处之间那种深奥的辩证关系，他们只能看到落寞的独处和嘈杂的共处之间的对比反差。

我们甚至还有测试人格的技术使这种对比反差更为强烈，我指的是我们正在使用或滥用的将我们划分为某种人格"类型"的心理测验。内向型与外向型，自主型与他主型、直觉型与感觉型、阴柔型（适合共处）与阳刚型（适合独处），我是属于哪种类型呢？我们或是由自己或是被别人放进这些非此即彼的框框里，而不能赏识人类自我的悖论式本性。

我们所知道的教育世界充满了分崩离析的悖论——也由此招致了穷途末路的结果：

- 我们把头脑与心灵分离，其结果是：头脑不知如何去表现感情，心灵不知如何进行思考。

- 我们把理智与情感分离，其结果是：不讲情感的理智将人间变得冷漠疏远，不讲理智的感情使真理沦为任情发泄。

- 我们把理论与实践分离，其结果是：理论常与实践脱节，实践未受理论指引。

- 我们把教与学分离，其结果是：教师只说不听，学生只听不说。

悖论式思维需要我们具有相反相成的世界观，如此我们才能清晰而整体地看世界。这种世界观既不是冷眼旁观的现实主义，也不是不切实际的浪漫主义，而是两者创造性的综合。

相比非此即彼的思维中的简单世界——不过是一种暮气沉沉的简单世界——现实世界是错综复杂且扑朔迷离的。因此，当我们整体地看世界时，我们将使世界、学生和自己焕发出欣欣向荣的生机。

自我的局限与潜能

悖论不仅是一种抽象的认知方式，也是一面用来查看的透镜，我们从中可以更多地了解作为优质教学之源泉的自我。

在教学工作坊，我督促大学教师借助悖论的透镜来查看自己的课堂教学实践。其做法是，先请每一位教师写一篇短文，简要地描述近期发生的两种教学场景：一个是课上得如此精彩，以至于你觉得你生来就适合教学；一个是课上得如此糟糕，以至于你恨不得干脆就未曾出生。

重温诸如此类的教学场景是探索一个真实的教学悖论的第一步：同一个教师可能今天上课高奏凯歌，明天上课则铩羽而归！尽管我们常以自认倒霉或自我调侃的方式承认了这种悖论，但在工作坊的练习中还要求教师郑重其事地把它作为自我认识的源泉之一。

接下来，我请教师分成三人一组集中讨论正面的例子，并挨个地帮助每个组员确定自己的教学特长——即明确表明该教师的教学强项及有关能力，从而使研讨的案例成为一次起到示范作用的真实学习。

以书面形式做这种练习（我正准备进行这种尝试）不如面对面的交流那么引人入胜，我希望教师不妨和几个同事一起多做当面交流的练习，因为唯有这种练习才给我们提供了相互确认教学才干这种平常难得一遇的机会。该练习不仅促使我们借助悖论来理解自己，同时也能加深我们与同事切磋、琢磨的意识。

我曾在阿巴拉契亚山区的一所小型学院任教，学生主要来自经济萧条的地区，下面记述的就是我当时教学经历的一个片段：

在午后 1 时开始上课的大四研讨班上，我们一直在读贝拉（Robert Bellah）及其同事合著的《心灵的习性》（*Habits of the*

Heart）这本书。我曾在此之前的讲课中概述了该书的要点，这次课我想让学生考察该书的主旨，即当前表现型个人主义已经取代了同舟共济的集体主义传统——这一论点主要是根据北部城市中的数据——我准备让面前的本地学生用亲身经历验证这个论点。

我要求学生——首先在小组中，由焦点问题引导，然后在大组中由我引导——探索他们所学到的，以及他们所信奉的"自由"（"自由"是《心灵的习性》一书中所说的构成个人主义的要素之一），特别要探究"免除……的自由"和"去做……的自由"。小组讨论看来非常活跃，大组讨论中亦有四分之三的学生坦率地谈出了自己的看法。

大多数学生的看法差不多：他们在谈到"免除……的自由"时，希望免除诸如恶劣的家人关系、狭隘的宗教信仰、有偏见的社会群体等；在谈到"去做……的自由"时，希望能够彰显自我本色、进行无拘无束地自我选择、自我表现，甚至"自私自利"等。他们的谈论似乎跟《心灵的习性》中的主旨完全吻合——可我觉得，他们的生活中有一些他们还不能说清楚或不愿意说清楚的东西。

然后，其中一位学生——一名颇受欢迎的年轻人，以虔诚的宗教信仰和仁慈的宽恕精神而蜚声校园——扯了一个由头（我至今仍未弄清是何由头）谈到了自己刚开学时遭到误捕的事情：警方说他贩毒，其实是弄错身份抓错了人。鉴于他的为人反衬出这次误捕的讽刺意义，故事听起来非常滑稽，人人都忍不住捧腹大笑，直到我向他提出了一个问题："你为什么不去控告警察抓错了人？说不定你会一夜暴富呢。"

这个学生解释的时候，整个教室都安静下来。他说，他绝不会去控告警方，他对最终能洗刷冤枉还感到庆幸呢，接着还为警方找开脱的理由，辩解说"人人都会犯错嘛"。几乎所有学生立刻表明，他们赞同他的道德立场。

我想将探讨引向深入就说道："让我拿面镜子照一照你。你说你认同个人主义和寻求自我，可在内心你有强烈的集体意识，你宁愿原谅警方的过错而不设法从中捞钱。《心灵的习性》的作者谈到的那种个人主义是不会被集体意识所感化的，如果你是一个可据书对号入座的个人主义者，当天晚上就会聘请一位律师，次日早上就会对警方提起诉讼。"

讨论当中全班学生都感到这种探讨既饶有趣味又增长见识，而且他们都同意个人主义和集体主义集于一身正是他们为人的真实写照。这次课结束时我深切地感到，我和学生一起卓有成效地完成了两件事：一是更深入地理解了《心灵的习性》这本书；二是更深入地理解了当地学生的生活。我还从中想到了将要讨论的下一个议题：学生在宣称自己是个人主义者时却本能地做出集体主义者的行为，为什么有这种言行不一呢？

我到底有何才能让我有如此精彩的教学片段呢？在此立即回答这一问题似乎显得有点自吹自擂，因此我请你们在看完我的第二个例子之后再做判断，那时就会清楚地表明，我上课倚重的是专长而非自我！

当我在工作坊中提出上面的例子时，其他教师据此确定了我的教学强项及有关才能，可概述如下：

- 在安排课程和引导教学两方面具备将计划性（或说意向性）与灵活性相结合的能力：既明确地指明教学目标，又鼓励开拓各种达到目标的途径。

- 彻底地了解指定给学生用的教学材料，并且尽心尽力地帮助学生掌握有关材料。

- 诚心实意地帮助学生搭建教学文本与自身生活之间联系的桥梁，并有落到实处的教学策略。

- 看重学生的亲身经历，不亚于看重指定给学生用的教学文本。

- 了解学生的生活比学生本人更为深刻，能由表及里、由浅入深地挖掘学生所讲的故事和意见，急切地帮助学生更深入地了解自身。

- 能提出恰当的问题，并仔细地倾听学生的回答——不仅去听他们说出的心里话，还去听他们未说出的心里话。

- 愿意冒险，尤其是愿意冒让学生在讨论中各抒己见的风险，尽管难以把握这种开放性对话的走向。

得到诸如此类的肯定犹如享受一次心灵按摩，赞赏本身就是足以让人心旷神怡的缘由。不过，这样做还有另外两个重要的理由：第一，了解我们自身的特长有助于我们更加始终如一地遵循自我认同和自我完善去进行教学。承认我们自身的特长对于我们许多人来说是感到为难的，或许是因自己的谦逊，或许是怕担着"直木先伐"的风险。可是，一旦无人赏识或尊重我们的教学特长时，我们很容易就返回到教学主流中去，即使这种教学主流与我们的自我毫无关系。

第二，我们需要对自己的教学特长有信心才能迈出第二步——与别人一起检视那种全是痛苦、毫无乐趣的教学场合。直视自己的"弱点"总会感到非常难受，可若以自己的"强项"垫底，这样的检视则会觉得好受一些，甚至有时可以结出累累硕果。我所期望的收获正如我即将展示的那样，我们利用悖论式的相反相成观，从一连串的弱点出发来深刻理解作为优质教学之源泉的自我认同。

现在我要写出我的第二个例子，它来自同一所学院、同一个学期、同一门课程，但不是同一个编班——此事再次证明：谁都不可能两次踏入同一条河流！

在午后3时开始上课的大四研讨班上，一上课我就有种不祥的预感：不少学生对我们的课堂活动无动于衷，看来是打定主意要袖手旁观。无论我如何努力，他们的情绪似乎是从百无聊赖到闷闷不乐，再到默默无语，每况愈下。

尤其是三个女生的行为像初中生，来回地传递纸条，根本不看我派发的供讨论用的书面材料，不管是我在讲课还是全班讨论，都旁若无人地谈笑风生。每当我或其他学生出言制止时，她们的反应就是不屑一顾地翻翻白眼。虽说全班的上课情况都让我烦恼，可这三个女生成为我急欲拔之而后快的"眼中钉"。

上了几次课后，我对全班说，我不满意上课状况，指出了我觉得那些分散上课注意力的行为，并请学生告诉我，我需要改变什么——如果不需要我改变，大家就要积极地参与课堂活动。无人提出要我改变的建议，而且随着时间的推移，有些学生也将更多的心思投入课堂活动了，尽管看起来有些勉为其难，不过那"三人帮"依旧我行我素。

一天下午，下课后我正巧在校园碰上她们，也就她们的"逃课"与她们顶撞起来。"顶撞"一词用得并不过分——我对她们是厉声呵斥，她们则反唇相讥，愤愤不平地告诉我三件事：（1）我不必对有人不上自己的课"耿耿于怀"；（2）我因误解而武断地否定了她们中的一人在班上所表达的意见，从此之后这个学生见我就烦；（3）她们是毕业班的学生，讨厌学院还给她们安排必修课，而我的那门课就是其中之一，她们甚至在开学前就决定对这门课"放鸽子"。

她们说的更使我火冒三丈，我坚持她们要向我道歉，直到有人道了歉才罢休。这时我也为我的愤怒向她们道歉（我已意识到自己的愤怒的确失态，因为只对她们三人那么"斤斤计较"）并建议说，或许我们都可以从头再来，三位女生也同意试一试——当时答应下来可能是免得我又发脾气。

那次交锋之后，三位女生中有一个总算较为认真地上了课，另外两个——虽说停止了捣乱课堂的行为——可也没有任何主动参与课堂活动的行为。总体而言，上课的气氛是沉闷的、烦人的，我恨不得赶快了结了这门课。我后来之所以在这个班还能"任凭风浪起，稳坐钓鱼船"，那只是因为我对这班学生的学习不做指望而降低了心中的上课标准，说来真叫人啼笑皆非：我是对这班学生大失所望做了迫不得已的让步才换来与他们上课时的相安无事。我憎恶以无可奈何的方式去教学或生活，可应对这班学生，听之任之似乎是我唯一的出路。

我多次回顾和体味这种苦不堪言的教学片段，它引发的痛楚和难堪使我心中总是试图马上甩掉这场"惨败"而浮现出一个势必提出的问题："如果当时我采取了不同的举措，是不是可以取得较好的教学效果呢？"可我在工作坊引导教师做练习时，我坚持让教师像远离瘟疫一样远离这个问题。

说提出这一问题是"势必"的，是因为靠闪烁其词而保全颜面是我们的本能：借着过快地提出这一问题，我们试图一下子摆脱对失败的痛苦，马上转向技术上的"短平快办法"。回味类似的痛苦经历后立刻就寻求"实用的解决办法"，实际是一种逃避手段，不敢剖析处于逆境时的自我认同——只有当我们更多地思考哪些是我们身处逆境的内心活动时，我们才会去探究逆境时的自我认同。

诚然，有关技术性的问题是值得一提的，但理解自我认同是寻找教学新途径的首要一步：如果教学方法不是扎根于教师的本心，无论教师的教学方法怎样花样翻新，对任何人都毫无作用可言。

于是，我请工作坊的各小组研讨第二个例子时借助这么一个特定的悖论：一个人拥有的每一个长处必定带来与其相关的短处。每个优点同样也是一个缺点，一种局限，自我认同中的某个侧面在有些情况下对我及他人都非常有用，但不是在所有时空场合都有用。如果我的特长是善于鞭辟入里的分析，显然这有利于我去解决"以理服人"的问题，可是如果我要解决的问题是与别人的情感纠葛，我却用特长将此问题作严谨周密的分析，那么与我特长相伴随的不足之处马上就会暴露无遗。

我们应当如何应对自身特长的负面影响或局限呢？关键是不要对局限"马上修补"，而是要深入地理解特长与其局限相联系的悖论，深入地理解我们自身就是相反相成的悖论，这样我们才能依据完整的本性更从容自如地去教学和生活。

当我和其他教师一起探讨我的第二个例子时，只要他们的看法不是那种要借助技术手段"快速修补"的模式，我总能从中汲取对我教学有益的重要见解。最重要的是，我从中了解到我作为教师的特长是能与学生共同起舞，与他们共同创建一个教学相长的环境，只要我能一如既往地对学生坦诚相见、充分信任、寄予厚望，我的这种特长也就一如既往地起作用。

可是，一旦我的学生拒绝与我共同起舞，我的长处就变成了短处，我由此感到愤怒，虽然因顾及师生关系，我通常不会肆无忌惮地对学生泄愤，可我会心怀怨恨，开始去踩不愿与我合拍的舞伴的脚趾，有时还会去踢舞伴的小腿。转眼之间我对学生就不愿理睬，不再信任，不做指望，只因为他们拒绝配合我的特长。

有些教学方法，是在割裂师生联系而只为迁就不想与我联系的学生，我无意去学这样的教学方法，因为割裂师生联系的教学会违背我的自我认同和自我完善，从而使本已糟糕的教学局面雪上加霜。我想学的是如何完整地把握我的自我认同中对立统一的两极，如何拥抱相反相成的深刻真理：我的自我意识既要深深依存于和我共舞的他者，**同时**，当无人想和我共舞时我也仍持有自我意识。

在上面的句子里，用"**同时**"比用"**但是**"更为准确，因为它表达了一个真实的悖论。正是因为我的自我意识深深依存于他者，一旦他者拒绝与我联系，我就会感到有些难受，事实就是如此。与此同时，尽管师生关系破裂，我仍抱有自我意识——我感到的痛苦就是其确证。

我得记住，我有时在教学中感到的痛苦，就像我在与学生翩翩共舞时感到的欢悦，都是表明我的自我意识蕴含生机的一种迹象。如果我牢记这条既简单又深刻的真理，我就会更靠近我的特长，更远离我的愤懑，更可能以适合我和学生双方的方式教学。

我之所以有如上述的教学惨败，其根本原因不是败于技术——虽然确实有在教学困境中可助我一臂之力的教学技术——而是败于那种否认自我甚至毁灭自我的意识。一旦我的学生不愿帮助我实现我的自我时，就会产生那种否认自我或毁灭自我的感觉。

如此直言不讳地做自我分析是在引火烧身。我知道，从理智上说，他者，尤其是学生，能帮助我实现自我的这种假设显得何等天真——往最好处说可谓天真，往最坏处说可谓傲慢。不过，面对一盘散沙似的课堂，我要做的就是尽力落实这个假设，因为，我作为教师的成长需要敢于面对这类有失面子的事实。

要成为一名不断进取的教师，我必须养成一种既依赖又不依赖他人回应的自我意识——这是一个真实的悖论。要融会贯通地领悟这个悖论，我既必须踽踽独行于深入地探究自己本心的征途上，同时也必须寻求他人的帮助来认清自己的为人——这是充溢在内心世界的许多悖论中的又一个悖论。

悖论与教学设计

悖论原理不仅指导我们如何认识自我的复杂之处和潜在能量，而且指导我们如何考察课堂教学的动力系统和如何设计适用于上课的教学空间。

我说的"空间"意味着一组相关的因素：教室中教学设施的放

置安排及舒适程度；针对我和学生正在探讨的主题而建构的概念框架；我希望营造的以情感人的场面；能引导我们进行探究的基本规则。对我最合适的空间是遵循一系列的悖论原理而塑造的空间，而且我认为自己深知其所以然。

教学需要我们拥有比日常更敏锐的觉察力——只要我们处在创造性张力当中，就会促使我们提高自己的觉察力。悖论是创造性张力的另一称号，是一种鞭策方式，好比是连接正负两极产生了激发我们警觉的电荷。并非所有的优秀教师都使用同样的技术，但不管用何技术，凡是优秀教师就总能找到导致创造性张力的途径。

当我做一节课的教学设计时，我觉察到要用导致创造性张力的六大悖论来创建我的教学空间。这六大悖论谈不上规范，也算不上详尽，不过是我的个人想法，我在此提出来是想以此为例来说明悖论原理如何指导课堂教学设计的：

1. 这个空间应该既是界限分明的，又是门户开放的。
2. 这个空间应该既是热情友好的，又是紧张急迫的。
3. 这个空间应该既鼓励个人发表意见，又欢迎听到团体的声音。
4. 这个空间应该既尊重学生的"小故事"，又尊重准则和传统的"大故事"。
5. 这个空间应该既支持个人的独处，又让独处者可以充分利用团体的资源。

6.这个空间应该既鼓励沉默，又欢迎发言。

我想先就每个悖论的含义解释几句，然后，为了把悖论和读者都从僵死的抽象概念中解救出来，我想探讨一些便于任课教师活学活用这些悖论的途径。

1.这个空间应该既是界限分明的，又是门户开放的。

教学的界限是由与教学主题相关的问题、文本或资料来确定的，从而使我们的注意力集中在教学主题上。在这个界限里，学生可以畅所欲言，但其发言总由教师或手头的资料引向主题。这些资料必须非常清晰和引人入胜，从而让学生难以跑题——即使这个主题使学生感到困惑、恐慌甚至想避而远之时也是如此。没有界限的空间不是教学空间，只是一种混沌的虚空，如此境地不可能产生学习。

要使一个空间成为教学空间，不仅要有界限，更要开放——向可能引致有所发现的多条途径开放，向总是与真正学习为伴的强烈好奇心开放。如果说"界限"让我们记起我们的旅途是有目的地的，"开放"则让我们不忘"条条大路通罗马"。另外，开放的学习空间也会让我们注意：我们在旅程之初预设的目的地不一定是我们想要到达的终点，因此，我们必须在旅行中时时处处留心通往我们真正目的地的线索。

2.这个空间应该既是热情友好的，又是紧张急迫的。

开放的空间有利于我们打破条条框框，但也易于引发会在陌生领域迷失方向的担忧。因此，学习空间必须是热情友好的——不仅开放而且温馨宜人，不仅自由而且安全可靠。空间的界限为此提供了一定的保障，可当界限将我们困在难以对付的主题上，就需要更多的保障。因此，为了帮助学生化解在教育探索中的各种危险，学习空间的设备必须齐全：有歇脚的地方、有吃饭的地方，甚至在有人害怕抛头露面时，也有藏身的地方。

不过，如果我们要在教育探索中有所收获，学习空间就必须是紧张急迫的。如果学生力图深究学问的底蕴，他们就不能高枕无忧地安然入睡。他们需要亲身感受在求索世界和心灵的奥秘时必然遇到的艰难险阻。这种紧张的气氛不需任何特技效果——它与真正的学习空间联袂而来。我们要做的只是给这个空间围上护栏，用重要的主题充实这个空间，不让任何人逃避主题或使主题变得肤浅。

3. 这个空间应该既鼓励个人发表意见，又欢迎听到团体的声音。

如果一个空间要促进学习，就必须鼓励学生说出真话，而不管他们所说的内容和方式是否得到别人的认可。如果学生不能表露自己的思想、情感、困惑、无知和成见时，学习就无从谈起。事实上，唯有人们说出自己的心声，教育的机会才可能应运而生。

但是，教学空间不只是一个仅供发表个人意见的论坛，还应该是一个收集和弘扬团体意见的地方，团体是可以确认、质疑、反驳和更正个人意见的。教师的任务是留心听取团体的声音，并要多次"回放"团体的声音，这样大家都可以听到，甚至改变团体的原有意见。

关于个体意见和团体意见的悖论，看看校外的共识决策就可一目了然。依照共识决策的规程，团体中即使只有一人提出不同意见就不能做出任何决策，因此，团体必须仔细倾听每一位成员的意见。但是，如果团体意见是通过成员之间真诚的对话而形成的共识，团体就会对每个成员提出明确的要求，对该意见既不能推倒重来也不能阳奉阴违，不过可以更努力地寻求，更透彻地说出自己认定的真理。在依据这种悖论而塑造的学习空间里，学生不仅可以学到与教学主题有关的知识，而且可以学会就教学主题如何大胆表述自己的观点，如何留心听取可能影响自己的见解和信念的集体智慧。

4.这个空间应该既尊重学生的"小故事"，又尊重准则和传统的"大故事"。

一个学习空间不应该塞满了抽象概念，连学生在生活中虽微小但感人的实际经历都无立锥之地。在学习空间里，必须给每个学生的小故事，特别是给学生体验到的心中教师发挥作用的小故事留出足够的位置。

但是，一旦我的或你的小故事作为唯一的参照点，我们也容易沉迷于自我陶醉之中。因此，在学习空间也必须强调关乎准则的大故事——即范围上有普适意义而深度上有典型意义的故事。这些大故事搭建了理解小故事的框架，帮助我们领悟小故事的含义。我们要帮助学生学会用尊重的态度地倾听这些大故事，就如我们用尊重的态度倾听每个学生讲述自己生活中的小故事。

5.这个空间应该既支持个人的独处，又让独处者可以充分利用团体的资源。

学习需要独处——要想学生学有所得，就要给学生时间去独自思考和吸收学习内容，更要尊重而不侵犯学生那内在的自我。学习同样需要共处——通过与他人之间的对话交流，我们的无知得以知晓，我们的看法得以验证，我们的偏见得以质疑，我们的知识得以扩展。在你来我往的对话交流中，我们不会一人孤零零地冥思苦想。

但是，反常的共处形式或共处行为则损害学习所需的独处，它们毫不顾及个人的内心感受，任意侵害个人的内心世界。如果某团体的规范确定为（不管其表述多么隐晦）：每个人必须发言，而且必须按统一口径发言，那么，人人发言可谓"多此一举"，而不同意见只能"胎死腹中"。没有个人的独处，也就没有真正的学习。

一个名实相符的学习团体不仅能与个人的独处相互兼容，而且对于全面落实个人的心中教师的教诲也举足轻重。在一个敬重个人的内心奥秘的团体中，我们才能相互帮助，同心协力地消除挡住我们学术眼光的障碍。一个学习团体，若能得到教师的大力扶持和细心呵护，营造出令人感到安心、安全的环境或氛围，就可帮助我们看清通向我们内心真理的障碍或通道。

6.这个空间应该既鼓励沉默，又欢迎发言。

话语不是教学中唯一的交流媒介——我们也可用沉默进行教育。沉默让我们有机会反思我们曾说过或听过的话，沉默本身就是一种话语，是从我们自身、从他人、从世界最深处发出的声音。

心理学家指出，班集体一般可以忍受的沉默约 15 秒，其后就有人觉得必须说说话来打破冷场。这是我们的老朋友"恐惧"在作祟，以为沉默就是犯错，认定不大声喧哗就会徒劳无功。可是在真正的教育中，沉默可视为让学生酝酿自己想法的可靠"发源地"，是一种适合深度学习的媒介。

对这六大悖论的解说合起来可相当于完整的教学论——这是就理论层面而论。那么就实践层面而论，如何落实这六大悖论呢？我将设法回答这个问题，不过首先提请大家注意一点：下面所记述的不是教学"公式"，而是阐明我如何尽量在本职工作中全面把握六大悖论的个人见解。

悖论原理有助于说明任何教师的自我和任何教学空间的构建。但是，我即将要描述的是具象教学论，源自一个或许与你的自我大相径庭的自我，不管你对下面我所说的是认可或不认可，还是模棱两可，你也许都能发现可供你利用的真实的教学资源。

在课堂教学中落实悖论

为了表明六大悖论是如何用于课堂教学的，我想仔细地探讨我的第一个案例——因为我的第二个案例已让我切记不可自鸣得意。

当我坐下来拟订那次课的教案时，首先想到的是第一个悖论：

学习空间既是界限分明的，也是门户开放的。要贯彻这个悖论，我得借助当时上课所用的文本《心灵的习性》。

适用上课的文本应该兼顾开放与界限——界限是由一系列清晰而有趣的问题划定的，而开放则来自以各抒己见的方式来探讨这些问题。通过选择适用的文本并潜心研读，我通常都可知道如何凭据文本来创建我想要的学习空间。于是，我审视了《心灵的习性》中所论述的一系列重要问题，最终从中选定美国人所看重的"自由"作为课堂上要深入探讨的问题。

从文本中寻求教学上的提示，绝不意味着照本宣科。我听过（或上过）最贴近文本也最索然无味的课，那时觉得还不如无所事事地待在家中。所谓适用上课的文本，我的意思是，该文本从根本上说是完备的，同时也有不少尚待阐明的缺漏——又一个悖论，因而不能当作教人按既定程序亦步亦趋去做菜的烹调手册。

面对一个十全十美的文本——提出的全是恰当的问题，给出的也全是恰当的答案，学生是不会学有所成的。可一个断断续续、含含糊糊的文本却需要我们聚精会神地刻苦钻研，给学生留出了独立思考、形成创见的余地。从文本中寻求教学上的提示，不仅着眼于文本可给予我们的教益，而且着眼于我们可给予文本的教益。

我之所以看中《心灵的习性》，正是因为其资料上的某些缺漏。该书作者采访的是局限于一定境况下的美国人，但基于采访资料而得出的结论却是相当泛化的。我因任教于阿巴拉契亚山区的小型学院，就可感到书中很少论及为数众多的美国穷人，对阿巴拉契亚山区中特有的贫困生活更是只字未提。

为了落实第一个悖论——学习空间应该兼顾开放和界限——我做出如下的决定：通过提请学生专注于《心灵的习性》所描绘的"自由"景象来确立界限，通过提请他们基于自身经历回答"书中的自由景象是否符合实情？"来实现空间的开放。（当然，提请策略本身就是在落实第一个悖论：既围绕主题明确界限，同时又让学生畅所欲言。）

鼓励学生以自己的生活经历作为探讨教学主题的依据，我就是在部分地落实第二个悖论，即学习空间应该是热情友好的。在课堂教学中营造热情友好的气氛，我们对学生要做的不仅是待之以礼，动之以情，还要诚恳地邀请他们就探讨的问题发表自己的独到见解。就像要做好东道主，不仅招待客人要彬彬有礼，还要引导客人侃侃而谈。

第二个悖论要求学习空间不仅热情而且紧张，从而使学生在其中既会受到盛情的欢迎，也要面临严峻的挑战。依我之见，将"自由"挑出来作为学生辩驳反思的概念有望造成紧张的场面。因为我知道，自由可是学生生活中的大事：一些学生还在率性地违抗家人，一些学生感到学院过度地束缚了自己的生活。

于是，我确定了如下焦点问题："你们过去听到的是什么样的自由观？尤其是关于免除……的自由和去做……的自由，受到了什么样的教导？你们现在又信奉什么样的自由观？"我料想，这些问题都是可使学生"一触即发"的敏感问题，事实证明果然如此。学生立刻就情绪激昂、殚精竭虑地进入这个引人入胜的学习空间，谁都不愿放弃这种磨砺自己思想锋芒的机会。

为了落实第三个悖论——学习空间应该兼顾个人的看法和团体的意见——我要求学生先用几分钟悄然无声地思考有关问题，因为大多数学生都需要沉默才有奇思妙想翩翩而来。不过对大多数人来说，泥雕木塑式的沉默未免令人别扭，我就让学生有点事可做，叫他们用纸笔记下自己的想法。为了要学生专心致志于当下的教学任务，我不动声色地要了一点"阴谋诡计"，对他们说："过一会儿，我再告诉你们这些记录是干什么用的。"

因为，学生不知道我是否要把记录收上来并打分评级（我永远不会这么做），还是要把记录用作小组讨论中发表个人意见时的参考材料（我最终这样做了）。结果，学生无一例外地做了记录来"以防万一"。现在回想起来，这件事虽不大但含义深，足以表明紧张的氛围催人奋进的教育价值！

接下来，我引导学生逐步地从发表个人意见转向形成团体意见。个人思考时间过后，我要求学生花10分钟在自选的三人小组中分享自己的看法，然后再进行大组讨论。每个小组给每个学生畅所欲言的机会，经过对各种意见去粗取精的筛选，学生在大组讨论中就能提出更有分量的意见。

在大组讨论时要把握第三个悖论——个人意见与团体意见之间——的张力，主要取决于教师引导讨论而非支配讨论的能力。一方面，教师要欢迎并确认每一个人的意见，但这并不意味着无论其意见多么荒谬可笑（如愤世嫉俗者有意为之的那种话语）都要随口附和，而是意味着通过全神贯注的倾听、旨在澄清语义的询问，并在学生迷惑于抽象概念时提供说明的例证，帮助每一个学生明确自己所说的精华之所在。

另一方面，这个悖论要求教师对大组可能出现的任何思维模式发表明确的意见，没有教师为大组点明某一思维模式，大组不可能有统一的意见。这意味着教师要仔细倾听并留心掌握大组讨论中的所有头绪，并最终凝聚为一个综合各种意见的基本思路，然后问学生："你们所说的是不是这个意思？"在这个案例中，我在向学生显示他们"言行不一"的时候（在学生被问及他们的自由观时，他们声称是以自我为中心的，可在面临实际问题时他们则表明是以集体为重的），就是这么做的。

第四个悖论——我们必须既尊重我们生活中的小故事，也尊重涉及准则的大故事——贯穿于我描述的所有教学举措中。这个悖论的张力难以把握，不仅因为学术界看不起这些小故事，而且因为学生备感亲切的就是这些小故事，不加限制的话，学生就会与小故事难舍难分，而对大故事敬而远之。

尽管小故事包含着能够检验并纠正大故事的真理（就像我的学生在阿巴拉契亚的小故事纠正了《心灵的习性》中的大故事），教师也必须不断地用大故事来重新解读小故事。我利用《心灵的习性》中的概念来表明，我的学生不愿因误捕而起诉警方显示了他们的集体意识高于其声称的自由观念，此时我就是用大故事来重新解读小故事。

把握这个悖论的关键是要认识到，尽管学生都能讲述自己的小故事，但像我们这些普通人一样，很少能领悟这些故事的意义。说起来不足为奇，既然教育不把学生的生活作为知识的源泉，他们又怎能领悟自身小故事中的意义？因此，想要在所有的大小故事交汇之处进行教学的教师，必须不断地在学生不知如何理解的地方做出解释——直到他们从经人多次"倾听其说话"中学会解读自己的故事。

第五个悖论——学习空间应该支持独处，同时可充分利用团体的资源——一般是用在比喻的意义上。在大多数教学场合下，我们不可能在上课途中让学生离班去独自反思。但是，我们能做到，在我们就既定的主题形成集体共识的时候，满足学生在班内独自反思的需要。

例如，我向学生表明，尽管我重视对话，但我也肯定他们在行为上有不参加讨论的权利——只要我能感到或有时得到口头保证——他们在内心参与了。允许不发表意见似乎能招致通常沉默的人发表意见：当我们被赋予有选择参与或不参与的自由时，我们更可能决定参与。

尊重学生独自反思的需要，也意味着当我听他们谈自己的看法时，我必须弄清楚我的问题会使他们在多深的程度上探讨主题，有些地方是人的内心不愿触及的——至少是不愿在大庭广众之下去触及。

在第一个案例中就有这么一个时刻，当那个年轻人讲了他被误捕的故事时，我立刻就知道想向他问一个什么样的问题，一个可在后续讨论中争辩自由与责任之关系的问题："你为什么不控告警方抓错了人？你说不定可一夜暴富呢。"

但这个问题似乎显得过于"单刀直入"，尤其在如此贫困的地区易于被听成这样的问话："你傻不傻呀？白白地错过了一个发财的机会。"因此在我提问之前我需要先问自己：这个学生能应对这个问题吗？我和他的关系达到了可使他不受伤害的程度吗？从隐喻的意义上说，保护学生的"独处"意味着：既邀请学生将真话全盘托出，也拒绝侵入学生内心的敏感之处。

第六个悖论涉及创建一个既欢迎沉默又鼓励发言的学习空间。在我考察的那次课的课堂上，发言踊跃，明显的沉默只有一段时间——即我要求学生就我所提问题用纸笔记下有关想法的那段时间——那一次短暂的沉默体现出自身的价值，但我最关注的沉默是讨论时出现的沉默，即在提出某种观点或某个问题时没有引起即刻回应而出现的沉默。

随着时间一秒一秒地过去，课堂上益发寂寂无声，我对沉默有价值的这种信念面临着考验。我也不能免俗，习惯上将沉默当成出错的征兆。我可是拿着薪水带领这个班级的，是要履行职业责任的，所以，我的职业能力观和操守观容不得我放纵沉默：我要做一个有错必纠的人——发话打破沉默。恐慌使我贸然地断定，刚才提出的观点或问题或许把学生惊呆了，或许让他们厌烦到不想开口，因此，我必须当仁不让地立即施行交谈的"心肺复苏术"。

不过，不妨假设有如下情况：我的恐慌误导了我，使我在仓促中得出了与实情不符的结论；学生既没有吃惊到目瞪口呆，也没有腻味到不屑一顾；他们不是懵懂无知，也不是玩世不恭，而是异常精明，深知需要静思默想的时刻；他们没有浪费学习时间，而是进行一种强化反思的学习。当我认为学生的沉默即是问题，并从我控制的需要而非学生学习的需要来解决问题时，我就与上述情景中蕴含的所有教学良机失之交臂。

但愿我上面的看法有误，可即便如此，有一点是无可争辩的事实：当我打破沉默的那一刻，我排除了所有真实学习的机会。如果学生觉得我总会以谈出我的想法来打破沉默，那他们何必在沉默中琢磨自己的想法呢？

我刚才描述的落实悖论的具体方式可能只与我的自我认同有关，而与你的自我认同无关，但在课堂上落实悖论并不限于我教的学科和学生。

我曾去过中学的理科实验室，在那里学生先挨个观察显微镜下的东西，然后集合起来就所见及其意义寻求共识，这就是在落实关于个人看法和团体意见的悖论。我认识的小学数学教师深深懂得，要使小学生，尤其是使女生和少数族裔的学生克服"数学思维能力差"的文化意识，就得在热情友好与紧张急迫的悖论式氛围中探求数学的奥秘。我观摩过把握大故事和小故事之间悖论式张力的大学文学课，当教师要帮助学生理解《李尔王》这出家族戏剧时，就把它与学生亲身了解的家庭故事联系起来。

悖论原理不是教学上让人按固定程式办事的"菜谱"，若能因人制宜的话，悖论原理对任何教育层次的任何学科的教学都能起到指导作用。

把握对立的张力

把握悖论的张力以利于学生进行深度学习，这是搞好教学最难的一环，我们应该如何去做呢？

设想你在教室里，提了一个考虑周详的问题，可随之而来的是一片寂静，你等了又等，你知道还应该多等会儿，不要急躁，可你的心七上八下地怦怦乱跳，终于感到无望而等不下去了。于是，你怀着焦虑，带着怒气，以不容争辩的专断口吻回答了自己的问题，但这样做带来更严重的后果，你眼睁睁地看着由沉默带来的学习机会化为乌有——教学看来好像是四面碰壁，无路可走。

这幅场景——在试图把握任何悖论（不仅仅是沉默和发言）时都可能遇到——揭示了一个简单的真理：整体地把握悖论的立足点位于教师的心里，我们不能把握悖论不是因为技术上的不足，而是因为心灵中的空白。如果我们想要在悖论的指导下进行教与学，必须接受对心灵的再教育。

当我们感到在对立的两极之间左右为难时，我们更需要教育心灵以新的角度理解其间的张力，在舒马赫（E. F. Schumacher）的经典作品《小即美》(*Small is Beautiful*) 中可找到这种理解的线索：

纵观人生的历程，我们都面临着调和各种对立面的任务，但从逻辑思维的角度看，这些对立面是不可调和的……谁能将教育中的纪律与自由调和呢？事实上，有数不胜数的母亲和教师都在做这样的事情，但却无一人白纸黑字地记下什么具体的解决办法。母亲和教师的做法是：陷入两难窘境时，引入一种超越对立面的更高境界的力量——爱的力量……两难问题在一定程度上促使我们努力将自己提升到更高的境界。这些问题既要求也激发出自更高境界的力量，从而给我们的生活带来了爱、美、善、真。正是因为借助这些来自更高境界的力量，对立面才能在现实的生活中得以调和。[5]

舒马赫的话帮助我理解这一点：我试图整体地把握悖论时所感到的张力，并不是不管不顾地硬要把我撕扯得粉身碎骨，反而是一种促使我敞开心胸、提升自我的力量。张力总是难以应付的，有时使人心力交瘁，不过，如果我能与张力所图的目标顺势配合而不是逆势抗拒，张力就不会分裂我的心灵，而会完善我的心灵。

舒马赫阐明的观点令人心悦诚服，因为它真实地反映了日常生活：每位好教师、好家长都在设法学会如何把握纪律与自由的悖论。我们希望自己的子女或学生都成为能够自由地思想和生活的人，可同时也知道，帮助他们获得自由需要我们在一定环境下限制他们的自由。

当然，我们的子女或学生根本就不懂得这个道理！我13岁的儿子宣称他不再参加宗教仪式，或一个学生交来一篇与我的命题不同的论文，一旦遇到诸如此类的事情，我立刻就被卷进纪律与自由形成的张力之中——没有可套用的"准则"告诉我，此时该实行纪律呢还是该给予自由，抑或是该用某种双管齐下的融合术。

好教师或好家长每天都会遇到由悖论的张力形成的"地雷阵"，但也依赖由张力激发的且日益博大的爱穿越"地雷阵"。博大的爱超越我们内心的忐忑不安而着眼于学生或子女的最佳利益，从而使明智如所罗门王都难以决断的两难问题迎刃而解。

犹如深刻的真理一样，博大的爱也有自己的悖论。舒马赫说，好家长或好教师是用超凡脱俗的爱去纾解两难问题带来的张力。但他又说，纾解张力也需要源源不断地获得来自我们身外的更高境界的爱。如果我们整体地认识这个悖论，可以说，我们自己的爱是绝对必要的，但又总是不充分的。在张力存在的某一时段，我们必须一边忍耐一边极尽所能地寻求爱，一直忍耐到张力带进更博大的爱。

我们在此期间必须践行的"忍耐"亦可称之为"受难"。我们只有甘之如饴地受难于由对立面形成的张力，只有理解受难既非无可避免也非仅为生存，而是一种理应欣然采纳的开阔我们心胸的方法，我们才能在悖论的指导下进行教学。

若不是这样的认可"受难"，受难引起的痛苦就总是催促我们操之过急地纾解张力，因为我们不必无缘无故地"忍辱负重"。于是，我们会在课堂上无人发言回答问题时自问自答（结果教室里益发沉寂）；我们会对打乱学习计划的不同意见强行压制（即使我们说过欢迎大家质疑）；我们会责备脱离命题写课程论文的学生而使其在作文上重新"唯命是从"（不管该学生原来写得多么独出心裁）。

我们若不能为学生的深度学习而忍受磨难，也就不能教导学生进行深度学习。把握好对立面的张力，也就把握了一扇永远向"钻研"敞开的大门，吸引学生深入到一处我们所有人都能增长学识的领地。

具体怎么做是一个难以回答的问题，因为其关键在于教师的内心：把握对立面的张力，关乎心态而非行为。不过，里尔克的有些话可供参考，它们没有就如何乐于受难提供任何技巧，因为世上绝无这样的技巧，但却给人以"有志者事可成"的希望。

在《致一位年轻诗人的信》里，里尔克犹如诲人不倦的教师那样写下了循循善诱的话语。里尔克曾收到许多封恭敬地但执拗地向他请教的信件，发信人是一个仰慕里尔克作品的诗歌创作新手，想就如何追随里尔克的诗歌创作道路得到忠告。里尔克不仅花费很多的时间，而且非常宽容地有问必答。

有一次，年轻的诗人写信向年长的诗人提出了一连串急迫的问题，里尔克在回信中语重心长地写道："要容忍心中一切尚未解开疑团的问题，还要设法去喜爱问题本身。现在不要急于谋求你不可能得到的现成答案，因为你涉世未深还没有相关的亲身体验。——关键是要体验生活中的一切，现在就去体验你提出的问题。此后，假以时日，你渐渐地若有所悟，说不定有朝一日，不知不觉地找到了答案。"

有些教师在课堂上还不能从心中把握对立面的张力，里尔克的话语可以很容易地解释为对他们的忠告：容忍心中一切尚未化解的矛盾……设法去喜爱矛盾本身……现在不要急于谋求你不可能得到的现成办法，因为你涉世未深还没有相关的亲身体验——关键是要体验生活中的一切，现在就去体验你心中的矛盾。此后，假以时日，你渐渐地若有所悟，说不定有朝一日，不知不觉地把握了悖论。

里尔克给予我的希望，部分地在于他所说的"有朝一日"，到了那一天，我可能豁然开朗，此时到彼时的阅历会使我比现在更加确信自己懂得如何把握悖论的张力。"假以时日"，他说得确实不错：在此之前一段时间我感受到教学上的张力，我现在就比前几年能更好地从整体上把握悖论。

不过，里尔克给予我的希望更多地来自他所说的"关键是要体验生活中的一切"。理当如此，千真万确！我若不能充分体验我人生中遇到的张力，张力不会因此消亡，反而会潜入地下，到处滋生蔓延。我现在虽然可能不知道如何纾解张力，但我会与张力相亲相近地共同度日，一直待到日积月累的阅历助我拿出纾解张力的主意，通过如此体验张力，我能为自己开辟新的人生前景，防止张力将我撕成两半。

与"体验生活中的一切"背道而驰的人生路只有一条：过一种装模作样的生活，对教学引起的张力统统否认。教学中我是戴着面具的专业人员，从外表上我假装没有感到任何张力，可在内心中那些"若无其事"的张力却将我的生活撕得粉碎。

装模作样是人格分裂的别名，阻碍我们获得优质教学所依赖的联系能力。我们装模作样时，就失去了与自我、学生和世界的联系，失去了与优质教学之因果中的共同要素的联系。不过，只要我们理解了"体验生活中的一切"，所有失去的东西都将失而复得。

我认为，就这个话题，饱经沧桑的斯科特－马科斯韦尔（Scott-Maxwell）在晚年所说的话可谓"一锤定音"，是过来人言之凿凿的经验之谈："仿佛鬼差神使一般，针锋相对的矛盾把我们夹在中间。在那里，我们不知何去何从，我们不能爱自己之所爱，我们难辨是非好坏，我们——伤心欲绝也好，欣喜若狂也好——所能解决的冲突也仅是碰巧让我们上心的冲突。如此人生境遇在过去常被称为'天命难违'，可迄今为止难道有谁用过比'天命'更妙的字眼来描述人生吗？"[7]

第四章

求知于共同体：
引人入胜的伟大事物

～～

无论你是何人，无论多么孤单，

全世界供你浮想联翩，

它如同大雁朝你呼唤，

声声急迫，撩动心弦——

连续不断地向你晓示，

你在万物之家的位置。

～～

玛丽·奥利弗（Mary Oliver）

《大雁》[1]

共同体掠影

在前面三章，我们展现了关于教与学的内在景观，考察了一些使我们脱离学生、学科和自我的内在因素，探讨了一些有利于我们弥合上述分离的内在方法，如恢复自我意识，敢于正视恐惧，以相反相成的悖论观整体地看世界。

在本章及后面两章，我们将转向共同体——探讨教与学所必需的、有助于更新和体现作为真正教育之核心的联系能力的共同体。我们研讨的中心从教师的内心世界转向教育共同体，主题看起来有所变化，但并非如此。因为前三章是关于如何培育可供共同体生长的内在基础，而其后三章则是关于成长于内在基础之上的共同体如何融入课堂及更为广阔的世界。

共同体无法在分离的人生中扎根，它早在具备外部形态之前必定犹如种子一样已在完整的自我中扎根：只要我们能和自我息息相通，我们就能找到和他者息息相通的共同体。共同体不过是某种内隐魅力的外显标志，是自我认同和自我完善流入外部"关系世界"

的展现，而我一直在探讨的重大任务"联系"，会在外部世界更加凸显出来。

在本章和其后两章，我将带着一个重要问题来探讨共同体的若干模式：这些模式能否担当起增强和推进求知、教学和学习的教育使命？多年来，总有一个教学理念盘桓心中指导我来研究这个问题，这个理念涉及一个很少有人提到的，但至关重要能揭示本质的共同体形态：**教学就是开创一个实践求真共同体的空间**。

为了开辟通向求真共同体的道路，我首先得费些力气"披荆斩棘"，因为，共同体模式（不是共同体本身）在我们社会中犹如杂草丛生。作为对我们深感分离的痛苦而渴望"别分离"的回应，我会简要地考察近日来纷纷议论的——治疗模式、公民模式、市场模式——以期在某种程度上能阐明教育所需的共同体形态。

每当我们用"共同体"这个字眼，往往意指"治疗模式"。这个模式最为看重人际关系中的亲近关系，因为亲近关系可视为治疗"孤苦伶仃"或"离情别绪"的最佳手段。亲近关系不仅仅可潜移默化地推动人们的相互联系，而且可使人们推心置腹地相互交往，彼此坚信通过这样的交往可完全做到交心知心。治疗型共同体最适宜以下列多种形式之爱的一种为其重要特征，如配偶之间的爱、亲子之间的爱、挚友之间的爱。

以爱为其特点的治疗模式应在教育中占有一席之地，因为任何无爱可言的事业十有八九是病态的：很难想象一所健康的学校竟会没有任何热爱学习或热爱学生的痕迹。我知道某所学院有着令人拍案叫绝的校训：与志同道合的朋友一起追求真理。[2] 其创办者深知，不畏艰难困苦地追求真理必然要求探索团队的成员之间形成相亲相爱的纽带。

可是，将治疗型共同体墨守成规地应用于教育领域，就不如上述校训那样巧妙和适当，反而会危及教与学，其症结在于该共同体的指导思想，即亲近关系是人与人交往中最美好、最重要的关系。可力求亲近关系有时成为不依不饶、没完没了的强人所难，就像在人类潜能运动中曾出现的"不友好便绝交"的那种名不符实的团队精神。

我们当然无法要求人与人之间都是亲近关系——要是我们勉力为之，只会把大家吓得一哄而散，这一点已被很多失败的"公社实验"所证明。而且，治疗型模式对教育还有比此更严重的负面影响：当所有人际关系都以"亲近"为评判规范的话，那么人世间就会逐渐收缩成一个小点。

绝大多数人终其一生有真正亲近关系的屈指可数。如果只把同处共同体之中等同于亲近关系的话，那么许多其他的人或事就不在我们联系的范围之内。当亲近关系变成评判基准的话，我们就开始失去与陌生的人或事建立联系的能力，而形成这样的联系能力正是教育的核心。于是，我们不愿也不能接受不同于我们的人或思想，治疗模式利用我们对他者的恐惧将共同体简化成论交情或讲情面的形式。

作为北美中产阶级的一员，我不太可能与穷人有什么亲近关系或去体验贫穷，但重要的是，我感到有扶困济贫的责任；我不太可能与亚马逊河流域的居民及遭到毁坏的热带雨林有什么亲近关系，但重要的是，我深知从生态安全的角度看，我与他们及其生活环境是唇亡齿寒的；作为一个科学界的外行，我不太可能与提出量子力学这种奇妙学说的科学家有什么亲近关系，但重要的是，我明了他们如何重塑了我也生活在其中的思想界。

一旦我们将无法形成亲近关系的人或事统统排斥，我们的人生也就乏善可陈了。我们需要一种比亲近关系更具包容性的标准，用来确定某种关系——与他人、与自然、与思想的关系——具有真正的价值。倘若治疗型共同体成为教育中的"楷模"，教与学便会动摇其根基。

共同体的公民模式大可对治疗模式补偏救弊。就公民模式而言，其规范不再限于狭窄的亲近关系，而是要使素不相识的人们建立起广泛的联系，要像"国家"那样促使他们结成休戚与共的"公民"团体。公民型共同体是一种以公众互惠性反衬个人脆弱性的共同体——在这样的共同体里，大家虽然彼此无法形成亲近关系但可学会如何分享共同的领域和共同的资源，学会如何解决因分享而产生的冲突和问题。在公民型共同体中，我们学到的或许不是如何了解彼此的心事，而是认识到：若不众志成城就会四分五裂。

治疗型共同体是现代的概念，应为心理学时代的产物，但公民型共同体却是从远古的萌芽中生长出来的。自从柏拉图开始，"学院"就被看成是微型的"国家"，是一个既应该也能够培养人们履行公民义务的场所。正如巴伯（Benjamin Barber）所说："关于大学使命的争论表明，大学不只是**具有**培养公民的使命，还要以身作则**体现**作为公民的使命。大学的运作要遵循一整套促进校内各方对话和各种研讨的规则和惯例，而知识的发展全都系于这样的对话和研讨……我的意思是，在大学，民主与教育不是平行的活动，或者说，公民培养与学识传承不应拥有平行的计划，我要强调的是，它们就是不可分割的一回事。"[3]

共同体的公民模式具备促进教与学的重要特征。在一个因种族和性别而分化的社会中，与大多数场合相比，中学和大学的教室让各色人等济济一堂，钻研同样的功课，而且彼此彬彬有礼，也无媒体中沸沸扬扬的关于"政治正确"的争论。我常常为此情景所深深感动，如果我们要将早已破烂不堪的"公民衫"重新编织起来的话，教育机构则是我们最需要的织布机。

但是，公民模式对于教育的核心使命也有一种不易觉察的威胁。在公民社会中，我们如何处理"差异"是按民主政治中的典型机制——谈判、协商、妥协，在着眼于为大多数人谋求最大利益的公民社会中，上述机制的确是解决争执时可使用的值得称道的高超手段。然而，在追求公共利益中值得称道的手段或许在追求真理中微不足道：真理不是靠民主手段来决定的。

在民主社会，我们同意一旦唱完了票，得票最多的人或事就成为国家的首脑或法律，而且只要不违背自己的良心，我们也同意服从其人或遵守其法。但是，在追求真理时，我们不能也不应有这种同意，因为依照少数服从多数的投票规则来求真理根本求不来真理。任何领域要靠票数来定是非肯定会错失真理：如果对哥白尼或伽利略的学说这么做的话，太阳可能仍然围着地球转。尽管公民模式对教与学助益良多，但教育共同体应该找到一种更为正本清源的模式。

在全面质量管理的大旗下，共同体的市场模式正在迅速攻占当代的美国教育，尽管其目标和原理与上述的两种模式大相径庭，但它却奇妙地将治疗型的个人主义与公民型的实用主义融为一体。

市场模式的规范颇为直截了当：教育机构若要改进其产品，就必须强化与消费者的关系并对消费者更加负责。付费的学生和家长必须被视为消费者，使其有充分的机会去批评所购买的产品。批评必须传给产品的生产厂家，帮助他们改进育人方法来满足更多的消费者。

如果你是一位听到"消费者""产品"等字眼就感到刺耳的教育工作者，那么你不妨看一看下面的故事。某公立大学新上任的教务长谈到他所在的这所市内大型走读制高校的共同体意识比较薄弱，我听到了便问："如果你能挥动一根想要什么就来什么的魔杖，那么，要增强共同体意识，你想要做的头等大事是什么？"我原本以为他会说举办迎新会啦、实行寄宿制啦、开展心理咨询啦，却没料到他是如此作答："我将创建一套有效的方法来测量学生对所学课程的反应，再利用从中得到的信息促使教得不太好的任课教师改进教学。如果他们无法或不愿改进教学，我就帮助他们换份工作。"

这位教务长的"共同体"观念或许缺乏治疗模式的心理学深

度，也缺乏公民模式的政治学高度，但仍有许多可取之处。各行各业的发展势必在某种程度上受到市场反应的牵制，可高等教育依旧高高在上地对其消费者漠不关心。大学教师常以一种凛然不可侵犯的姿态来对待付费的学生和家长：除了我们的同行，无人能够恰当地评判我们的工作——其实我们连同行也不完全信服！

这位教务长——倘若真的能借助魔杖——创建起一套可洞察优质教学之细致微妙与多姿多彩的评价系统，那么他的共同体观念或许给盛气凌人的高等学府吹进一阵谦逊之风。但是，这种版本的市场模式对教与学有着显而易见的多种威胁。

其一，这位教务长所需的评价系统近期内不可能存在——当前说有同等功能的评价系统不过是引人入彀的"甜言蜜语"。我们当下缺乏评估教学的可靠机制，除非有人相信优质教学的所有形态都能塞进一份调查问卷的计量等级表之中。

其二，良好的教育总是重视过程多于重视结果。如果某学生在某次教育活动结束时接受的只是一堆信息，那这位学生或许已经上当受骗了。良好的教育要教学生不仅成为知识的创造者，还要成为去伪存真地吸收别人所知的消费者。

其三，良好的教育可能至少在一段时期引起学生的极度不满，我指的不是对那种说起话来含混不清、做起事来不称职的教师的不满，而是说即使得到优秀教师全心全意教学的学生也可能怒气冲冲地一走了之——他们之所以怒气冲冲，是因为自己的偏见竟遇到挑战，自己的自我意识竟被动摇。这种不满或许正是表明在学生身上已经开启了真正的教育。

一个学生可能要过许多年才会感谢一位传授令其不满的真理的教师。只要教育共同体的市场模式认定消费者总是对的，那么无论其问责制的伦理标准多么恰当，都不可能完全适用于教育事业。

现实是群体共建共享的

共同体的治疗模式、公民模式和市场模式都包含着教育所需的远见卓识，但上面的名单中并无支持真实教育的博采众长的共同体模式。在本章余下的篇幅中，我会提供另一种模式，而在随后的两章中，我将探讨它对实践教学论的意义。

我们追求的共同体模式要能够承担、引导并优化教育的核心使命——即求知、教学和学习的使命。我一心力求实现的教学理念是，教学是开创一个实践求真共同体的空间。我们就从这一理念出发来探究所寻求的共同体模式的各个层面。

求真共同体的典型标志不是心理学上的亲近性，也不是政治学上的公民性，更不是实用主义的问责性，虽然它要兼收并蓄这些优点。这种共同体模式要深深地进入本体论和认识论的领域——即要深入理解"什么是现实的本质"和"我们如何知晓现实"的有关观点——一切教育都以此为依据。求真共同体的典型特征就是体现这一主张：**现实是共同体中相互联系的网络，我们只有处于共同体中**

才能认识现实。

这个主张听起来有些宽泛，但用一个小故事便可阐明。

我曾在某所研究型大学做关于教育共同体的演讲，演讲时我的目光不由自主地不断投向一位坐在礼堂前排的听众，只见他正襟危坐，神情专注，年逾古稀，衣着考究，身材高挑，一头白发，处处引人瞩目。

我们开始讨论时，这位先生很快站起来自我介绍说："我是史密斯博士，荣誉退休的生物学教授。"

我知道，学术上的蛮横指责有时是以故作谦恭的客套为前导，也觉察到他的自我介绍带点自傲，我马上得出一个结论：他想与我共享午餐，不是把我当作客人，而是当成开胃的头盘菜吃掉。

他继续说道："我无法理解为何要对高等教育共同体感到大惊小怪，说到底它不过是点明了生物学的基本原理。"

说完后就坐下了。

过了一会儿我才明白，他不是在否定我，而是在肯定我，虽然从学术礼仪上讲用的是一种简约方式。我一旦了解了教授的本意，就针对其见解与他进行了生动而有益的交流。

约 60 年或 90 年以前，可能没有一个生物学教授会宣称共同体符合科学原理。早期的生物学家多半会把我说的教育共同体当成反面教材，将其嘲讽为违背下述生物学基本原理的一厢情愿的谬误：生存就是个体之间一场无休无止、你死我活的搏斗。对于早期生物学家来说，大自然就如英国诗人丁尼生（Tennyson）的诗中名句：

"爪牙染满了血"，对于信奉此种自然观的社会达尔文主义者来说，人与人之间的关系也是恃强凌弱的适者生存，尽管披上了一层薄薄的文明外衣。

但是时至今日，生物学的现实观已有转变，生态研究所提供的大自然景象——一幅万物求取生存的宏大景象——与其说是令人惊悚的物竞天择，不如说是配合默契的翩跹舞步。虽然殊死搏斗不可能从自然界中一笔勾销，但死亡现在更多地被看成是使群体生存延续的一个因素，而不只是看成个体生命的结束。

过去50年来，差不多所有的学科领域都转变了本学科的现实观——从单打独斗观转向群体合作观。以物理学的发展为例，该学科之所以被人信服不仅在于是最受推崇的一门"硬学科"，还在于从最基本的层次描绘了我们的物质实体及其属性。

物理学自肇始时起就深受前苏格拉底哲学的原子论的影响，到了现代以原子论为基础的物理学又体现出新意义，因为当代物理学家正是通过将物质世界解析为各个组成部分而获得了预测能力甚至政治影响力。一旦用简化主义的科学观来解释当代的社会疏离现象，"原子主义"就被用来喻指当今的主流文化：我们及我们生活其间的世界呈现的整体不过是一种幻影，后面隐藏着四分五裂的现实。

不过，物理学最近展现的现实观使这种原子主义难以自圆其说。物理学家通过一系列重大实验已证明，亚原子粒子即使在彼此之间"看起来相隔太远无法进行联系的时间内"也表现出"好像有某种相互联系"。[4]这些所谓的粒子，无论时空相隔多远，似乎都有联系起来的各种途径，它们的行为看起来不像"离群索居"的个体，而像是一个相互作用、相互依存的群体中的成员。

当物理学家试图依据实验结果来描述世界时，最易脱口而出的便是共建共享之类的比喻。澳大利亚物理学家戴维斯（Paul Davies）这样说道，实验结果表明"一种令人惊异的各系统相互联系观，各系统都曾一度相互影响，不管它们以后是否可能相隔甚远"。[5]美国物理学家斯塔普（Henry Stapp）说得更加斩钉截铁："基本粒子不是独立存在、不可分析的实体，究其本质，它是向外关联其他事物的一套关系。"[6]

一旦物理学家超越描述层面进而探讨这些粒子的表现方式为何是相互联动而非自行其是时，各种共建共享的比喻便层出不穷。英国物理学家博姆（David Bohm）认为，物理学的现实很像人类基因组，是由一张无形的信息网络或说一种极为复杂的信息编码系统所构成的："是一种藏有全息的**隐性秩序**，其中的信息可展开进而表现出具体的场或粒子的显性秩序。这系统也可以比作一张全息照片，照片的每个部分都包含着所照物体的完整的立体信息。即使你把照片撕成许多碎片，不管用激光照射到哪块碎片，这碎片都可以向你展现出所照物体的完整影像。"[7]

诠释当代科学的领军人物巴伯（Ian Barbour）简要地勾勒了人类现实观如何演变的各个阶段，然后把"共同体"作为自然界最重要特征的历程。在中世纪，人们认为现实就是心智实体或物质实体，即"东西"。在牛顿时代，人们认可的是原子论，"把各不统属的单独粒子而非心智实体或物质实体当成真实的基本性质"。[8]

但是，在我们这个时代，"大自然可理解为相互联系、相互依存的生态系统。现实是由形形色色的关系和事件构成的，而不是互不相干的一个个的单独实体或单独粒子构成的。"照巴伯的看法，我们现在都要把大自然看成一种"历史性的相互依存的生物共同体"。[9]

理解求真共同体的第一步是要认识到，共同体是现实的基本形式，是所有生物生存的基本环境，第二步则要从现实的性质出发来回答如何认识现实的问题：**我们只有处于共同体之中才能认识现实。**

曾有人认为，求知过程需要甚或必须要求求知者与待知者两相隔离，现代物理学已经证明了此观点的谬误。物理学家在求知过程中不改变亚原子粒子也就无法研究它们，因此，我们也无法在"彼处"的待知者和"此处"的求知者之间维持一个客观主义所要求的隔离。求知者与待知者本来就是密不可分的，任何关于待知者性质的论断也反映了求知者的性质。

在宏观领域里，求知者与待知者之间的共生互利关系似乎显而易见——只要我们摒弃"真正的"科学要求两者隔离的神话，就会看得格外分明。无论是社会学、心理学还是历史学，若不在待知者身上留下求知者的标志，一个人怎么能理解另一个人呢？一名文学评论家怎么可能漫步于某部小说所描绘的领域而不留下个人经验的足迹呢？

不过，关联性求知有一种关键的但常遭人误解的特征：它将人类的联系能力转化为别的物种望尘莫及的一大优势。作为求知者，我们再也无需因渴望与他者进行有意义的联系而愧疚，再也无需通过我们与世隔绝来"克服"这种"倾向"。

现在我们可以拍手欢庆这一事实：我们人类是宇宙共同体的地地道道的成员。在无边无际的太空之中，天文学家发现，爆炸中的星体原来是产生构建你我身体的各种元素的发源地。如果我们不是和宇宙有割舍不断的因缘，如果我们在此处仅作为观察者而不是作为世界的参与者，我们就没有任何求知的能力。

化学家波兰尼（Michael Polanyi）在其名著《个人知识》（*Personal Knowledge*）中表明，科学依赖于这样的事实，我们既然"生存"在世界之中，便可获得关于世界的"只可意会"的知识——一种作为表述明确的显性知识所要依赖的、不可言传的缄默知识。

若无缄默知识，科学家寻求真理时或许对如何提出问题、验证假设、运用直觉和洞见等毫无可循的线索。而可循的线索正是来自我们与现实的联系——这种联系正如构成我们身体与万物中的元素那样确切，历来如此，永远如此。

波兰尼思想的解释者盖尔威克（Richard Gelwick）曾经指出，人们都认为客观主义是理所当然的，致使波兰尼关于个人知识的见解被人误解，甚至遭到他的支持者的曲解：

在公开讲演中，我多次听到波兰尼纠正他的坚定支持者的看法。（这些人说）他们同意人类的所有认识中都有个人的因素，随后又接着说这种个人因素很危险，我们应该尽量降低这种危险。波兰尼对此解释道，认识中的个人因素不应当被淡化，而且要被看成最关键的因素，它是引导我们革故鼎新的因素。个人因素在人类认识中根本不是什么不幸的缺陷，恰恰相反，它是人类发展文明、文化，取得进步的基石。[11]

求真共同体应该具有这么一种求知形象，既认可有一张万物赖以生存的巨大网络，又认可我们身陷网络之中对认识万物是有益而无害的。这种形象不仅彰显了我们与人类存在形式看得见的联系——也为他们提供了具备亲近性、公民性和问责性的机会，还突出了我们与非人类存在形式看不见的联系。只有这种共同体模式，才能游刃有余地担负起求知、教学和学习的教育使命。

再探真理

近来，教育界很少谈"真理"一词了。谈真理意味着早先比较天真的时代，当时人们坚信能够认识真理。可是如今我们则坚信不能认识真理，于是我们因担心自己出丑而拒绝使用真理这个词。

当然，我们不用这个词并不是说我们完全摆脱了这个概念的束缚，更不是说我们摆脱了它所蕴含的值得向往的前景。相反，我们越不谈论真理，我们的求知、教学和学习就越可能被那种传统且神秘的真理模式所支配——客观主义模式深深地嵌入我们的集体无意识之中，我们不理睬它即等于赋予它力量。

由于求真共同体可以取代这种无意识且神秘的客观主义，如果我先来揭穿客观主义的神话（参见图4.1），也就更易于我阐述关于教育共同体及其如何运作的观点。

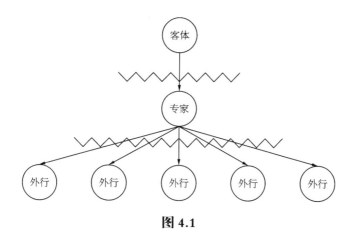

图 4.1

这种神秘且流行的认识真理并表述真理的模式有四大要素：

1. **客体**。指认识对象，其处于"外面"的某处、以不含杂质的实体或观念的纯洁形式存在，即各学科领域常说的"事实"。

2. **专家**。指接受过专业培训去认识这些纯洁形式的客体的人们，他们不会让自己的主观性去玷污客体的纯洁性。专业培训发生在一个称作"研究生院"的冷僻地方，其目的是彻底地抹去一个人的自我意识，从而成为纯洁客体的世俗布道者或坚定守护者。

3. **外行**。指未受过专业培训且充满偏见的人们，他们依赖专家来获得有关纯洁客体的客观或纯粹知识。

4. **隔板**。指从客体到专家，再从专家到外行传递途中的过滤作用——一方面允许客观知识向下流动，一方面阻止主观性向上回流。

隔板的比喻得之于我偶然听到的一句妙语："我们似乎并不在意文明流进了排水沟，只要排水沟不倒灌就行！"客观主义一心追求知识的纯洁性，不惜一切代价也要避免主观性的渗透——即使代价是知识的"非文明化"，使我们难以适应纷乱的现实生活，也在所不惜。

在客观主义的神话中，真理是从上到下传递的，是从有资格认识真理的专家（包括一些宣称真理不过是幻影的人）传到只有资格接受真理的外行。依据这个神话，真理是关于客体的一系列命题，教育则是将这些命题传递给学生的一种制度。因此，受过教育的人也就是对专家传递的命题能够记住并复述的人。真理的传递是由着强迫性洁癖的上层直接地灌输给下层，真理就好像通过无菌传送带到达放置无菌产品的库房。

可这个神话有两个问题：一是错误地描述了我们的认识过程；二是极大地歪曲了我们的教育方式。我知道，在成千上万的教室里教师、学生和学科之间的关系看起来很像这个神话，但我同样知道，任何学科——从天文学到文学，从政治学到神学——只要是在继续探求如何认识真理，就与神秘的客观主义毫无相似之处。

求真共同体代表着一种截然不同的求知过程（参见图 4.2）。在求真共同体中犹如在现实生活中，既无有待认识的纯洁客体，也无知识的绝对权威。在求真共同体中犹如现实生活中，真理的主要的存身之所并不是命题，而教育也不仅仅是把关于客体的命题传递给被动的听众。在求真共同体中，求知、教学与学习看起来不太像通用汽车公司的生产线，更像市民大会；不太像静谧的政府部门，更像闹腾的集市。

我这里讲的"求真共同体"，事实上是许许多多的共同体，它们遍布在空间，并随着时间的推移而改变。我之所以用单数名词，是因为任何学科领域都是合众为一的：人们同心协力探讨一个共同"主体"，全都遵守用以观察与解释的共同规则，从而按照同样的方式来探讨主体。20 世纪的美国生物学家们和 18 世纪的瑞典生物学家林奈（Linnaeus）等人，虽然所用的理论和技术全然不同，但都属于同一共同体。正是这种同一性使共同体这种形式经久不衰，发展成为最有影响力的社会形式之一。

在这个共同体的中心总有一个主体——与此对应的是位于客观主义阶梯顶端的客体。这种区别对求知、教学与学习起着决定性的作用：**主体可用来发展关系，而客体则不能。**当我们把他者视为主体，我们就不会疏远它，而是通过发展关系并利用关系来认识它，就像麦克林托克与她所研究的玉米建立的那种关系。

正如图 4.2 所示，当主体成为我们的注意中心时，这种关系便见端倪了。这点与客观主义形成鲜明的对照，它是把专家置于我们的注意中心。根据客观主义，有待认识的客体对我们来说是遥不可及的，能和我们建立关系的唯有专家。

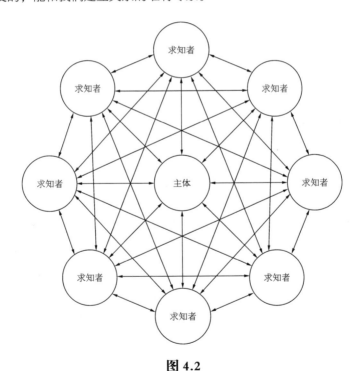

图 4.2

一旦我们使主体成为我们的注意中心，我们就赋予它通常只会赋予人的尊敬和权威，赋予它本体论上的意义，如同麦克林托克赋予一株玉米的意义：承认玉米也有独特的自我认同和自我完整。[12] 在求真共同体中，所有关系的连接点便是有本体意义的主体本身——不是亲近性，不是公民性，不是问责性，不是专家，而是生龙活虎般的主体的力量。

当我们试图连接求真共同体的主体时，就会使用各种复杂的沟通模式——公开阐明自己的观察和解释，相互纠正或完善彼此的观点，时而会因争论而分化，时而会因共识而结盟。求真共同体绝不是线性的、静态的、分等级的，而是循环的、互动的、动态的。

从本质上说，求真共同体是通过争论而非竞争来增进我们的知识。竞争是个人之间为了谋求私利而在暗中勾心斗角的一场零和博弈，而争论则总是群体参与的，人人可以各抒己见，甚至有时大吵大嚷。在这种公开的唇枪舌战中，每个人都可能在学习和成长的过程中成为赢家。竞争是共同体的对立面，是销铄关系组带的腐蚀剂，而争论则是共同体的动力，促使共同体成员公开地验证各种看法，激发每个成员充分发挥自己的聪明才智，以集思广益的方式更好地认识世界。

群体动力是由观察和解释的规则所支配的，这种规则因给我们的研讨确立了重点和准则才使我们组成了共同体。要成为求真共同体的成员，我们必须遵守它的规范和程序。不过，每个学科有各自的规范和程序，从艺术史到化学再到哲学，概莫能外。虽然这些标准理据充分，但并非一成不变：它们随着我们对主体的认识的演进而演进。我们可以质疑并改变标准，但是我们必须为偏离标准的任何变动而公开阐明令人心悦诚服的理由。

在这个关于我们如何求知的探究中，本来隐约模糊的一个真理概念现在彰明较著了：**真理是凭借热情和准则就重大事项而进行的永恒对话。**

与客观主义者不同，我认为，我们对认识客体所做出的结论不是真理，既然结论可以不断地推陈出新，怎么可能是真理？我认为，真理就是凭着热情和准则而进行的探讨过程，即对话本身，或说真理就是共同体中那种总在验证旧结论、得出新结论的动态性对话。

我们有必要知道最新的结论以便参与对话，但让我们获得真理的并不是我们知晓的结论，而是我们一心一意要参与的对话本身。在对话中，我们乐于亮出自己的见识以供共同体验或和他人取长补短。为了探求真理，我们必须知道，在齐心协力地研讨某个主体的群体中，如何凭着热情和依据准则去进行观察、反思、发言和倾听。

如果真理是永恒的对话，其中的结论和规范又不断变化，那该如何看待"客观知识"这个概念呢？我认为，我的真理概念对真理所要求的客观性没有丝毫改变——客观主义的神话除外。

就我所知，我们所拥有的唯一"客观"知识源于按照一套取得共识的规则和程序去研讨某个主体并交流各自意见的人们组成的共同体。就我所知，没有任何一个学科领域（从科学到神学）的客观知识不是来自延续至今的长期的、复杂的、群体的对话，也没有任何一个学科领域所传递的重要事实都完全是由权威人物拍板决定的。

我们所有知识的最坚实的基础就是求真共同体本身。这个共同体永远不会给我们终极真理——其原因倒不是共同体的求真过程有什么缺陷，而是因为我们凭借有限的才智和情感不可能获取终极真理。不过，只要我们愿意将我们的假设、见解、理论——甚至连我们自己——都交由共同体认真审查，这种共同体足以将我们从无知、偏见、自欺的泥淖中解救出来。

在拒绝客观主义模式时，我并未拥抱把共同体的任何决定都当成真理的相对主义，因为求真共同体在认识真理和表述真理上自有其超然的一面，从而让我们超越相对主义和绝对主义。弗罗斯特（Robert Frost）有首对句诗对这种超然性做出了最清晰、最贴切的解说："我们围成圆圈跳舞暗自揣摩，/ 秘密却端坐在圆心洞若观火。"[13]

弗罗斯特赞赏处于求真共同体中间的主体所代表的超然性秘密，这是个既被绝对主义也被相对主义所蒙蔽的秘密：因为前者宣称我们能知晓事物的全部现实，而后者宣称事物的现实仅限于我们的所知。其实，无论我们怎样去了解主体，主体对自己的了解总胜我们一筹，永远能保留自己的秘密而让我们对它的了解顾此失彼。

倘若不是这样的话，人类的求知过程应该早就停止了。否则，为何我们不满足前苏格拉底时期的物质世界观？为何不满足中世纪或现代早期科学的物质世界观？为何我们到了现在也还不断诘问我们今天所持的观点？因为，我们的注意中心是主体，主体不停地呼唤我们去更深入地发掘它的秘密，主体可不愿意局限于我们对它的现有结论。

呼唤我们的主体，这个概念可不仅仅是比喻。在求真共同体中，求知者不是唯一的能动者——主体本身也参与了求知过程，使之具有和求知的参与各方互动的辩证性质。正如奥利弗的热情洋溢的诗句："全世界供你浮想联翩，/它如同大雁朝你呼唤……，/……不断向你晓示，你在万物之家的位置。"[14]

我们认为，求知始于某一主体引起我们的兴趣，但兴趣是主体作用于我们身上的结果：地质学家想听到岩石的诉说，历史学家想听到早已亡故之人的声音，作家想听到铿锵悦耳的字词。世上万物朝我们呼唤，引起我们的兴趣——吸引我们的事物因人而异，正如吸引我们的朋友也因人而异。

一旦我们听到这种呼唤并作出回应，主体就引导我们脱离我们的自我并进入它的自我之中。要想透彻了解本体，就要求我们推测主体本身的真正立场——不管它是历史时刻还是文学人物，不管它是岩石还是玉米。正如一位从事研究的科学家所言："如果你想真正地了解肿瘤，你就得变成肿瘤。"[15]

如果我们固执己见，就不能很好地了解主体。我们必须相信主体也有自己的内心世界，并将心比心地进入这个内心世界。如果我们既不相信也不培育自己的内心世界，那就做不到这样的将心比心。假若我们像客观主义者那样，一味地否认或蔑视求知者的内心世界，我们就丧失了凭直觉获知的能力，更谈不上有什么沟通待知者内心世界的能力。

要从事麦克林托克的那种科研工作，就必须为了探索世界的奥秘而先探索自我的奥秘，成为某位科研人士所评价的麦克林托克："这个人对奥秘能够心领神会，对自己亦有自知之明。"[16]

当我们在求真共同体中围绕主体而集聚在一起的时候，就不仅是我们在求知中相互指出彼此的失误，否定模糊的观点和错误的解释，主体本身即在纠正我们的谬论，以自我的独特力量来抗拒我们错误的构想，不甘心接受我们对它的自以为是的阐述。

随着我们的见识不断深入，主体总算符合我们一定的阐述，此时，我们会得出知晓这个主体的结论。但是，超然的主体可随时发起让我们感到好奇的突然袭击，不断地呼唤我们提出新的见解、新的解释、新的阐述，进入那永远要予以补充说明的神秘世界。

鉴于超然性的主体所要求的开放性使求真共同体有别于绝对主义和相对主义，在这个共同体里，认识真理和表述真理的过程既不是独裁式的，也不是无政府式的。可以这么说，它是熟识和生疏、诉说和倾听、已知和未知之间的一场复杂和永恒的共舞，从而使求知者和待知者成为合作共事的伙伴。

伟大事物的魅力

如同上述的求真共同体才能承载教育使命，因为它认可一个无可置辩的事实：我们可从中获益的现实，我们渴望了解的现实，远非仅凭人类彼此之间的互动就能知晓的。在求真共同体中，我们也与非人类形式的存在进行互动，它们与人类同等重要，同等强大，有时甚至比人类更重要，更强大。

这个共同体并不只是借助我们思想与情感的个人魅力而聚合，亦因"伟大事物的魅力"而凝聚。[17]

"伟大事物的魅力"这个提法出自里尔克写的一篇文章。读完之后我明白了，我们的教育共同体的传统概念忽略了伟大事物与我们的关系，而正是伟大事物才将我们召集在一起，呼唤我们去求知、去教学、去学习。我也看到，当排除伟大事物的魅力而仅靠我们自己相当有限的魅力，教育共同体就逐渐化为乌有。

这里所说的"**伟大事物**"，是求知者永远聚集其周围的主体——不是研究这些主体的学科，不是评述这些主体的文本，也不是解说这些主体的理论，而是被视为主体的事物本身。

譬如，生物学中的基因和生态系统，哲学和神学中的符号和指称，文学素材中的背叛、宽恕、挚爱、失落等原型，人类学中的人工物品和家族谱系，工程学中的瑕瑜互见的原料，管理学中的系统论原理，音乐与美术中的形状和色彩，历史学中的异样与常态，法学中的难以捉摸的正义观，等等。

诸如此类的伟大事物是教育共同体赖以生存的聚焦点，正是我们围绕着它们并试图了解它们——宛如人类的初民围聚在火堆一样——我们才成为体现本色的求知者、教学者、学习者。当我们有不同凡响的表现，是因为伟大事物的魅力激发了我们的美德，从而使教育共同体处在最佳状态：

- 我们邀请**观点的多样性**进入我们的共同体，不仅因为要在政治上正确，还因为伟大事物的千姿百态的奥秘需要各种各样的观点。

- 我们认可**解说的模糊性**，不是因为我们感到困惑不解或懵然无知，而是因为我们知道自己概念的有限，涵盖不了伟大事物的无限。

- 我们欢迎**有创见的争论**，不是因为我们火冒三丈或怀有敌意，而是因为要通过争论来纠正我们对伟大事物本质的偏见。

- 我们要践行**诚实**，不仅因为我们应该彼此坦诚相待，还因为谎报我们所见到的事实就是出卖伟大事物的真理。

- 我们要体现**谦虚**，不是因为我们全力奋斗竟遭惨败而不得不卑躬屈膝，而是因为谦虚是让我们看到伟大事物的唯一透镜——一旦我们看到了伟大事物，谦虚也是我们唯一可取的态度。

- 我们通过教育成为**自由**的人，不是因为我们获得了可抬

高身价的知识，而是因为唯有依靠伟大事物的魅力才能
战胜任何形式的暴政。

当然，教育共同体不会总是处于最佳状态！求真共同体也有
与上述美德背道而驰的时候，这样的例子我们可以信手拈来。《双
螺旋》（*The Double Helix*）这本书就记载了这么一个事例：沃森
（James Watson）和克里克（Francis Crick）发现脱氧核糖核酸
（DNA）的历程就是一个表现出学术界中的自负与竞争、固执与贪
婪的故事。[18]

令我感兴趣的是，故事中的两个主角在他们的发现 40 周
年纪念日接受采访时说的话。他们都谈到了自从开始钻研称作
"DNA"的伟大事物时，如何激发了自己身上的美德，使自己的
品格得以升华。

沃森说："分子是如此美丽，它的光辉照耀着我和克里克。我
想我要穷尽有生之年去力图证明，我自己就等于是 DNA，这可是
一项艰巨的任务。"

然后，克里克——沃森曾说"从未见他谦虚过"——竟附和道：
"咱俩可被这种分子抢去了风头。"[19]

克里克的这种谦虚或许一反常态，有点言不由衷，但却更能揭
示求真共同体的动力——在共同体中，伟大事物的魅力有时会抢去
我们研究工作的风头。当伟大事物消失时，当伟大事物失去了对我
们人生的吸引力时，我们就会脱离群体的轨道，坠入装腔作势、自

我陶醉、傲慢自大的黑洞。

伟大事物为何会消失？一旦共同体以重视亲近关系、多数裁定规则、市场机制，而非以促进求知、教学和学习来使教育定型（或变型）时，伟大事物即使不是一下子全都消失，也会变得黯淡无光。不过，伟大事物还面临着更严重的威胁：学术上的狂妄自大会把伟大事物一扫而光，这种傲慢将伟大事物全都简化为专家头脑中的产物。

在绝对主义和相对主义面前，伟大事物倏然而逝。有了绝对主义，我们断言已经精准地了解伟大事物的本质，因此我们没有必要继续与伟大事物或就伟大事物进行彼此之间的对话。既然专家已经掌握了全部事实，他们所要做的无非是将这些事实传递给对此无知的人们。有了相对主义，我们宣称知识完全依赖于一个人的立场，因此除了我们自己的观点，我们不能准确地知道任何事情。有鉴于此，我们也没有必要继续与伟大事物或就伟大事物进行彼此之间的对话：既然你有你的真理，我有我的真理，那又何必在意彼此的歧见。

当然，伟大事物绝不会真的消失——它们只是从我们的视野中消失。伟大事物本身顶得住来自人类傲慢的所有攻击，因为它们是生命本身和思想命脉中不可或缺的要素。问题是，我们要不要摒弃或是断言完全地认识世界或是宣称随意地创造世界的那种傲慢？我们要不要承认伟大事物的独立性，要不要承认伟大事物对我们人生的影响力？

一旦我们承认伟大事物有自己的生命，就能体验到伟大事物的力量——它们自有那种有别于"客体"的独特的内心世界，自我认同和自我完善，有一种不依赖我们或我们对它们的看法而自在自为的能动性。

为了更充分地理解这一点，我们只需看一看剥夺伟大事物的自我完善后会发生什么事。在文学课中，如今经典作品的惯常教法是通过各种分析手段来揭示作者及其时代如何充满了偏见。从这种立场出发，《白鲸》（Moby Dick）深入探讨了人类经验中诸如狂妄自大和命运等伟大事物，这些都无足轻重，重要的只是证明了作者梅尔维尔（Melville）是一个偏执蛮横的人物。

美国作家登比（David Denby）已经揭示了这种立场本身的傲慢：使教师和学生都有一种凌驾作品之上的优越感，因此除了自鸣得意之外，剥夺了我们从文本中学到任何东西的机会。[20] 当我们认定一部作品或一个作者道德败坏时，我们就不可能与其建立学习的关系了。当我们把伟大事物贬低为不屑一顾的类别时，我们就抢走了它的自我意识，剥夺了它的发言权。

宣称所有伟大事物都有内心世界且能和我们的内心世界进行对话，这并非故弄玄虚。文学作品仅仅是发出这种声音最鲜明的一个例子，这声音惊人地响亮清晰，穿越巨大的时空距离来联系我们。纳粹第三帝国的历史，以一种邪恶的声音说话，只要我仔细地听，也会在自己有瑕疵的灵魂中激起相应的回声。

一位海洋生物学家拾起一个贝壳，通过仔细倾听，对其寄居者的一生及有关的物种进化就能几近了如指掌。每位地质学家都知道岩石也会说话，跨过远比文字记载的历史更为久远的时空来述说自己的来历。假若人类的声音是我们唯一可以听懂的声音，我们就永远不会知道贝壳、岩石等的故事。

迪拉德（Annie Dillard）写过一本书，名为《教顽石开口说话》（*Teaching a Stone to Talk*），但是正如迪拉德所知的那样，真正的问题是教我们如何倾听。[21] 我只有拓展和深入我的内心世界，才能理解任何伟大事物的内心世界。我不认识自己的本性，就谈不上认识他者的本性。

结论似乎不言自明了：在认识到我们本身就是伟大事物之前，我们不可能认识宇宙中的伟大事物。绝对主义和相对主义摧毁的不但是世上的万事万物，而且还有我们认识自我的意识。我们忽而傲慢地高估自己，忽而卑微地低估自己，但其结果是相同的：一个扭曲的或自卑或自大的人类自我的现实，一颗花了天价买来的似真实假的珍珠。

我听过关于犹太教哈西德派的一则故事，该派宣扬说："我们需要一件有两个口袋的外套，一个口袋装泥土，一个口袋装黄金。我们需要穿着这件有两个口袋的外套来时常提醒自己：我们是谁。"[22] 聚合在伟大事物的魅力之下的求知、教学和学习就来自每天穿着这样的外套去上课的教师。

求知和神圣

本章的中心是勾勒关于求知形象的各种概念——求真共同体、伟大事物的魅力、超然的主体、"端坐圆心洞若观火"的"秘密"等。这些概念之所以在我脑海中浮现，是因为我感悟到现实与神圣难分彼此。其他人或许从不同的出发点也能达成相似的见解，但是，我认为，求知、教学、学习都植根于神圣的土壤，继续我的教师职业需要培育一种神圣感。

我清楚地知道，求知和神圣的联姻并不一定能生下令人羡慕的后代，但是教育史将证明，圣灵主义总不会坏过那种惯于撒播不良种子的世俗主义。就我所知，宗教上的痼疾——恫吓、顽固、守旧——没有哪一个不是以世俗的形式，在学术的小树丛中找到安乐窝的。健全的教育有赖于我们有能力将神圣与世俗结合在一起，以便彼此相互纠正，相互充实。

我说的"**神圣**"是何意思？这是一个体现悖论的概念——人们探索最深刻真理时应具备的概念。一方面，这个词的意蕴很宽泛，并非任何概念或定义所能涵盖的，尽管奥托（Rudolf Otto）在《论神圣》（*The Idea of Holy*）中将"神圣"界定为"**极度神秘**"，即现实中的超自然力量；[23] 另一方面，这个词的含义很质朴，就是"值得敬重"。接触"极度神秘"不是我日常生活的事情，因此我不可能有源源不断的超自然力量来提振我的教学，但我能做到始终如一地敬重世上的伟大事物。

许多批评家注意到我们社会关系中的不敬日趋严重，以及这种不敬对未来的民主社会造成的可悲后果。但是很少有人注意到对"伟大事物的魅力"的不敬也日趋严重，以及这种不敬对未来的教学、学习和心灵造成的可悲后果。

在充满不敬的文化中，教育的命运最可悲——它变得平庸了。当一切都不再神圣、不再值得敬重时，我们尽力而为也只能达到平庸。立身于令人叹为观止的宇宙之中，用还原主义的筛子去滤掉奇妙，用数据或逻辑来取消惊异，用我们有限的理解去解释奥秘，难道还有什么比这些更平庸的吗？一切平庸的根源——包括阿伦特（Hannah Arendt）所说的"邪恶的平庸"——就是不能发现值得敬重的他者。[24]

在一个排除神圣的世界里，内在景观毫无神秘可言，因为它不再多姿多彩。漫游这个世界沿途所看到的就不是忽而草原、忽而森林、忽而江河，就不是忽而沙漠、忽而高山、忽而峡谷，就不是忽而深耕细作的良田，忽而人迹罕至的荒原。非神圣化的景观千篇一律，已无别具一格的形状和色彩——穿越的旅程很快就变得说不出的乏味腻烦。

就算这仅是审美上的缺陷，也已经足够糟糕了，何况非神圣化的一成不变的景观所造成的影响远远超过了感官的疲劳。它产生了一种降低我们求知、教学和学习能力的特殊精神疾病：我们丧失了感悟惊讶的能力。

在一个神圣化的世界里，气象万千，惊讶是与我们形影不离的游伴：忽而柳暗花明，忽而峰回路转，虽然有时会让我们心惊胆战，但常常也让我们喜出望外。可是，在非神圣化的世界里，景色单一，我们早已习惯尚未登程便对沿途所见心知肚明，所以，既不会期望惊讶也不会欢迎惊讶。一旦惊讶不知从何处突然出现时，我们会感到莫名的恐惧，甚至可能会以极力的抵制来回应。

我们身在其中的就是这样的学术文化。一旦有"离经叛道"的新思想——例如，主张情感与事实同等重要的这种教学见解，麦克林托克提出基因会"跳跃"或可转位的科学假说——让我们惊讶时，就会出现上述的回应。

我们并不总是欢迎"稀奇古怪"的观念，相反我们常常把它们当成挑拨是非的无稽之谈予以打压。如果利害攸关，我们甚至可能把它们当成战场上力图夺取战略优势的敌人而加以彻底摧毁。遗传学家沙比路（James Shapiro）恰当地归纳了这种抵制的模式，他指出，麦克林托克的基因转位假说的遭遇是"一个新想法如何被科学界冷淡对待的例子"。当麦克林托克首次宣称发现"基因转位"这个现象时，人们称她是"疯子"，"后来，他们说那只是玉米特有的；再后来，则说那是到处都有的，不过没什么意义；最后，他们才承认它的重要性。"[25]

对待惊讶会有各种不同的回应，就可能由一个新想法产生另一个新想法——这个过程有时称作"思考"——可是在单调的非神圣化的文化中，当我们感到惊讶或惊恐时，是不会有任何思考的。我们当时所想的就是抄起一件我们会用的武器，即一种我们早就熟知的旧想法来保护自己。

身临险境还去思考新想法，可能会令我们无可防范，危如累卵，因为我们不知道如此思考是否会暴露出让别人予以攻击的软肋。于是，我们紧紧抓住一个旧想法，一根因以前多次使用而熟知该如何挥舞的观念大棒将惊讶一棒子打死，要不然，我们就会在它影响我们思想之前逃之夭夭。我们害怕他者，出于恐惧做出反应，从而让这种古老的"或战或逃的综合征"大行其道，葬送掉学习新事物的大好机会。

这种反应历经百万年而根深蒂固，看起来似乎无法改变，然而有些生理证据显示并非如此。[26] 通常我们感到吃惊时，视域会突然收窄，加剧那种"或战或逃"的反应——这是一种出于惊恐而力图自卫的"锐眼"现象，往往出现在斗智或斗勇的场合。不过，在日本叫作"合气道"的自卫术中，可以通过练习"柔眼"来取代"锐眼"，即学会纵目四望，尽收眼底。

如果你给一个人猝不及防的刺激，他就会眯起眼睛，马上出现"或战或逃"的症状，但如果你让一个人先练习"柔眼"，再给予突如其来的刺激，产生的往往是从容应对的反应。他会转向刺激的方向，判断这个刺激，然后给予较为切合实际的反应——例如，思考新想法。

据我看来，"柔眼"代表着一种我们在注视神圣的现实时引起我们感情共鸣的意象。现在，我们睁开双眼，远眺近观，能看到恢弘的世界和伟大事物的魅力。我们既因惊奇而大开眼界，也无需再因惊讶而"或战或逃"。现在我们既能自己心无旁骛地探索伟大事物的奥秘，也能盛情邀请学生参与阿克曼（Diane Ackerman）所谓的"大事"（即积极地生活与学习）："大事便是与生活的恋情，便是尽可能丰富多彩的生活，培育我们的好奇心，使之像一匹精神抖擞的骏马，每天驰骋于林木茂盛、阳光明媚的山岭。没有风险的地方，情感的地貌虽平坦但无趣。生活尽管广阔无垠、沟壑纵横、山峰林立、迂回曲折，但看上去似乎并无这些壮丽的地理特征，只有长度。它以神秘开始，亦以神秘结束，其间留下的是蛮荒与美丽的乡野风光。"[27]

第五章

教学于共同体：
以主体为中心的教育

～～

世界从一粒沙中见，

天堂在一朵花中现；

广袤任由着只掌攥，

永恒寄寓于片刻间。

～～

威廉·布莱克（William Black）

《天真的预兆》[1]

第三方

我们对世界的认识，源自在复杂互动的求真共同体中紧紧围绕着伟大事物而做出的锲而不舍的钻研。不过，优秀教师要做的不仅是将从共同体得来的新知传递给学生，更要激励学生参与求真共同体的动态演变来复盘求知的过程。

如前所论证的，优质教学在本质上总是共建共享的，而且我历来认为教学不能简化为技巧。共同体或者广泛联系是导向优质教学的原则，然而这并不排除，不同天赋的教师，会以截然不同的方式方法来创建共同体。

让学生参与求真共同体，并不非得将座椅摆成一个圆圈来形成集体讨论。任何班级——无论大小——都可通过讲课、实验操作、现场实习、校外服务学习、电子媒体以及许多其他的传统的或试验的教学手段来产生联系感。就像教学本身那样，创建共同体绝不能简化为技巧，根据教师的自我认知和自我完善，从同一原则出发，共同体是可以千变万化的。

但是，我们的传统教学遵循的原则不是共建共享，它强调以教师为中心，而教师要做的就是将结论传递给学生。它的立论基础是教师无所不知，而学生所知甚少或一无所知，因此，教师必须传授，而学生必须接受；教师必须规定所有的学习标准，而学生必须达到这些标准。教师和学生同时同处一室，但并不是要体验群策群力的共同体，而是让教师对同样的学生不必重复宣讲那些必须传授的东西。

为了扭转这种情景，出现了相反的教学原则，即学生及其学习比教师及其教授更为重要。学生被认为是有待开发利用的知识宝库，因此鼓励学生互教互学，教学问责制的标准形成于学生团体本身。教师的作用则是多样的，或是作为促进者，或是作为共学者，或是作为必要的监管者。这种教学模式听起来很像一个共同体，但是就如我马上指出的那样，这种教学模式很容易就和求真共同体貌合神离。

两种教学原则各执一端，由此产生两种教学模式：一种是关注缜密严谨、以教师为中心的模式，另一种是关注主动学习、以学生为中心的模式，我们面对两种截然相反的模式左右为难，不知何去何从。因为，我们发现两种模式各有所长，但任何一种都不足以胜任教学任务。当然，我们之所以难以选择，其症结在于我们再次陷入非此即彼的窘境，如果我们无法把握其对峙之间的张力，也就不能将两种模式的优点融会贯通。

也许在求真共同体的意象中隐藏着"两全其美"的线索，即有

"端坐在圆心洞若观火"的主体。或许，课堂既不该以教师为中心，也不该以学生为中心，而应该以主体为中心。在以求真共同体为楷模而构建的课堂，是教师和学生共同关注某件伟大事物的课堂；是让主体——不是教师，也不是学生——成为我们的关注焦点，从而将两种模式的优点兼收并蓄并发扬光大的课堂。

如果我们想在课堂上形成一个彼此始终坦诚相处的求真共同体，我们必须将**第三方**——即某件伟大事物——置于教学的"圆心"。如果只把教师和学生当成能动者，共同体轻易地就变成了唯我独尊的场合，不是教师独断专行，就是学生永远正确。只有我们确定了可以衡量师生作为的共同标尺，我们才能形成教之严谨与学之主动兼而有之的共同体——伟大事物就能起到共同标尺的作用。

不论何时何地，求真共同体都必须有一个超然的第三方，使你我对超越自己本身的事物担负某种义务，这在教育领域之外是广为人知的事实。例如，在宗教领域，当一个共同体将最高权威赋予神职人员的领袖或普通教徒的首脑时，若无一个可同时制衡教徒和神父的超然中心，它必将沦落为偶像崇拜之地；在政治领域，当一个国家存在着兜售恐惧的领导者和充满恐惧的追随者时，若无一个引导两者去超越恐惧的超然中心，其公民的生活就必将堕落，有时会招致法西斯灾祸。

以主体为中心的课堂有这样的特点：在场的第三方活灵活现，有声有色，促使师生对其言行负责。在这样的课堂上，没有僵硬停滞的知识，伟大事物流动不息，教师可以当学生，学生可以当教师，师生身份的转换全看对伟大事物的认识水平。在这里，教师和学生获得了一种克服本身局限的力量——即活跃的主体给予的力量，使师生超越自我专注的状态，对主体的认识既不随波逐流，也不故步自封。

我可以用一个令教师难以启齿，甚至自惭形秽的例子来说明这个核心思想。作为教师，总会遇到令自己难堪的时刻——你或许也有这样的经历。有一次，当我对某个主题（主体）做出定论的时候，一个学生发现，这个定论与我以前说的，或课本写的，或其他来源得到的知识大相径庭。

在一个以教师为中心的课堂上，学生当场指出你讲课中的矛盾之处常常被视为失败。尴尬之中，我采用闪躲腾挪的步法，连自创蝴蝶步法的拳王阿里都可能自叹不如："当然，在你听来像是矛盾的，不过，你仔细看一看论述这个问题的原始资料——你可能没看过，因为原文是芬兰语——你就会发现……"

可是在一个以主体为中心的课堂上，捕捉到对伟大事物的认识中的矛盾之处则代表成功：由此我可认识到，伟大事物鲜明生动地存在于我们师生之间，凡是关注伟大事物的学生都可以核对、纠正我的看法。在这一刻，伟大事物就不再限于我对它的解说，学生可以不需中介而直接接触主体，利用自己获得的有关认识来挑战我的论断。此时此刻，不是令人无地自容的时刻，而是要为优质教学欢庆的时刻，这种教学赋予主体——还有学生——自己的生命。

在以主体为中心的课堂上，教师的中心任务是促使伟大事物发出独立的声音——能够不借助教师的口舌并用学生可以听到、听懂的"术语"说出自己的真理。当伟大事物代表自己说话时，师生更可能成为一个真正的学习共同体，这个共同体不会迷失于教师或学生的唯我独尊之中，深知自己要为处于核心的主体负责。

以主体为中心的课堂或许听起来有点怪异，要消除这种印象不妨看一看学前班的情景。一位优秀教师带着一群五岁儿童围坐在地板上，给他们朗读一个关于大象的故事。透过孩子的眼神，似乎觉得他们真的看到圆心处有一只大象，而且以那件伟大事物为媒介，其他伟大事物也接踵而至——比如传递意义的语言和奇妙的符号。

或者想一想当今在大学校园蔚然成风的校外服务学习项目，即安排学生从事与他们所学专业有关的社会实践活动。在某所州立大学有一个主修政治学的大班，根据教学计划，班上四分之三的学生在校内学习指定的课程，而其余学生除了学习指定的课程之外还要参与一项社会实践活动。或许有人认为，后者的学习成绩要逊于前者，毕竟他们要付出额外的时间和精力去完成额外的任务，而且有可能一开始就有学生嫌恶这样的安排。但是，这些学生的学习成绩不仅出乎意料地**更胜一筹**，而且对所学专业更有切身体悟和独到之见，因为他们参与社会实践遇到的伟大事物更易令他们找到将书本知识化虚为实的可取之道。[2]

或者再考虑一下当前学生用数码技术去学习的情况——我自己的经验多少也可以表明——这可是把我们注意力集中于伟大事物的好办法。我一直对太阳系及其运行着迷，可我在大学上过的天文课以及我后来读过的书，都不能让我对有关情况有全面透彻的理解。最近我坐在计算机旁，运用一个数码的天文"实验室"，就可以颇为志得意满地消化这门学问的基本原理。

我的学习进度之所以能突飞猛进，靠的是计算机虚拟现实的功能。我能借此建构和操纵太阳系中的行星及其卫星的模型，我最关注的星球之间的关系和引力作用也就一目了然。然后，将虚拟现实的景象当成自己的家园，先巡视一遍，再细细观赏。（现在我更有栩栩如生的感觉，虚拟的他乡就是现实的故乡！）同时，我可直接查找相关的照片和专业信息来优化自己的理解，还有各种图表指引我该朝何处仰望夜空。运用类似的技术手段，许多教室里的学生现在都能够"身临其境"地去探究各自主修学科（例如，建筑学或动物学）的伟大事物。

说起来真有反讽的意味，客观主义似乎将待知的客体看得高于一切，可实际上却造成了一个以教师为中心的课堂。客观主义心心念念地要捍卫知识的纯洁性，从而严禁学生直接探究学习的客体，以免学生的主观性污染求知过程。其结果是，学生对客体的任何知识都必须经过教师的传授，教师作为客体的代言人而代表着客体，成为学生关注的唯一焦点。

一个抵制学科教学改革运动的数学教授说的话，代表了一种走向极端的捍卫求知纯洁性的执念："作为数学家，我们的首要责任不是面向学生，而是面向数学：要维护、创造、充实数学的知识，要为后代保护这门学科。"他坚称，注定成为数学家的那些学生才是好学生，因此，好学生"必能在任何教育体制中生存，并能决定我们的未来"。[3]

由于以教师为中心的模式遭到滥用，以学生为中心的模式应运而生，可也遭到随心所欲的滥用。在以学生为中心的氛围中，有时出现一种不经思考的相对主义倾向："你有你的真理，我有我的真理，何必在乎其中的差异。"当学生被置于中心地位，教师可能就得放弃领导责任：一旦教学上全由学生"当家做主"，那就难以对学生个体或集体批谬指误了。

看到有可能建立一个以主体为中心的课堂，我现在从新的角度去倾听学生所讲的优秀教师的故事。在这些故事中，在论及优秀教师的品质时，"对学科的激情"是经常提到的一个特征（激情不必溢于言表，可以不露声色地心潮澎湃）。我一向认为，对学科的激情会造就出色的教师，因为激情能把感染力带进课堂。但是，现在我还认识到这种激情有着更深层的功能：对学科的激情将学科这个主体而不是教师，推到学习的中心——当某件伟大事物处于学生中间时，他们就可直接从探究伟大事物中汲取学习和生活的能量。

一个以主体为中心的课堂并不是忽视学生的课堂，这样的课堂尽力满足学生最重要的一种需求：引导他们进入一个超越他们自身经验和见识的世界，进入一个可以突破他们个人局限并提高集体意识的世界。有鉴于此，学生描述的优秀教师是这样的讲述高手，能把前所未闻的事物讲得活灵活现，从而营造让学生兴味盎然地与他者相遇的机会。

一个以主体为中心的课堂同样尽力满足教师最重要的一种需求：激活我们的学生、我们的学科、我们的心灵之间的联系，令我们一次比一次趋向完美。将弗罗斯特所说的"秘密"置于"圆心"，我们将再次焕发最初促使我们从教的激情，若只有我们和学生围坐成圆圈，就无法重燃过去的激情。

从缩影出发的教学

一想到教学就是开创一个实践求真共同体的空间，我就提醒自己要少花时间用资料与自己的想法去填塞空间，而要多用时间去开辟学生能与主体及彼此对话的空间。可在此时我常听到一种发自内心的不同意见："我的领域全是实用的知识，学生必须先掌握这些知识才能在这个领域继续深造。"

这种意见督促我履行在师资培训时就被告知的职责：用我的知识填满空间，即使这么做将学生挤出去也在所不惜。如果听从这种意见，以主体为中心的课堂模式在牵强的理由下也变得颇有吸引力：我能以这种意见作为移花接木的借口，说学科这个主体本身要求以其知识填满空间。

当我抵挡不住这种诱惑时，那不仅仅是由于我受过的培训，或由于企图处于中心地位的自大，而是像许多我所认识的教师那样，我之所以要填满教学空间，是因为我的职业操守。职业操守要求我既为学科的完整性负责，也为学生的深造或就业的需要负责。许多大学教师说，这种职业操守要求上课时"覆盖整个领域"。

这种责任感无可厚非，但从中引出的结论——为了覆盖整个领域就得牺牲空间——则是建立在**空间**与**内容**绝对排斥这一错误的假设上。要在求真共同体中教学，我们必须设法将这种显而易见的矛盾转化为相反相成的悖论：既尊重必学的内容，也尊重学习必需的空间。

我们可以先探察一个简单的教学事实：如果课程的目标是传递大量知识，最差劲的方法就是连续不断地讲授（虽然讲授法可以很好地用于其他教学目标，见后文所述）。在口似悬河的讲授中，信息犹如纵队行军络绎不绝，人脑根本不擅长留住蜂拥而来的信息。传递信息更好的方法是用印刷文本或电子文本，因为学生所做的恰恰符合大脑保存信息的要求：可多次阅读文本，可反复琢磨文本，并能及时或经常地更正或应用文本所传递的信息。

当关于某主体的大量信息像竹筒倒豆子似地倾倒在学生面前，学生会不明就里，对这些信息的记忆也只能是稍纵即逝。明白了这一点，我们可以重新认识"覆盖整个领域"的这种说法：它好像是有意无意地将教学的行为比作拉来油毛毡覆盖在一片草地上，一直覆盖到无人能见到下面的东西，覆盖到旧草枯死而新草不生为止。如果学习那些充斥着大量事实性知识的课程，学生的描述如下：他们不能透彻地理解主体，保留仅供通过考试的信息且考后即抛之九霄云外，此后再也不想捡起论述这个主体的任何书籍。

我们如何才能对空间与内容这两方面的需求统筹兼顾呢？每当我扪心自问："我和学生如何在称为课堂的空间里最有效地利用共处的短暂时间呢？"此时，一些想法就在我心中油然而生。

我不用在这个空间告诉学生某领域的从业者就有关主体所应知晓的一切知识——因为学生既记不住也不知如何用——我需要引导学生进入该领域的实践圆圈，进入属于该领域的求真共同体。为此，我能做的是提供该领域的少而精的求知范例，由此帮助学生了解该领域的从业者如何生成资料、核查资料、更正资料、思考资料、运用资料，并与其他人共享资料。

这样我就能进行少而精的教学：既创建了所需的教学空间，亦不缺失有关的教学内容。可少而精的求知范例如何才能体现任何领域或我们试图了解的伟大事物的全面性呢？回答上述问题我们需要记住，每门学科都有一个格式塔，都有一个内在的逻辑，都有一个连接伟大事物之本质的模式。

因此，每门学科就像一张全息照片，第四章曾提到有些物理学家曾用它来形容构成现实本身的内在逻辑，一张全息照片是一种令我们啧啧称奇的可视资料的组合方式，使我们能在二维平面上看到三维立体的物体。不过，全息照片还有一种更令人惊奇的特性：全息照片的任何一个部分都包含了所摄物体的全部信息。

正如一位物理学家所说："如果将一张拍摄一朵玫瑰的全息照片剪成两片，然后用激光照射，我们可以从任何一片中看到完整的一朵玫瑰。即使我们不断地将残片一分为二，不管剪得多么细小的碎片中仍然可以看到一朵形体虽然缩小，但原样丝毫不变的玫瑰。"[4] 凭借全息照片的任何一部分，你都可以重构反映整体的全部信息。

两个半世纪前，布莱克在其长诗《天真的预兆》中所揭示的"世界从一粒沙中见"的朴实意象，[5] 预见了以微知著的这种全息图片的逻辑。每门学科都有可从中看到其"世界"的"一粒沙"，既然可以捡起一粒沙让学生自己从容仔细地看看，为何我们还要把满满的一车沙全都倒在学生面前，让学生头昏脑涨地应接不暇呢？既然我们可以少而精地传递学科的必要内容，为何我们还要劳心费力地去覆盖整个领域呢？

每门学科都有其深刻的内在逻辑，即其任一关键部分都包含着足以重构反映整体的必要信息——如果要用高度组织化的光束即"激光"照射才可看见以微知著的信息，那么教学行为就是这束激光。

上述理论似乎难以转化为实践，可在我们古今通用的一些教学形式中每天都在应用。设想一下科学实验室的情景，30 名植物学专业的学生通过 30 台显微镜观察同一植物的茎部，他们在教师的指导下或独自或共同地考察"**这粒沙**"，从中习得该学科的内在逻辑、观察与解释的规则以及某些必不可少的事实。学生通过考察这个"缩影"——通过一次又一次这样的缩影式教学——所获得的发现，最终能够形成通观植物学的基本才识。只要这些学生深入地钻研个别，就能透彻地理解整体。

无论我们正在学习的是哪个伟大事物，总可当作置于显微镜下被观察的茎部。在每部文学名著中会有某个段落，一旦透彻理解了，也就弄清了作者如何塑造人物、创设悬念、编织情节等，学生凭此种理解就能更有见识地读完此书。在每个历史时期中会有某个事件，一旦透彻理解了，不但能明白历史学家的工作方式，而且能高屋建瓴地把握该时期的基本动态。在每位哲学家的论述中会有某个中心概念，一旦透彻理解了，就能清楚该哲学家有无构建自成一家的思想体系的基础。

通过以微知著的教学，对于促使我们"覆盖整个领域"的职业操守，我们不但不会舍弃，反而会更加切实地遵守。采用从缩影出发的教学，我们不是在各门知识的连锁店中"零敲碎打"地出售有关知识，而是帮助学生弄清知识的来龙去脉和实际意义，从而既对学科也对学生负责。要切实地对学科和学生负责，我们就要教会学生如何像历史学家、生物学家、文学评论家那样独立思考，而不是让他们人云亦云地附和别人得出的结论。

在下一节，为了说明在事实性知识居多的学科中是能够开展缩影式教学的，我准备提供两个案例：一个是关于医学教育改革的大故事，另一个是关于由我任教的社会研究方法课的小故事。我希望通过两个故事可以表明，缩影式教学不仅是切实可行的，而且其效果远远胜过那种好心办错事的"覆盖整个领域"的教学。

医学院的缩影式教学

我在一所师生众多的研究型大学做了关于教育共同体的演讲，事后，医学院院长邀请我共进午餐，并对我说，他有一个我或许感兴趣的故事。

数年前，院长和几位同事开始担心他们的学生会成为什么样的医生。因为，许多学生在毕业之时，引导他们上医学院的那种恫瘝在抱的仁心几乎丧失殆尽。他们入学学的专业是要体贴入微地关心病人及其康复，可四年之后倒常把病人当成能修理则修理、不能修理则丢弃的物件。

院长及其同事同样担心，善于学习的毕业生寥寥可数。学生在学校掌握了传统课程中的一大堆的理论和资料，可那种课程并未教他们如何跟上一日千里向前飞奔的知识潮流，几年之后的知识与今日的知识相比一定会截然不同。

于是，院长及其同事组成的"小型班子"开始宣扬和践行一种破旧立新的教学方案。为了让我明白这种教学理念的重要性，院长给我描述了传统医学教育的模样：

入学头两年，学生坐在大讲堂里，教授则站在讲台旁，手拿教鞭，对着一具挂在架子上的骷髅，指点着逐次讲解各处骨骼。学生的任务就是记住教授讲到的所有信息，并在考试时复现这些信息或在实验室使用这些信息。

到了第三年，他们才首次和活生生的病人见面——我们没想到他们居然像对待一具骷髅那样对待病人！无须大惊小怪，这种被动接受的旧式学习无法使学生有任何自我探究的经验。

但是，让院长及其同事忧虑的，不仅仅是把病人当成物件或给学生"满堂灌"，更让他们在意的是这么一种学术文化：由它引发的学习动机不是如何治愈病人，而是如何挖空心思地争强好胜——这样一来，恶果难免。

有时候，某位教授会在阅览室存放一本登载"学生必读论文"的刊物，以便大家随时查阅。可待四五位学生读后，就有人发现了可乘之机，将有关论文撕扯下来据为己有。从这里再次可以看出，学生已无对病人的恻隐之心，因为说不定论文中的信息有朝一日就有助于某位医生治疗某个病人。由此也再次显示，学生不知道如何主动自觉地学习，学到的不过是如何损人利己地占取上风。

因此，院长及其同事建议采用发端于加拿大安大略省哈密尔顿市的麦克马斯特大学的医学教学新方案。这个方案的新意体现在医学院新生上课的第一天就围坐在确实患病的病人旁边，并要求学生去诊断病情，制定疗程。

院长赶紧向我保证道，每个圆圈中都有一位负责教学的医生即导师，导师要确保生手不会伤害病人。但导师的职责不是告诉学生如何诊断病情，如何制定疗程，而是引导学生小组共同探究"伟大事物"——病人及其疾病和健康——这才是学生关注的中心。

院长解释道：

从某个方面来说，围坐的学生对医学知识所知不多。由于近年来我们的医学院录取各个专业的学生，有些学生没有接受过任何医学预科教育，即使有预科教育背景的学生也没有接受过任何临床培训。

不过，从另一方面来说，学生对医学领域又所知甚多。作为个体，他们都有一些医学常识，因为所有人都生过病，而且也认识生过病的人，那就不妨说，他们对于借助某些线索看出人是否患病、是否健康还是富有经验的。

作为群体，他们所知则更多。环绕病人而坐的学生中，有的善于观察，注意到病人呆滞的眼神；有的擅长直觉判断，正在从病人的身体语言中拾取信息；有的深谙提问诀窍，从病人那儿得到的信息，区区几分钟就胜过我们大多数人的一小时。

如果你在小组里能因势利导地使学生各显其长并相得益彰，那么群体见识就会大大超越个体见识，一群生手有可能通过集思广益提出不愧于行家里手的真知灼见。

依据这种医学教学新方案，学生环绕病人而坐的小圆圈就是小型版本的求真共同体，相当于转动大轮子的轮毂。从轮毂这个活跃的中心出发，学生可以转向其他的教育背景去求取轮毂处得不到的医学才智——去图书馆进行独立研究，去讲堂听取各种专题讲座，去研讨班、工作坊、实验室运用某种特定技能。但是，不论学生转向何处，总会带着有助于他们了解病人和病情的新资料和新理论返回轮毂。然后，他们会对从别处得来的知识产生一些疑惑，于是带着这些新问题再次从轮毂出发。

院长和少数同事建议采用的这种新方案，经过与大多数教师争论后，总算勉勉强强地被接纳了。待尘埃落定时，持不同意见的教师做出了两种预测。教学新方案有利有弊，其利是必然改进学生对待病人的态度和医德，其弊就是弊远远大于利。

这些教师说，教学新方案将导致标准化考试的分数直线下滑：在新方案的课程设计中，不会有人在上课时系统地覆盖整个领域或给学生系统地输送知识。不管新方案多么有人文价值，可它不能"认真地对待客观知识"，这就将学院和学生置于摇摇欲坠的险境，因为两者的成败存亡都系于考试分数。

院长问我想不想猜一猜新方案被接纳六年来的"后果"，我想我已知道答案了，因为通常请别人共进午餐不是去告知自己的失败，不过我想听一听院长亲口讲完这个故事。

新方案的批评者有一个预测是对的，即改进了学生对待病人的态度和医德。这几年，再无一人从学术期刊中剪下论文，而且我们不断地从病人口中听到对学生乐于助人的赞扬。

可是，他们对于标准化考试的判断却错了，考试分数不仅没有下滑，反而开始上升，而且就是在实施新方案的期间，开始持续不断地稳步上升。采用这种医学教育新方案，我们的学生不仅变得更善解人意，而且似乎变得更聪明、更敏捷。

为何是这种情况？我寻思片刻就想到了一个原因：好的结果源自求真共同体的缩影式教学的影响力——在这个案例中，作为伟大事物的缩影是处于学习圆圈中心的病人，这位病人代表了大多数学生想当医生的理由——帮助病人康复。由此可见，学生从接受医学教育的第一天起，这种教学新方案就与他们的行医初心契合无间，而且会使他们初心不改地完成学业。

这也是现在学生的道德水平得以提高的一个原因——但愿医德与他们共同走进职业生涯且终生相伴。院长提到的再无论文从期刊中被撕扯下来可以证明，一旦某人的着眼点是伟大事物而不是自私自利，其行为就会表现出更高的道德水平。那些完完整整地保留在期刊里的论文，也在不断地提醒学生，他们要学的是如何帮助病人康复，而不是如何投机取巧地超群出众。

将伟大事物置于注意的中心，由此带来的好处不仅涉及道德也涉及才智：这些学生变得"更聪明、更敏捷"。这至少有两个原因，而且都与求真共同体的教学的影响力有关。

首先，人脑最善于吸收或处理的不是支离破碎的信息，而是在某种程度上将各种信息联系起来显示意义的模式。当学生通过了解一个病人的患病来历来学习医学知识时，就建立起这样的模式，因为这种来历提供了向内与向外的各种联系：它既将关于病人的各种事实以某种足以解释或说明的相关模式联系起来，又将学生与病人以某种体现人性的模式联系起来。

院长说的一番话完全符合我们所知的人脑运作过程，而且说得言简意赅："20 年后，当其中的一位学生要重温肾脏有哪些功能时，首先想到的不会是某本教科书中那些枯燥无味的论述，而是史密斯太太患病来历中那些有迹可循的背景。"换句话说，人类记忆中存储的是由此及彼的相互联系的形式，即现实本身的形式。

其次，求真共同体之所以有教学的影响力，是因为任凭学生自由自在地共同学习。虽然我们依然认为竞争是激励人们学习的最好方式，但这些学生学习动机更多地来自这样的信念：他们的个人学习能对集体探究做出贡献，或至少不会出乖露丑而拖了本小组的后腿。共同学习也为学生提供了借助他人的视野审视现实的机会，而不是非得靠自己有限的视野去看清每一件事。他们能够核查和纠正来自不同立场所表达的观点，因而有机会得出更符合现实的结论。

"众智胜过独智"，这句格言或许不是无缘无故地信口雌黄。这个医学院的故事使我更加坚信：以求真共同体为基础的教学不是耽于玄妙的空想，而是对迫在眉睫的教育需要所做出的务实的回应。

社会研究方法课的缩影式教学

　　我的缩影式教学的第二个案例比起医学教育改革来要低调得多，因此这种方式可能更贴近日常的教学实践。

　　社会研究方法这门课，由于其典型的教法就是口似悬河地把有关知识灌输给学生，所以是社会科学课程中最寡淡乏味的一门课。我也是用滔滔不绝的讲授法教了好几年，后来发现学生一听我的课就像要昏死过去，我才迫不得已地去寻找给学生上课提神打气的教法。在我当时任教的那所大学，社会研究方法是必修课，班上一般都有 150 名学生，我需要设法在宽敞的大讲堂而不是舒适的小会议室来营造求真共同体。

　　为了用例子说明我的营造过程，我主要谈谈其中为时两周的一段经历。在这段时间，我想让学生了解探知社会现象的方式方法，就叫他们学习有关的"伟大事物"：如何形成概念，如何设计指标，如何按指标搜集资料，如何使相关资料形成模型，如何解释这些模型的意义。那两周就按指明的上述目标进行教学，从而有助于界定某个教学空间，并使这个空间马上就蕴含着某种"创造性混乱"。

　　为了将这些教学目标——即主体——作为我们注意的中心，我在黑板上画了一个四格统计表的简图。整整两周，简图都留在黑板上，成为使我们聚精会神地进行探究的"一粒沙"（参见图 5.1 ）。统计表置于我们探索圆圈的中心，我就统计表不断地提出问题，由此开展教学：我尽量在沉默中耐心地等待着，直到有人作答；我设法使学生参与对话，不仅与我对话，而且彼此对话；一旦讨论变得纠缠不清时，我就用一个"小演讲"来理清头绪，随后又是一轮提问和对话。我希望这些学生能洞察社会研究方法的"缩影"，从而可以学到这个领域的实用逻辑，或至少将有关方法明智地用于社会研究。

图 5.1. 收入与种族的关系

要把两周的经历事无巨细地记述下来，我没有足够的篇幅来写，恐怕你也没有足够的耐心去看，不过我可以通过描述**概念形成**的方法来让你窥一斑而识全豹。

为了使"概念形成"这个抽象概念易于感知，我特意将种族选为我们探究的重点，因为种族显然是我们社会中的一个敏感问题，而且在我任教的那所大学更是一个一触即发的问题。我认为，探究种族的概念会形成引起并维持学生注意力所需的张力，果不其然。

第一节课我们发现，制作这种统计表的研究人员不仅表明种族是他们想要研究的一个因素，而且显然也有某种对他们采访的人进行种族分类的方法。接着我问全班：

"请问，你们如何确定一个人属于什么种族？"

有几个学生瞪着我，看来是惊讶于我竟提出这么一个愚不可及的问题。大多数学生晃着脑袋东瞧西望，也是出于同一个理由！我必须竭力保持内心的平静才能维系这片空间，一片徒叹奈何、无声无息的空间，在此空间我禁不住要放弃缩影式教学，重走讲授式教学的老路。

多亏了我的耐心等待，终于教室后面的一位女同学迟疑地举起了手。

"好，请……"

"嗯，你只要**看**，你一看就知道！"

当教学进行到如此境地，沉默已变成揪心撕肺的煎熬，任何反应都是值得欢迎的。听到她的应答，我如释重负，好像她刚才发现了广义相对论。我对她表示了感谢，接着又急促地追问道："请问，要**看什么**呢？"

此时，不少学生确信我已经神志不清了，但全班学生的情绪也开始高涨了，因为感到会有好瞧的热闹。

"嘿，看颜色，看皮肤的颜色！"教室前排的一个学生说，那不屑的口气好像我提的问题又可气又可笑。

"谢谢你，"我说，"让我们看看这间教室里的面孔。这里似乎有 10 种或 12 种肤色，从深黑的到浅白的应有尽有，这是不是说这间教室里有 10 个或 12 个种族，或只是表示你们中的一些白人常常晒太阳？"

对话就这样持续进行，有时令人发火，有时令人好笑，其过程虽步履维艰却步步深入，渐渐通向揭示"种族"本质的特有属性。

虽然种族是一个有事实依据的概念——如何形成正确的概念是一个我们讨论后学生更加认真对待的问题——但种族的类别不是由上帝或大自然划定的。种族是一种基因频率上无明显差别的连续体，只是通过一种称作"概念形成"的方法将其分门别类。我们在基因连续体上标记出不同的点：越过了 A 点，你就是白种人；越过了 B 点，你就是非洲人；越过了 C 点，你就是亚洲人。

随着我们继续探索，学生开始理解概念形成的若干要点。"种族"这个概念是我们的头脑廓清和简化关于人类的复杂知识体系时的人为产物，不论好坏，这个人为产物的形式绝对不可等闲视之，因为形成"种族"概念的方法对这个世界有重大影响。

鉴于种族的概念形成涉及社会和科学两个方面，那就有必要知道是否有分解、抽绎相关资料以形成概念的合理规则。概念形成是仅由社会偏见主导的任意行为吗？抑或是比其他方法更能如实地反映人类状况的对基因频率连续体的分类方法？

当然，会有将资料化繁为简地形成概念的合理规则，我的学生也迫不及待地想学到这些规则。因为唯有亲自聚焦于种族的概念形成这个缩影并弄懂由此引发的各种问题，他们才能更深刻地理解，给种族下定义遇到的麻烦远远多过我在课堂上讲到的。

有了这种理解，学生就能借助种族概念形成的具体过程去理解任何概念形成的基本过程。有些学生或许利用自己的一得之见成为新概念的创建者——他们了解推陈出新的规范，别出心裁地归纳资料，从而形成新知；有些学生则成为更有见识的倾听者和言谈者。他们现在明白，概念形成主要取决于我们的头脑中"连点成线"或总括经验现象的方式，因此，就不愿意接受轻率地使用**性别、国籍**等概念的做法。

在我采用缩影式教学之前，我对上述内容的讲授还是挺不错的，学生也学到了该学的东西。不过，我采用缩影式教学时，因我说话占用的空间少了，学生与主体联系的空间多了，结果是学生学得多、学得好——学到的不仅是社会科学学家必备的专门知识，而且学到了自己如何从事社会科学研究的基本方法。

开放空间与技术手段

不管我从其他教师或亲身经历中搜集了多少成功的教学故事，每当我试图创建实践求真共同体的空间时，我都要竭力地抑制自己因所受的师资培训而引起的强烈情绪。

像大多数受过专业训练的教师一样，我接受的教导一直是占据空间而不是开放空间：毕竟，我们是知识的拥有者，因此，我们有义务将所知的一切告诉他人！即使我早已不认可这种荒谬的规范，可每当我公然地将它弃如敝屣时还是感到有些内疚，心中始终回荡着一个很强大的声音：如果我不能用自己的知识占据可用的整个空间，我就不配拿教师的那份薪水。

就我所知，医生一旦请病人参与对其病情的诊断和治疗时，也有类似的内心纠结——此时，医生不是简单地告诉病人出了什么"毛病"，采用什么样的医学手段来治疗这个毛病——或确诊这个毛病已是不治之症。几乎所有的专业人员都被这种谬论误导：我们只有以自己学到的广博知识占据整个空间，才是对客户提供的最佳服务。

我们常常宁愿占据空间而不愿开放空间还在于另一个事实：如果我们决定改变自己的从业常规，这种改变需要待以时日，而在过渡期内我们难免手忙脚乱。因此，在转向不落窠臼的教学时，总有一些我们对学生服务不周的日子，我们也就越发感到内疚。

为了消除内疚的根源，我至少需要两件东西：一件是在开放学习空间时指导我做事的基本理念——这正是我写本章的理由！另一件是了解维持一个开放空间所需的技术手段。

只要仍把填满空间作为检验我们专业胜任能力的唯一标准——而认为创建空间不过是赶赶时髦——我们就永远无法将课堂向求真共同体开放。只要我们不明白开放学习空间比占据学习空间需要更多的技巧与权威，我们就会在内疚中败下阵来，我们的教学就像有默认程序那样还是覆盖整个领域。如果我们要尊重和开发创建学习空间所需的各项技术手段，就必须仔细明确地指出来。

甚至在上课前就需要一些技术手段——设计课程、选择教材、构思作业、安排时间等——如果不能未雨绸缪地做出适合于开放空间的决策，课还没开始，空间便消失了。

我设计的教程必须洗练有趣，切忌繁琐无味，克服向学生又急又猛地输灌信息的倾向，要放手让学生自己接触主体。我提供的文本必须既包括学生应学的基本知识，也有意留下让学生可以自己动脑思考去填补的缺口——小学的课文倒是常常有这样的优点。我必须熟识本专业的文献，从而给学生布置由我精心设计的作业——既可促使学生探索未知，也可检查学生的学习成果。我必须确立这样的一张课程表，既安排掌握必学内容的时间，也留有应对意外事件的时间。

为创建学习空间做准备所需的能力至少不低于为精彩的（而非糟糕的）讲授课做准备所需的能力，就算具备了完成上述一系列"必须"任务的能力，我还没有踏入教室的大门呢。一旦我走进教室关上大门时，使用和保护空间就需要另外一套技术手段。例如，在社会科学研究方法这门课中，我要依赖称作"提问"的技术——我开始觉得提问很容易，直到真正使用时才觉并非易事，因为问题多种多样，我得挑出适当的问题。

有些问题关闭了空间，容不得学生自我思考，如"教科书中是如何论述本书第四章中的概念和指标的？"有些问题则开放了过多的空间，学生就像在茫茫荒原迷失了方向，如"这个四格统计表还会填上什么数据？"能帮助学生学习的问题处在这两个极端之间，如"如果你是一名研究人员，你如何确定你面对的主体属于哪个种族？"

当然，提问的技巧不仅在于问出恰当的问题，也在于表现出不卑不亢的发问态度，而且不管别人有什么样的回答，都要一视同仁地表示欢迎并予以鼓励。每位优秀教师都知道，如果说话适当得体，轻而易举就能得到热烈反响，可面有不豫之色，刹那之间讨论就会冷场。

我们一旦学会提出合适的问题，就会觉察到还需要一种能力，即能将师生一对一的问答转变成激发全体学生各抒己见的群体对话。当我把学生的目光从总是看着我转向他们之间彼此注视时，学生将更学有所得。

我得学会"顺水推舟"，将某位学生对我做出的应答作为引发全班讨论的话题，比如，只需简单地说："你们全都可以谈一谈，对刚才桑德拉所说的有什么看法？"当然，这样做时承转越自然就越好。可不论用何方式，这种顺水推舟始终是对我心灵的一种考验：我是否能充分信任全班这个共同体有应对手头难题所必须具备的才智。

有时，学生的回答完全牛头不对马嘴，这种考验最为严峻，我的一颗心恨不得蹦出体外持真理之剑斩断这个谬误。可我若想有求真共同体所需的对话，我就得在关键时刻学会问自己一个虽简单但苛刻的问题：要等多久我才挥出自己的利剑？等30秒吗？等1分钟？还是等到下一节课？

当我思索我的选项时，我不必立刻挥动利剑这一点越发清楚了：即使谬误出现在我们面前——我们，以及真理，在几秒钟、几小时、几天后，仍然存在。那么，我不妨从我的紧迫感中退后一步，而全班中则有可能某位学生跨前一步去纠正谬误，求真共同体将会更加生动活泼。

即使我学会了如何提出合适的问题，如何巧妙地因势利导，如何激励学生参与对话，我的任务并未完成。我还得学会对学生所说的话加以提炼和释意的技巧，从而衡量我们的学习在力求达到的学习目标上有多少进展，还有多少不足。

求真共同体的优势在于其过程不是线性的，它的走向通往四面八方，有时来回绕圈，有时长驱直入。在这种创造性混乱中，教师必须知道，在何时用何种方法勾勒将各种意见贯穿起来的主线，从而彰显出确证旧知和引向新知的探求轨迹。

为了做到这一点，我必须仔细听懂学生们说的话，能将刚才说的意见与20分钟前说的意见联系起来。仔细倾听绝非易事，它消耗的心理能量，如此之多令我疲乏，如此之快令我惊讶。不过，当我克制住自己要发号施令的冲动时，仔细倾听就变得相对轻松了。只要怂恿我赶快开口说话的心中唠叨声消停片刻，我就可以开放内心的空间去接收外来的对话。

一旦我经倾听和追寻探究的轨迹，我就能颇有把握地进行"再构"——将我们的现在所学明确地与相关的"推陈出新"联系起来。譬如，学生在上我的社会科学研究方法课时，可以依靠自己得出"种族是一种心中的构想而不是生物界的现实"的近似见解，但他们绝不可能一下子就将种族界定为"基因频率无明显差别的，而我们人为地将其分门别类的连续体"。

学生缺乏这么概括性的话语，因此，将看似零散的对话进行再构就是我的任务。不过，再构需要等待时机，要等到学生自己有所感悟，有所发现，但尚未用语言表达之时。通过再构，我们完成三件大事：其一，我们集聚对话的各个要素并使其连贯呼应；其二，我们搭建了通向下一个主题的桥梁；其三，我们都是以学生充分参与微型求真共同体的方式来进行再构的。

在复现求真共同体的教与学的动态过程中，我不断提醒自己，从事这种教学的艰辛远远超过随波逐流。为了营造这种教育空间，我必须熟练地掌握不可或缺的一些技术手段，还要学习其他的技巧。

共同体：变异与障碍

完善教学的一项原则，是使学生专心致志地参与求真共同体的动态过程。不过，我考察的那些在课堂上创建求真共同体的方法既不规范也不详尽，复制求真共同体可用的"正确"方法是出自教师的自我认同和自我完善的。

经过多年的摸索，对我来说，正确的方法似乎是与学生围坐一圈（或在大讲堂中将济济一堂的学生试想为围坐一圈），共同探究处在圆心的伟大事物。但是，创建课堂上的共同体还有其他的方式，有些方式完全有悖于共同体这个词通常引发的"互动式接触"的这种联想。

不妨回想一下本书第一章我写到的导师，他在上社会思想史这门课时，从头到尾全是他一人声情并茂地讲授，而我们这些学生只是坐在那儿记笔记。不过，他上的课并不是以教师为中心的，他将学科这个主体而不是他自己放在了我们注意的中心，我们不知不觉围绕着这个主体，开始与之互动，虽然我们几乎一言不发。

我的导师是怎样塑造了求真共同体并使学生参与其中的呢？他的讲授课不仅是表述社会理论的事实，而且是表演社会思想的戏剧。他之所以能做到这一点，在某种程度上是除了阐明伟大思想家的观点，还讲述他们的人生故事。我们似乎看到马克思独自坐在大英博物馆的图书室中撰写《资本论》，再通过我们的主动想象，不单与思想家本人，还和激发他思想的个人条件与社会条件建立了联系。

不过，导师的讲授课所演出的戏剧不止于此，越往后越精彩。他会说一段显然代表马克思主要观点的话，我们奉若神明地一字不漏地记在笔记本上。然后，他一脸茫然地走向一边，回望刚刚离开的地方，再用黑格尔的观点来反驳自己说过的话！这可不是故作姿态的矫情，而是这位教师对萦绕于心的"思想剧"的本色出演。

戏剧绝不意味着一套为招徕观众而装腔作势的程式，记住这个事实就有助于我们明白，无需公开互动甚或无需面面相对的场面，也足以产生震撼人心的强有力的共同体形式。只要是看一出好戏，有时我感到与戏剧几乎融为一体，好像戏台上出演的是我的人生。不过，我并没有大声回应台词的渴望，也没有穿过走廊、跳上舞台、参与演出的冲动。坐在观众席上，我已经以一种内心中不可见的方式"亲自"参演。我们难得将内心参与认作共同体形式，可它的确是真正的共同体形式。

观赏一出好戏，我无需与剧中人物及其人生进行"对号入座"的公开互动。与此类似，一堂好的讲授课，会将关于伟大事物的"戏剧"径直地植入我们的心中，能以独特的方式完整地体现求真共同体，其功能并不亚于那所医学院的课程设置或我的社会科学方法课中的对话教学。

我曾经纳闷，为何我的这位与学生面对面时就浑身不自在的导师，竟能塑造出效果奇佳的求真共同体。现在我明白了，他一直处身于无需我们存在的共同体内。当与马克思、黑格尔、涂尔干、韦伯、特洛尔奇[1]形影不离时，谁还需要一群来自郊区的20来岁的毛头小子？

不过，虽然此人密切相交的是伟大的社会思想家而不是身边的人们，但他却深切地关心学生，他讲课的那股激情不仅是为了他所执教的学科，而且是为了学习这门学科的我们。他期望我们随时与构成他的学识与想象力的"老朋友"相见并从中学习，因此以一种

---

[1]　特洛尔奇（Ernst Peter Wilhelm Troeltsch, 1865—1923），德国宗教史领域的思想家。——译者注

呈现本心的独特方式将这些老朋友介绍给我们。

通过这位教师及其讲课，部分学生进入了一个强有力的共同体形式，其特征是能与逝者交谈。这可不是疯子的标志，而是智者的标志，如果学会在那个无形的历史与思想共同体中言说和倾听，一个人就会无限扩大任其驰骋的天地，并永无止境地改进人生。

不过，对于那些担忧现行教育体制的教师来说，不管我们把共同体定义为公开互动还是戏剧，或是内在对话，其实都无关紧要。这些教师认为，只要师生关系仍属于地位与权力的不平等关系，教育永远不可能形成任何形式的共同体。教师必须要对学生的课业予以评价和评分——这势必造成教师与学生、学生与学生彼此剑拔弩张的对立局面。面对如此来势汹汹的分裂力量，怎么可能有共同体呢？

提出这个问题的预设是，人们在地位与权力毫无差别的情况下才可能有共同体——可普天之下并无这样的地方。只要两三人聚在一起，就一定出现不平等的关系，而共同体只能诞生于这种不平等的关系之中。如果非要论证，取消分数后才能形成共同体，那就是在找无处可寻的乌托邦——也就是完全放弃共同体。

当真正的共同体出现时，权力与地位上的虚假差异随之消失，如基于性别或种族的差异。但是现实差异依然存在，而且应该存在。因为，如果共同体要兴旺发展，需要执行各种功能来形成差异——例如，维持共同体界限的领导任务、坚持衡量最佳共同体的标准，等等。

评价在教育中发挥的就是这样的功能。求真共同体需要持续不断地进行去伪存真的辨别：一些观察准确而另一些不准确；一些观点合理而另一些不合理；一些假设能够验证而另一些不能验证。当分数用来表示这类差别时，不过是复现现实世界中教学得以展开的动态过程。

以现实世界的教学过程为依据，我们能发明一些强调学习而非判定、强调合作而非竞争的评分方法，从而提升分数在共同体中的贡献。例如，我给学生重写学期论文的机会，在学期结束前，他们愿意重写多少次都可以。我会给学生写过的每份论文都评分，并评判其得失。但我最后给的成绩，不是所有论文的平均分，而是给最后一份论文打的分数。通过这种方式，我希望向学生表明：评价的根本意图是为引导学习而非不可挽回地判定学业。

我也给学生留需要合作完成一个项目的作业——并让学生懂得，他们不会因完成的任务不同而得到不同的成绩，而会因最终成果的质量得到同样的成绩。评分的确代表的是权力，但我们该探究的不是如何消除这个权力，而是如何利用这个权力取得好的结果。

我可不是说，字母等级制是好的评价形式，与能反映学生学业细微之处的如学生档案袋等方法相比，它其实是一种等而下之的评价形式。但是评分制行之已久并将长期存在下去，因此，将评分制作为推脱在课堂创建共同体的廉价借口，那就大错特错了。

课堂对共同体的真正威胁，不是师生在权力与地位上的差别，而是缺乏这些差异可以催生的相互依存关系。学生靠教师评定学习成绩，可教师靠学生得到什么呢？分数对学生是实实在在的，对教师而言若无像分数这样实在的东西，就不能回答上面的问题。不能回答这个问题，共同体就无从谈起，当师生彼此互不依赖时，共同体就不存在。

师生难以形成共同体的症结在于，像大多数专业人员一样，教师所受的专业培训是在完全自治的条件下进行工作。这种从业模式使教师及其命运在很大程度上不必依赖学生。说得直白些，我们这些教师要取得成功，根本不需依靠学生。

我们优越的权力和地位**允许**我们以这样的方式工作，但并不**迫使**我们以这种方式工作。教学中把我们的部分命运交到学生手中是可能的，正如学生把部分命运交到我们手中一样。这样的教学不仅有利于形成更多的共同体，而且吸引我们更深地进入求真共同体从而极大地促进学习。

要说明这一点，我讲一个自己的故事。某高校邀请我做一次特约讲课，接待我的教授告诉我，这次课一个半小时，我回应道，我只讲 20 到 30 分钟，然后让学生自由讨论。教授听了劝我千万不要这样做："这可是个大班，大约 150 名学生。他们已经习惯于听课而不是讨论，恐怕你的方法行不通。"

不过，我坚持不改原先的打算，可到了上课的那一天，我讲了将近一半时，面对的还是一张张毫无表情的脸，我不禁想，教授的话看来是对的。我讲完后问道，谁想带头谈个看法或问个问题——我居然紧张得违反了提问要明确、具体这个自定的原则！我真该听从教授的忠告：这次课越来越不像是特约讲课，反而越来越像是示众的绞刑。

幸好出现了转机。一个女学生看起来像我一样焦虑，可能是怕我难堪，举起手，问了一个问题，我随即做出了回应。这样的交流引来更多的学生举手发问，带来越来越多的交流。全班的情绪益发高昂，过了一会儿，出现了真正的对话，层次虽不同，但方向一致。

下课告别的时候，我感谢全班学生和我一起上了一节好课。学生热烈鼓掌，大约二十来个学生还上前找我交谈。10分钟后，要上课的其他班的学生陆陆续续来到教室，于是我和学生走到走廊上，我同十多个学生又谈了10到15分钟。显而易见，不少学生学有所得。

当教授送我到停车场时，她说道："真了不起，我从未见过这个班那么踊跃发言，我注意到你用了一些激发讨论的巧妙技巧。"她对我显然不是很了解，否则不会把"技巧"一词用在我身上。

不过，我还是很好奇地问道："你说的技巧是什么呢？"

她答道："每次有人举手，不管看来多么畏畏缩缩，你都俯下身面向举手的学生做'加油'的手势。"她也用手比划了一下："还彬彬有礼地说，'请……'而且不管学生说什么，你都面含微笑地说：'谢谢！'就像你当真一样。"

接待我的教授似乎觉得，我做的那些是为了调动班上学生的情绪而刻意设计的策略，可事实并非如此，那些只不过是垂死之人的垂死挣扎而已。

对我所说的"请"和所做的手势，可以起个适当的名称，即"乞求"，对我因微不足道的小事而说的"谢谢"，也可以起个适当的名称，即"感恩"。当你快要饿死时，会不顾着耻地去讨饭，也会真诚地感激给你任何东西果腹的人。那天早上的课，我讲完了还余1个小时，我需要学生的帮助才能使这次相遇变得有意义。

如果我们愿意放弃旨在自我保护的专业自治，我们像学生依赖我们一样地去依赖学生，我们就会更加走近求真共同体所需要的师生的相互依赖关系。如果我们是因需要学生而说的"请"，我们是因真诚地感谢学生而说的"谢谢"，那么此时此刻，通往共同体的障碍就会开始消除，师生会进行更深层次的互助互惠，而充满惊喜与活力的学习会发生在每个人的身上。

第六章

学习于共同体：
同事之间的切磋与琢磨

◦

"治愈悲伤的最好办法就是学习，"梅林答道……

"这是唯一永远有效的事。

也许你会年迈体衰，老态龙钟；

也许你会彻夜不眠，心烦意乱……

也许你会见到周围的世界受邪恶狂人的摧残，

或是得知你的名誉遭卑劣小人的践踏。

你只有一个办法——学习。

学习世界为何运转，又是如何运转。

唯有学习，使你的心灵永不枯竭，永不疏离，永不遭罪，

永不恐惧，永不疑虑，永不后悔，

你要做的就是学习。"

怀特（T.H.White）

《永恒之王》[1]

关门教学

脱氧核糖核酸、《黑暗之心》（*The Heart of Darkness*)[1]、法国大革命……，每当我想到聚集在某种伟大事物周围的求真共同体时，就不禁暗自寻思：教师能够聚集在称作"教与学"这种伟大事物的周围，怀着对任何值得求知的主体的敬意，去探索其中的奥秘吗？

我们需要了解如何去做的途径。同事聚首研讨是我们成为优秀教师的必由之路之一，因为世上没有优质教学的统一公式，而专家的指导充其量是边际效用。如果我们想在教学实践中获得成长，应有两个基本点：一个是形成作为优质教学之源泉的内心世界；另一个是组成使我们能够深入了解自己及其教学技艺的教师共同体。

如果我想教得出色，就必须探索我的内心世界，但是我也可能

---

[1] 《黑暗之心》，英国著名作家约瑟夫·康纳德（1857—1924）的代表作，曾被改编成电影《现代启示录》。——译者注

因狂妄自大或故步自封而在那里迷失。于是，我需要一种同事共同体通过相互切磋来指点迷津——更别说这样的共同体既可使我随时得到经受教学磨炼的有力支持，也可使我不断汲取见之于任何称职胜任的教师团体的那种博采众长的集体智慧。

有助于我们教得更好的资源来自彼此之间的交流——只要我们能找到互通有无的门路。可难就难在这里！学术文化在教师之间构筑的壁垒，甚至比师生之间的壁垒更高更宽。这些壁垒部分源自因恐惧而引发的竞争，而这样的竞争不断导致教师队伍的四分五裂。壁垒还源自这样的事实：教学恐怕是所有公共服务业中最为私密的专业。

虽然我们是面向学生群体的教学，但几乎总是脱离同事视线的单独教学——相形之下，外科医生与出庭律师则是在行家里手在场的情况下工作。出庭律师要在其他律师的面前争辩案件，律师之间的技能与知识的差距有目共睹；而外科医生则在其他专家严密注视下动手术，即使手法的微小误差也会即刻被察觉，从而不太可能出现操作失当的医疗事故。但是，教师却能在人体内遗留纱布或截错肢体，除了受害者就无其他目击者。

当我们走进称作"教室"的工作场所时，就把同事拒之门外；当我们离开教室时，也很少谈及自己的教学近况和需要采取的教学措施。因为，我们并无任何共同经验可谈。我们不把这种私密化习气斥之为"孤立主义"并力图加以克服，反而美其名曰"学术自由"：我的教室就是我的城堡，其他领主一概禁止入内。

我们要为这种私密化付出高昂的代价。考虑一下教学的评价方式吧。既然我们教师不能观察彼此的教学，我们采取的只能是让人疏远的、使人泄气的，甚至是见不得人的评价手段。缺乏关于彼此工作的第一手资料，我们只得任凭学生问卷上的回答来代替只有身临其境才能得知的事实。

"评价"教学的常规做法是在课程即将结束时给学生发放一张标准化问卷，将复杂的教学分为10或15个方面，如"提供简明扼要的指导""做出条理清晰的讲授""确立学业评分的客观标准"等，每个方面都按五分制予以测量。

不言而喻，这么一种简易的评价方法会使教师心生怨愤——教学的微妙之处是不可能被这种方法捕捉到的。优质教学千姿百态，一套整齐划一的问题不可能同样有效地适用于每一种形态。如果我们依然坚持关门教学，别人除了学期末从窗外丢进一些问卷外还能怎样评价我们的工作呢？其实，这种评价并非某些教师所抱怨的那样仅是行政管理失当造成的结果，而是我们的教师文化导致的必然恶果。

可悲的是，这类评价尽管弊端丛生却被公认可行，而且还随心所欲地援引评价结果，轻而易举地将其中的数据演变成学校中翻云覆雨的花招。如果我们想开除一个教学评价为"优异"但出版论著不多的教师，我们会说这些问卷测量的不过是受学生欢迎的程度；如果我们想提拔一个教学评价为"低劣"但出版论著很多的教师，我们会说这些问卷的评估与其所具备的学术实力毫无关系。

世上只有一种实事求是的方法可精确地评价形态各异的优质教

学，那就是实地考察。我们一定要观察彼此的教学，至少要偶尔为之，我们还一定要多花时间讨论彼此的教学。如此一来，在议决提升职称或终身教职的时候，我们将依据真实可靠的信息而不是像现在凭着任人拿捏的统计数字来做出决定。

我知道满满当当的授课日程使教师难以经常互相听课，但是，如果我们能在一段较长的时间内就教学事宜与同事进行定期对话，我们就可增进相互了解，从而在评价教学时问出真实的问题，给出真实的答案：

- 这位教师是否如参与教学对话时所说的那样认真地对待教学？

- 这位教师设计一门课程时要走什么样的流程？

- 这位教师如何发现和解决实施课程中出现的问题？

- 这位教师在设计和实施一门新课程时是否吸取了以往的教训？

- 这位教师是否试图帮助同事解决他们教学中遇到的问题？

教师参与开展教学对话的共同体，不止是个人寻求支持和成长机会的自愿选择，更是教育机构要求教学人员应尽的专业义务——因为，教学私密化不仅阻碍教师个人的专业发展，而且导致教育机构的无能失效。我们若是还在私密化教学，教育机构就难以应付裕如地完成其使命。

任何行业的发展要依赖从业人员的分享经验和诚实对话。我们的成长当然少不了自己的不断摸索。不过，若无一个共同体支持我们屡屡试误，我们从个体的角度来说，甘冒风险和承受失败的意愿就会大打折扣。不管什么职能，一旦私密化后，最可能的结局就是每个人都顾虑重重地去履职，不敢背离业内默认的"行得通"的途径——即使明摆着"此路不通"。

这种怕担风险的保守主义正是当今教学状况的真实写照，与其他职业相比，教学因私密化而进展得非常缓慢。如果当医生开刀或当律师辩护也像当教师教学那样私密化，或许直至今日，我们还会用水蛭治疗大多数病人，还会将被告浸泡在磨坊水塘里。

同事共同体蕴藏着教师发展所需的丰富资源，我们怎样才能摆脱教学私密化的习气，形成充分开发丰富资源、持续不断的教学对话呢？我们需要就何谓高水平教学而开展高水平对话——从而既提高我们的专业才干，也提高我们的自我意识。

为了鼓励同事之间的教学对话，我想要探讨有关的三个要素：引导我们的对话超越技术层面而涉及教学根本问题的**议论主题**；避免我们在对话时浅尝辄止的**基本规则**；期望并邀请我们参与对话的**领导人物**。

对话的新主题

我们将如何教学全都简化为技术性问题的倾向，是我们缺乏持久而深入的同事对话的一个原因。虽然事关技术的谈话有利于找到我们所需或所缺的"实用"解决办法，可当技术成为唯一的议题，就无法形成由表及里的对话：既然教学中有关人的问题被忽略，从事教学的人也就感到被忽略。当教学问题全被简化为技术问题时，我们贬低的既是教学行业，也是教师本身——绝对没有人愿意三番五次地参与贬低自己的对话。

如果我们不只是谈论方法，那谈论什么呢？我们有多种多样的主题选择，而且在本书中已经探讨了其中的几个。在第一章，我们谈论了唤醒教师心灵的导师和学科；在探讨恐惧的第二章，我们谈论了教师和学生如何为人的状况；在第三章，我们借助悖论的概念，谈论了课堂教学的有趣和乏味、自身的优势和劣势，以及如何创建学习空间。在第四章和第五章，我们谈论了多种求知方式，以及求知方式如何制约着我们的教学方式。

在本章，我想探讨另外两个有关的主题，这两个主题可以促使我们就优质教学及作为优质教学之源的自身认同展开深入的对话：一个是关于教与学的关键时刻，另一个是可以丰富教师自我意识的隐喻和意象。

议论"关键时刻"的练习是我在教师工作坊采用的一种简便易行的方法，用此引导参与者坦诚、直率地向大家公开自己的教学实践。我先在黑板上画出一个带箭头的横线，表示执教课程从开始到结束的时间段，然后我请参与者说出自己在课程实施的时间段中经历了哪些关键时刻。我说的关键时刻，是指对学生来说可能开启或关闭的一个学习机会——在一定程度上，此机会的开或关要看教师如何应对。"一定程度上"是不容忽视的限制条件，教学上的挑战之一，就是并非所有的关键时刻都在教师的掌握之中。

参与者指出的关键时刻多种多样，他们说出一个，我就在表示课程进程的时间线段上标出一个附上一两个字说明的点。这条时间线段上很快布满了所有教师都熟悉的那些关键时刻的点：为整个学期的课程开展定下调子的第一次课；被问到的第一个"愚蠢的"问题；表明没有几个学生听懂课的第一次评分测试；对你的能力或权威的第一次挑战；学生之间发生的第一次辩论；性别歧视或种族歧视的言论的第一次出现。

并非每个关键时刻都存在对立和分歧，有些关键时刻是振奋人心的：有时学生对所教内容一学就会，催促你提前传授新的教学内容；有时学生之间兴高采烈地开怀畅谈，根本不容你插话；有时课堂上发生一件意想不到但对学习十分有利的事情，促使你通权达变地调整原有的教学安排。每一关键时刻都充溢着教育的潜能——可也会因教师的失策而将其教育功能白白地丧失殆尽。

随着参与者对不断列出的关键时刻不断地各抒己见，就会出现一件简单却重要的事情：他们公开谈论的不仅有他们可从容应对的时刻，而且有令他们束手无策的时刻。教师工作坊的参与者所做的，正是我们作为教师欲互相帮助彼此成长的必为之事：既要公开而诚实地交流自己的成功经验，更要公开而诚实地交流自己的失败经验。

如果是我要求参与者直截了当地说出他们课堂上的各种困境，看来是难以如此便捷地达到直言不讳的程度。可通过议论"关键时刻"这种公开而间接的方法，就可促使参与者无所顾忌地进行坦诚对话，因为这种议论能使我们乐意以一种描述而非责难的方式来论及我们的成功与失败。

为了引导这样的议论，我会表明，参与者要谈的只是自己的课堂经验，不要就同事的课堂教学评头论足，偶尔有人向他人的课堂教学提出自以为是的建议时，我会出面制止的。在就"关键时刻"的对话中，我们得到了有利于自己成长的实话实说的机会，也得到了发展休戚与共的集体意识的机会，因为我们发现彼此之间有那么多的共同之处。令我特别有感触的是，年轻教师原先认为他们陷入的教学窘境都是自己独有的，可现在发现资深教师也像他们一样依然面临着难以解决的问题，因而会有一种如释重负的松快。

随着表明课程进展的时间线段的延伸，它看起来不再像是带着箭头的横线，而更像是地图。有些线条要绕圈才能将课堂的各个关键时刻连接起来，有些线条则追溯到影响课堂教学的课外驱力（学生宿舍内一触即发的矛盾、校园中的一出悲剧、一场即将进行的重要比赛等）。从眼前线路纵横的地图中，我们会了解使我们的工作更艰难也更有趣的事情：虽然有时教学让我们感到像是持续不断地上下课的线性流程，但实际上是一种带着精巧的韵律、构造和形状的生命模式，一种我们可以学会欣赏的创造性混乱。

如何面对复杂性这个问题，把我们引向下一个步骤。通过审视时间线段和自身经验的资料，我们将类似的"关键时刻"聚合起来：这一类是关于课堂冲突的，那一类是关于教师权威的，还有一类是关于理论与实践相结合的。

然后，我请参与者选择自己感兴趣的类别并据此组成研讨小组，并让每个小组成员都有机会就相应的"关键时刻"谈论自己有关的经历（不论好坏）。我们在研讨小组的目的不是批评他人的教学，而是坦率地说出自己的教学经验和虚心地倾听别人说出的教学经验。我们这样做也是在探究教学技巧——但不是以简化主义的方式。我们学到的是各种各样的教学方法，也不必厚此薄彼地将某种方法提高到"统领一切"的地位。

但是，研讨小组的探讨还会将我们引领到超越教学方法的地方。当我们倾听彼此的故事时，我们时常会默默反思自己作为教师的自我认同和自我完善。当教师甲讲述时，我能意识到对他有效的方法不一定对我有效，因为这个方法与我的为人方枘圆凿；可当我听教师乙讲述时，我会认识到她使用的方法是我乐于效仿的，因为这个方法与我的本性水乳交融。我们之间的交谈犹如航海者所用的三角定位法，通过注意他人的立场来更精准地确定自己在教学中的自我意识——而且不必给任何人发出该往何处去的告知。

我还想提出一个可就优质教学进行透彻讨论的主题，它能直接地将我们引进谜一样的教师的自我意识之中：生成和探究反映我们教学最好时的自我意识的隐喻或意象。

在教师工作坊，如果参与者愿意，我就会请他们做下面的填空题："当我教得最好时，我就像是＿＿＿＿＿＿＿。"我要求大家即刻完成，马上接受心中最先浮现的意象，不留下审视或修订它的余地。

这个练习的目的是允许人们从潜意识中冒出一个隐喻，这个隐喻不管多么古怪离奇，却可能包含着理性思考所无法企及的洞察力。虽然，参与者的想象力参差不齐，也不是个个都能安之若素地冒这样的风险。不过，如果有人愿意在同事面前小小地"冒失"一下，这种了解自我的回报可是相当丰厚的。

我可以用对我自己的隐喻来说明其中的风险和回报。对我自己的隐喻（为何如此的具体缘由早已淡忘）来自20多年前：当我教得最好时，我就像是一只牧羊犬——不是那种个头壮硕、毛发蓬松、讨人喜爱的牧羊犬，而是那种兢兢业业地在野外看护羊群的边境牧羊犬。

我曾在苏格兰乱石遍地的乡间见过这种牧羊犬忠于职守的样子，可能那时这种意象就在我心中扎下了根，尽管当时根本没联想到教学。不过，当我试图揭示这个隐喻的含义时——我也要求工作坊的教师尽量揭示自己的隐喻的含义——我开始认识到，牧羊犬这种意象可以为认识身为教师的我的自我认同和自我完善提供某些启示。

在我的想象中——借助有关的专业知识——牧羊犬有四项重要的职能：一是维系一个羊群有草可吃并自己进食的空间；二是将羊群聚拢在空间内，不停地把走失的羊找回来；三是捍卫空间的疆界，将危险的侵犯者阻挡在外；四是当放牧的地方草被吃光时，护送羊群到另一个可以得到食物的空间。

我就这个意象所说的一切意味着什么想必已经清清楚楚了，但我当初探究这个意象时，其含义还是朦朦胧胧的。从把自己比作一只牧羊犬这个相当粗糙的比喻开始，我从中逐步地提炼出一个颇为精致的教学意象（我在前几章中全是就此所做的论述）：教学就是开创一个实践求真共同体的空间。

我逐渐意识到，我在课堂上的任务，类似于我想象中的牧羊犬的任务。我的学生必须"自己进食"——即常说的"主动学习"。学生要做到这一点，我必须将他们带到一个有食可吃的地方：一篇妙语连珠的文章，一种计划周密的练习，一个耐人寻味的问题，一场有条不紊的对话。当学生把那里的食物吃得一干二净后，我就会领着他们转到另一个有食可吃的地方。我还必须将学生聚拢在有食可吃的地方，特别注意将那些迷路的或逃逸的学生找回来——同时，我必须保护所有学生不受"侵犯者"——如恐惧——的伤害。

别人是否应该这样去教学呢？我无法回答。促成此种教法的隐喻来自我的潜意识，因此它质朴地反映了我的自我认同和自我完善。在我主持的教师工作坊中，不少参与者为自己提出了惟妙惟肖的隐喻，如：当教得最好时，像一道瀑布，像一名山间向导，像一名园丁或像一种气候，可是其中并无一个隐喻适合我。优质教学不能降低到技术层面，优质教学来自教师的自我认同和自我完善。

我们带着自己的隐喻再往前走两步，就可以更深刻地认识自己的自我认同和自我完善。首先，隐喻既能显露我们的长处，也能透露我们的阴影，如前所述，我们的自我认同和自我完善并不总是闪闪发光的。

我的隐喻透露的阴影似乎显而易见：我不经意间已将学生视为"羊群"，而这个字眼带着容易招人反感的含义，我有时就会因学生的唯唯诺诺或畏畏缩缩而火冒三丈。如果放任这个阴影落在我与学生之间，我就不可能搞好教学，可如果牧羊犬的隐喻只是让我时刻戒备我的阴影出现，那对我和学生都大有好处。

其次，我们在教学中遇到困难时，可在别人的帮助下发现隐喻能指导我们排忧解难。想一想我在第三章中谈到的第二个案例，即我和三人帮之间在教室那种剑拔弩张的对峙。要是当时我能扪心自问（尽可能不偏不倚）："在如此情况下，牧羊犬会怎么做呢？"然后用尽可能贴近隐喻的方法来解答上面的问题，或许就可避免在处理问题和使用技术上的纸上谈兵。

我做的这种练习，因其根基在于心中浮现的意象，我不再试图寻求立竿见影的技术方法（而这是我以往一遇到教学不顺利的时刻就孜孜以求的东西），我的思绪转向深入地探求自我认同和自我完善，从中得到最有深意的指导。

对我而言，这种指导是相当明确的。牧羊犬对羊群不会像我对那个班级一样放任自流，它会时不时地对执意离群的羊吠叫和啃咬，决不让它们动不动就成为恣意妄为的惹事精。假若有些羊屡教不改，一意孤行，牧羊犬或许也会像我一样撒手不管，任由它们面对可能遇到野狼的厄运，不过牧羊犬这样做是为了保护整个羊群。

牧羊犬有时得体现出"严厉的爱"，而不是一味去当致使局面不可收拾的"好好先生"。我能把这些寓意转换为各种实际举措，例如，毫不留情地当面指出学生的行为问题、迫不得已地采用分数作为行为矫正的手段等。不过，我所需要的指导，我所需要的遵循指导的干劲，全都在于这个隐喻本身所具有的发人深省的能量。

对话的基本规则

对话的新主题有助于就优质教学展开认真对话，但还远远不够。对这些主题的探讨与那些事不关己的技术探讨不太一样，很容易触及我们的难言之隐，因此需要重新确定对话的基本规则——这些规则有助于我们相互体谅各自的难处，避免对话尚未真正开始就已冷场。

若无对话的新的基本规则，我们就会因袭约定俗成的交谈规范，即任何文化中存在的指导人们应该如何进行交谈的一套规矩。在我们的文化中，这套规范包括待人彬彬有礼，绝不过问个人隐私，乐于相信他人所说等。在学术界，这套规范则被另一套鼓励竞争的规范所取代，如：我们应该相互质疑各自的论点，辩证地思考对方的意见，随时做好有问即答的准备等。

混用两套规范显然会产生困惑。"一团和气"的传统规范和一争高下的学术规范掺和起来，势必让人产生对听什么和说什么都感到无所适从的惶恐心态。接着我们还会乱上添乱，慌上加慌，因为在传统规范和学术规范中间还得插入第三套规范：我们活在世上就是要为彼此出谋划策、排忧解难，凡有这样的机会，千万别错过！

一旦有人脱离了第一套和第二套规范，并确实道明了自己遇到的一个实际问题（例如，教学上的一个问题），解决问题的各种对策就差不多如条件反射一般即刻出现。当有人违反了关于和气和竞争的两套规范后，正处在感到最孤立无援的时刻——他会突然得到各种各样的忠告："我以前也遇到过那样的问题，现在你可看看我是如何解决问题的"或"你应该去看某某人的书，书中会告诉你如何妥当地对付这种局面"。

有人提出忠告，有时是旨在帮助他人，有时则是为了炫耀自己。但无论动机如何不同，其结果几乎都是一样：这种就事论事的忠告使面临问题的当事人产生一种自己被人视而不见、听而不闻的受冷落感。

如果我们要支持彼此的内心世界，就得记住一条朴素的真理：人类的心灵不需要让别人来安顿，只是要让别人看得清楚听得明白。如果我们想要看清楚听明白一个人的心灵，还得记住另一条真理：心灵就像野生动物——坚韧、灵活，但也羞怯。即使我们是为了帮助心灵而冲进山林高声唤它出来，心灵也会躲藏起来，但若我们愿意屏声静气地坐等片刻，说不定心灵就不请自来了。

我们需要确立一些对话的基本规则，让我们以平静且包容的方式对待别人的问题。这种方式并不是由我们自以为是地为别人指点迷津，而是让别人的心灵依其水平和速度寻求自己的答案，从而鼓励别人的心灵脱颖而出。

我对人们以这种方式共处的一个模式有所了解，该模式源自教友派的一个分支，该分支用此模式300多年来已不必举行由神职人员主持的各种活动。为了完成大多数教派通过神职人员所做的事情，譬如帮助教徒处理生活中的问题，教友派发明了由其成员相互合作和相互扶持来处理上述问题的各种社会机制。

教友派发明的每一种社会机制，都必须遵循的基本规则是一对合情合理而相反相成的信条：其一是我们每个人都有一个作为真理仲裁者的心中教师，其二是我们每个人要想听到心中教师所言就需要教友之间互谅互让的思想交流。如此一来，教友派发明的社会机制就可使共同体帮助某个人发现来自本人内心的指导，同时，遵循防止共同体以其外在的议题或忠告去侵袭个人内心的基本规则。

我将教友派的一个社会机制改用于教师工作坊，该机制被称作"澄清委员会"。这听起来像是出自60年代的名称，的确是60年代——17世纪60年代。看来，既邀请人们相互帮助来解决个人问题，又严守保护个人心灵不可侵犯的律条的过程源远流长。[2]

假设我正试图解决教学中的一个难题，比如，如何为下学期上课设计一门课程，或如何克制我对班上捣乱学生的怒气。前者是大多数教师都可与同事共同探究的问题，因为仅涉及泛泛之交间的相互信赖，而后者则是相互笃信不疑的人们才敢直言不讳的问题。

带着问题的人，即我——在这个过程中称作"焦点人物"——会邀请四五个同事成为事关我的澄清委员会委员。在未开会之前，我会就我面临的问题写出供同事阅览的数页书面材料，其写作格式并无一定之规，但按三个方面来写常常有助于理清头绪：其一，写明问题的性质；其二，描述相关的背景，如以前是否有类似的经历；其三，凸显相关的前景，譬如，如果我对这个问题仍持己见——该问题叫我心灰意冷，我真想辞职不干——那么即将产生什么后果。

人们常说，澄清问题的第一步就是将问题落实到白纸黑字上，这样做促使我们去伪存真，去芜存菁，将问题从脑子里拿出来摆在光天化日之下，此时问题看起来往往与我们疑惧交加地反复掂量问题时大不一样。

澄清委员会开会要不间断地持续两三个小时，在此期间，委员会委员同焦点人物坐成一个圆圈，委员要做的就是专心致志地关注焦点人物及其问题，而焦点人物成为这个小型求真共同体中处于核心地位的"伟大事物"，即值得尊重的神圣主体。

专心致志的关注，意味着让焦点人物及其问题而不是委员会委员一直处于圆圈的注意中心。就是说，委员会委员不要试图做出任何惹人注目的举动，比如有可笑之事发生时哈哈大笑，或当焦点人物感到痛苦时就迫不及待或越俎代庖地出口劝慰（"我完全明白你的感受"）。专心致志的关注，意味着委员会委员要完全忘掉自己，在这两三个小时之内，其举止就像存在的唯一目的就是心无旁骛地关注焦点人物。

会议一开始由焦点人物简述自己的问题，然后，澄清委员会委员开始自己的工作，整个过程必须严格遵循一个不容变更的基本规则：**委员除了问诚实而开放的问题，禁止以任何形式与焦点人物交谈**。询问时一定要和颜悦色，慢条斯理——这是一个力求使当事人祛疑解惑的过程，而非论文答辩或庭审盘问。焦点人物通常回答每个问题，但也有权跳过某个问题，听和答下一个问题。在问与答之间，焦点人物可长时间沉吟不语，而委员也绝不开口催促，整个过程洋溢着彬彬有礼、祥和友善的气氛。

只许提问这个基本规则看起来简单，但隐含的要求却很严苛。这意味着澄清委员会委员不要自作聪明地给人忠告，不要喧宾夺主地确认问题（"我曾遇到这个问题，我是这样解决问题的"），不要拈轻怕重地推卸责任（"你应该和某某谈谈这个事"），不要向别人建议去读什么书籍、用什么技术、练什么打坐、看什么医师。委员只能向焦点人物提出诚实而开放的问题——不是供提问者夸夸其谈的问题，而是让焦点人物幡然醒悟的问题。

在澄清委员会开会之前，有关人员必须互相提醒什么才是诚实而开放的问题，因为只要谙熟提问技巧，提出的完全有可能看似问题而实为忠告。如果我们：问"你曾想过去看心理医生吗？"这么一问其实是在告诉你：依我看，你应该去看心理医生。如果我问的问题，只是企图引出我自认为"正确"的特定答案，我的问题就不是诚实而开放的。但是，如果我问："你以前遇到过这样的事吗？"如果遇到过，再问："你对此有什么感受？"我的这些问题多半是诚实而开放的，因为问这类问题，我不可能得到所期望的特定答案或所认定的"正确"答案。

在两三个小时期间，循环往复的问与答能产生一种显著的累积效应。焦点人物坦诚地回答一连串问题时，焦点人物与其心中教师之间的隔膜也一层层剥去，焦点人物能更清晰地听到来自心灵深处的指引。

随着澄清问题这个过程的展开，我们得知一条朴素的真理：鉴于我们不可能进入别人的灵魂，我们也就不可能知道如何解答别人的问题。而且，我们甚至也不可能知道问题究竟是什么。每当我作为澄清委员会委员时，我就常常以此事实提醒自己小心谨慎。会议起初的10分钟，我似乎对焦点人物的问题及其对策已胸有成竹，可在仔细倾听了两个小时后，早先的洋洋自得甚至让我无地自容。此时我明白了，我并没有切实地了解焦点人物及其问题，即使有所了解，若无焦点人物发自内心地认识问题，我那不切实际的看法根本一无是处。

我在许多澄清委员会中当过委员，因此有幸见识了足以令人拍案叫绝的事情：人人可与其心中教师进行对话。而在会议现场所看到的焦点人物的所作所为，则为我们每个人都有一位"心中教师"提供了最为鲜明的证据——我们所要做的，就是只要条件许可，就去倾听、去学习、去交谈，走近我们的心中教师。

委员会委员从其内心听到了什么虽难以言表但很重要。鉴于我们严守只提问题的规矩，我们就敞开了接纳别人的内心空间——当我们忙于为解决别人的问题而出谋划策时这个空间就会自行关闭。委员们经常说，他们在委员会中形成的虚心态度也会延伸到他们与配偶、子女、朋友和学生的关系之中。

不过，我们的内心空间不仅接纳别人也接纳自己。当我们提出的问题有助于焦点人物越来越接近其内心真理，我们会发现自己也在越来越接近自己的内心真理。到澄清过程结束时，我们这些本来是一心一意关注焦点人物的委员，也会历历在目地记起自己意气风发的人生片断。

离委员会预定的结束时间还有 15 分钟时，可以问一问焦点人物，是继续遵守只提问的规则，还是除了听问题也听如实反映。

如实反映并不是要提供给人忠告的机会，而是真实地反映焦点人物不经意说过的事情："我们问的是甲，你说的却是乙"，或"你说到丙时，你声音低沉，似乎很厌烦，可说到丁时，你两眼放光，越说越来劲"。

我们人类都有一种令人可笑的自命不凡：以为自己一定明白自己说的话，可事实并非总是如此。我们或许没有听到自己说什么，或者即使听到了，也可能不知道是什么意思。如实反映给我们一个机会，从我们自己创作的"话语文本"中寻找看清自身困境的线索。

依照会议规程，澄清委员会在澄清过程即将结束时要做两点提示：其一，澄清过程的价值并不以焦点人物的问题是否"解决"

来判断，现实生活中不可能有立竿见影的事。这是一个播种的过程——就如真实的教育的作用——无法确知播下的种子何时何地或如何开花结果。

其二，对澄清过程中所发生的一切都要遵守两条保密规则：第一条是寻常的保密规则，即有关人员所说的任何话都不能外传；第二条是不寻常的保密规则，即澄清委员会开完会后，委员不得以提意见或建议的方式接近焦点人物，因为这样做违反了澄清过程的精神。会议一开始就要明确保密规则，使焦点人物能更安心地说真话——也使委员们牢记不论会后多久也要尊重焦点人物希求隐逸的灵魂。

每当我在教师工作坊采用澄清委员会时，即使面对的是如设计一门新课这种普通问题，许多参与者都说，他们简直不相信自己竟能听到同事那么坦诚的心里话，甚至能听到自己的心里话。"相互倾听"是帮助创建对话共同体的关键能力，这种共同体能帮助我们深刻认识作为优质教学之源的自我认同和自我完善。

当然，要改变对话的基本规则，也有不那么剧烈、不那么严苛的方式——澄清委员会不是任何情况下都必用的首选方法！但恰恰是因为这个模式的不同寻常，才使我们更清醒地认识到，为何要改变规则，如何改变规则，以及若因循守旧对共同体来说会失去哪些机遇。

必不可少的领导

我们谈论领导时，时常将**"共同体"**与**"机构"**进行对比，以为共同体无需领导，而机构需要领导。但相反的观点倒更有道理：机构即使无人领导，凭着行政常规办事也能维持一段时间，但共同体面对的情况变化无常，时时处处需要领导。

共同体不会基于某种本能反应而自然而然地浮现出来，尤其不会自然而然地诞生于大多数教师任职其中的错综复杂且冲突不断的机构。如果我们想要形成就教与学进行对话的共同体——有意探讨有关话题并严守基本规则的共同体——我们就需要有号召人们实现那个愿景的领导者。

就优质教学进行认真对话，若无校长、院长、系主任以及无职位有影响的人物**期待**和**邀请**人们去实现，不过是海市蜃楼。期待和邀请这两个动词很重要，因为凡是强迫人们对话的领导者都会失败。对话必须是一种自由的选择——但在私密化盛行的院校里，当领导者邀请我们拆除自我隔离的藩篱并创造性地运用自由时，对话才会真正地开始。

对这种领导可以下一个颇为确切的定义：它为人们想要做的，但还不能自行发起的事情提供理由和许可。在此，我暂且用一个学术界外的例子来说明我的意思。

我曾在一个原本以白人为主但后来日益种族多元化的社区担任社区组织者。在这个社区，有些白人老住户抵制种族多元化的变化，还出现了一些种族歧视公开化的苗头。我和我的同事以及颇有声望的社区领袖需要找到一种方法，以便引领社区居民认识到种族多元化应是希望远胜威胁的社区发展愿景。

正如其他组织者一样，我学到的领导方式是以分清敌友为基础的：发现盟友，与之联手，同仇敌忾，不胜不休。不过，当我逐步了解这个社区时，我发现了一个令人鼓舞的事实：并非所有的白人居民都是敌人。

许多白人居民在其生活中至少有一次逃离过种族多元化社区，时至今日，除了对迁徙的厌倦，他们还确知也无处可逃了。物换星移，大势所趋，他们正在探求各种接受种族多元化并可由此获益良多的途径，而且有些白人对种族多元化的前景的看法比人们所认为的积极得多。

白人居民不管表面上多么抗拒变化或多么固守成见，其实许多人希望找到让社区居民相安无事的方法。他们持有"符合自身利益的开明态度"，即相信种族多元化的潜力，如果他们能培育这种信念并致力于正面目的，就无需再次为了寻求独善其身的幻境而把自己弄得筋疲力尽了。

作为组织者，我们需要的不是基于表面恐惧的联友对敌的策略，因为是友是敌的判断会变成一种自我应验的预言。我们需要的策略是根据人们内心深处隐现的希望，为他们想做的但不知如何做的事情提供理由和许可。

在我们所提供的理由和许可之中，让居民进行社区调查是最为行之有效的一种。众所周知，当人们遇见陌生人，了解到陌生人不但头上无角，而且还送来礼物时，原先的恐惧可能会慢慢消退。于是，我们认为，如果老住户能去敲敲新住户的大门，自我介绍一番，问候一声，寒暄几句，就会减少对未来的焦虑。可是要求大多数老居民这样做，其难度就如要求他们飞往月球。我们以想要了解社区情况为名，从基督教堂和犹太教堂处招募了一批老住户，让他们带着书写夹板和调查问卷前往社区，其任务是敲敲新住户的大门，自我介绍一番、问候一声、寒暄几句——还有问一连串打印在问卷上有待回答并按五分制记分的问题！让老居民手持书写夹板和调查问卷进入研究人员的角色，就给他们理由和许可去做世上最普通的事情：见见左邻右舍。

这些民意调查员带回来的资料有其内在的价值，但他们还带回更有价值的东西：面对面地接触他人并得知他人的故事："她的孩子可真乖巧""他们想多了解一下我们的教会""原来他也参加了棒球小联盟的赛事"。这些相遇和故事促使这个宗教性社区募捐筹钱建立了一个基金会，基金会的活动主旨就是给予社区居民和睦相处的新机会。

我的故事似乎远离教育，但它点明了教育所需要的领导类型。如果教育领导者想要促成就优质教学而进行的认真对话，就需要分辨教师表述中的一时之需和真正需要之间的区别，然后领导者必须提供可满足真正需要的理由和许可。

在有些教师的言谈中，好像他们既不重视教学，也不重视教学讨论，他们看重的事情是从事科研、著书立说、加入专业协会、同专家学者交流。教学，他们说，是不得不干的杂务，或是为了获取学术研究而必须付出的代价，因此，即使有提升教学水平的机会，这些教师也不愿为此多花时间和精力。

虽然有些教师这样说过，但我不相信这代表了所有教师的想法，正如我不相信我曾工作过的社区里的所有居民都抵制种族多元化。我认为，许多教师是非常重视教学的——正因为非常看重，一旦教学进展不顺的时候，他们才会摆出事不关己高高挂起的样子来保护自己。

不错，许多教师踊跃参加教室外的专业活动，但仍然在教室内度过人生的漫长岁月，因此他们也持有符合自身利益的开明态度，就是在课堂上绝不虚度光阴。有些教师甚至有更值得称道的符合自身利益的做法，就是密切联系年轻学生的人生，着力推进生机勃勃而非死气沉沉的教学。

院校的领导能够看透教师所戴的面具，认清教师的实情，也就是说，领导了解教师的程度甚至超过教师本人——正如优秀教师了解学生的程度甚至超过学生本人。这意味着，领导要为那些想丰富自己的教学经验但不知如何做的教师提供教学交流的理由和许可。

今天有些许可方式已成常态。在许多校园，领导者都会开办年度教学工作坊，使教师可以名正言顺地讨论教与学——这是一个良好的开端，但还远远不够。在越来越多的院校，领导者开办了教与学中心，教与学中心的目的虽然与年度教学工作坊一致，但却更能形成持之以恒的累积效应。

我还了解到有一些不太常见但可被大多数院校仿照的许可形式。例如，一所学院已经设立了"教学顾问"这个职位，由一位深孚众望的教师任职，教师在任职期间由校方减少其工作量。

这个职位的工作有两部分：一是当同事寻求教学方面的帮助时提供帮助，如更新完善一份教学大纲、处理一个迫在眉睫的问题、找一位观摩和评判课堂教学的听课教师等；二是探察校园里发生的事情对教与学的影响，从而在任何场合，从非正式的咖啡茶话会到正式的教学工作坊，能在教师之间或师生之间讨论所关心的问题。

院校在这个职位上的投资相对不多，但回报则可能相当丰厚。例如，我带着一个我担忧的教学问题走进教学顾问的办公室，这位受人仰慕的同事只需简单地说一句，"我们谈谈吧"，那就给了我做所需之事的许可。

还有一所学院想出了一个办法，教师能以去留随意的临时观察员的身份进入同事的课堂，这样在忙碌的教学生涯中既能相互听课又不互添负担。我就曾经在所教的一门课程的中途和临近结束的时候，挑选了一位同事来我的课堂待了半个钟头，随后我就离开了。这位同事——已经和我讨论过实施这个课程的问题和前景——就如何实施课程公开地征求学生的意见。在征求意见时，这位同事不仅是提问题和听回答，还会就各种意见的详略和差异之处进行深究细查。之后，我的同事和我坐下来，面对面地帮我分析和理清学生的反应。

这种方法有多重优点，其一，不仅使教师可以挖掘彼此的教学潜力，而且促使教师与学生进行对话。其二，比问卷更能反映学生的生动而细致的意见，因为善解人意的面谈能够引发学生的真情实感。其三，要求学生相互倾听，这种行为有可能改变学生的看法乃至行动：一个坐在后排不愿听某门课的学生，肯定听得到前排某位学生的说法——上这门课有助于改变人生。

另有一所学院找到了一条途径，能使学生更加深入地就优质教学进行认真讨论。学生经培训成为课堂教学的参与观察者，到课堂去听他们不拿学分的那些课程；给这些学生学分和成绩的是一门教育课程，他们从中学习如何观察和评价课堂教学。

每隔一两周，学生就和被观察的任课教授一起讨论课堂教学，学生可以评论所听的课——或依据自己的立场或依据别人的议论。学生可以针对某个环节（"你似乎只和少数学生进行了目光交流"），也可以触及实质性问题（"看来你要重讲一次今天的教学重点，我觉得不是所有学生都学会了"）。有些教授发现这样的讨论很有价值，主动请求观察者的帮助："你对昨天班上的冲突有什么看法？"或"要让未掌握已教内容的同学去学新内容，你看我应该采取什么过渡措施？"

着眼优质教学而进行的认真讨论可采取多种形式，也涉及多个对话主体——从而才能使教与学革故鼎新。但是，只有领导者期望、邀请人们进行教学革新，并给予讨论教学革新的宽容空间，教学革新才能如愿以偿地到来。这样做的领导者明白，好领导有时要采取教学模式。领导者需要从如本书所探讨的那样的教学模式出发，以称之为教与学的伟大事物为中心，开辟空间以形成围绕这个中心而聚集的求真共同体。

成为一位开辟空间而不是占据空间的领导者，需要经历有如本书所探讨的那样的教师探求内心的旅程，这是一种超越恐惧进入真实自我的旅程，是一种通向尊重他者并学会沟通的旅程。随着这些内在品质的深化，领导者就更能够开辟诱人的空间，足以让人们如受到盛情邀请那样创建相互支持的共同体。

鉴于在学术界有许多事情是让人们各行其是，因此建立相互支持的共同体是不容易的。唯有领导者召唤教师关注教与学这个中心，鼓励教师为教与学同心协力，激发教师分工合作的热情，才有可能建立相互支持的共同体。如果教师能形成同事对话的共同体，就不仅有利于发展教师与工作有关的技能，而且有助于排遣许多教师因分离而带来的痛苦。

本章开头引用了《永恒之王》中的一段话，是梅林以导师的身份对势必成为君王的弟子亚瑟说的，给亚瑟开出了治疗悲伤和痛苦的"药方"。这段话值得再读一遍，因为里面提到的"病状"是任何教师在其职业生涯中都感同身受的，而开出的"药方"则正是教育当仁不让的使命：

"治愈悲伤的最好办法就是学习，"梅林答道……
"这是唯一永远有效的事。

也许你会年迈体衰，老态龙钟；

也许你会彻夜不眠，心烦意乱……

也许你会见到周围的世界受邪恶狂人的摧残，

或是得知你的名誉遭卑劣小人的践踏。

你只有一个办法——学习。

学习世界为何运转，又是如何运转。

唯有学习，使你的心灵永不枯竭，永不疏离，永不遭罪，

永不恐惧，永不疑虑，永不后悔，

你要做的就是学习。"[3]

如果我们——身为领导或教师——能将上面的忠告铭刻于心，那么投身教育事业的任何人——官员、教师、学生——都有治愈伤痛并获得新生的机会。学习——共同学习——是适合我们每一个人的头等大事。

第七章

不再分离：
心怀希望的教学

∽

循序渐进，一次迈出一步，

它始于你真心去做的意图，

它始于你不顾众人劝阻而再踏征途。

它始于你说"咱们"，

且你清楚何谓"咱们"，

还要日益壮大"咱们"。

∽

玛姬·皮尔西（Marge Piercy）

《待行之路》[1]

停滞、绝望、希望

在本书的最后一章，论述的重点将从教学实践转向教育改革，探究这样的问题：能否在有望振兴教育的变革运动中体现出我们对教与学的真知灼见呢？

对我而言，提出这个问题不仅仅出于理论的考量，还来自个人的困惑。我曾游历全国各地与教师讨论他们的教学实践，其中许多人非常关心教育并怀抱着强烈的教育改革愿望，可谈着谈着，这种对话往往就让人垂头丧气了。

无论谈话是多么的充满希望，谈到了有多少同事向往新的教育愿景，谈到了我们探索的有多少可行措施，总会有人说："这些想法虽然令人向往，可凭我校的条件，没有一个行得通。"

随后就是数落影响教育改革的各种体制障碍：校长或院长懂生意胜过懂教育；课程负担过重或班级规模过大而无法保证教育质量；加薪晋级制度名为重视教学实为重视著书立说；本已捉襟见肘的教学经费挪用于行政管理、科学研究或校舍建设等方面。

听着一些教师谈到的这些难以抵挡的阻力，我能深深地体会到他们的绝望。我不禁扪心自问，这些悲观的教师所说的是否在理？如果确实如此，良知就要求我停止**兜售**更新教与学的虚幻希望。

暂且假定"体制"的确如悲观论者所说的，是难以抵挡的阻力，那么接下来的问题是：以往在面对强大的体制阻力时是否实现了有重要意义的变革？答案似乎是显然的：**只有**在面对强大的阻力时，才能实现有重要意义的变革。假如体制自身有不断演变的能力，那么也从不会有迫切要求变革体制的危机了。

可与体制相提并论的是本章要着重阐述的变革运动，但我不想在讨论中突出两者之间截然对立的方面，使变革运动与体制一较高下（这样又陷入了非此即彼的思维误区），**反而**想要大书特书两者之间相反相成的悖论式关系，即任何一个健康的社会所需要的"既此又彼"的共生关系。

体制与变革运动都扮演着创造性的角色，但其目的大相径庭。体制代表着秩序与守成的原则，是一个社会用来保存以往得来不易的财富的容器；但变革运动则代表着流动和变化的原则，是一个社会将其能量输送给更新与改革的过程。一个健康的社会鼓励两者之间的相互影响：有改革之心的体制内领导者通常欢迎来自变革运动的破旧立新的能量，虽然这可能引起混乱；而变革运动的领导者也一定明白，他们需要体制来维护可望取得的改革成果。

不过，当体制非要沿用自己的套路去解决那些需要变革运动情怀的问题时，其结果往往使人失望，因为人们认为体制束缚了变革的幅度。于是产生了这么一个问题："如何重新安排或重新调配体制中的权力结构来实现合乎心意的改革目标？"如果出自统筹兼顾的全盘考虑，此问就是一个合情合理的好问题，如果认定体制是权力博弈中可纵横捭阖的唯一主角，那此问就是一个不合时宜的坏问题。因为照此情景，少数几个人心中未经考验的脆弱的变革憧憬，要去抗衡整个体制中根深蒂固的强大的权力模式，企图变革的游戏尚未出台就注定要以失败收场。

怀抱变革憧憬的人们，因受限于体制的套路，就苦口婆心地劝说有关当局换一种眼光看待事物。若能奏效，这不失为一种好策略，但其实往往产生适得其反的结果：当局置若罔闻，力主改革者感到枉费心机，只剩下满肚子怨气。当体制表现出只想守成而不想改革时——这毕竟只是人家的工作——若力主改革者把改革希望只寄托于体制，那他们很可能纵身翻过体制这艘大船而落入悲观失望的苦海。

但是还可另辟蹊径——变革运动的途径。我对变革运动的理解始于经观察而得出的疑问：一些人面对体制阻力时放弃了改革的努力，而另一些人却将体制阻力作为激发变革运动的动力之源，为什么呢？

我渐渐认识到有一种"变革运动情怀"，这种情怀把阻力视为任何事物的起点而非终点。因此，从这种情怀出发而得出的认识是，不仅面对体制阻力时会发生变革，而且体制阻力在催生变革。阻力本身就显示了对某种新事物的需要，激励人们去设想破旧立新的举措，增添人们为之奋斗到底的力量。

假若当初让盛行种族歧视和性别歧视的体制限定交锋的战场和规则，那么民权运动和女权运动必定会胎死腹中。一些少数族裔和妇女则坚持留在体制之内，将体制阻力化腐朽为神奇，使其从令众人失望和挫败的渊薮变成激发个人灵感和力量的源泉。在争取民权和女权的两种变革运动中，变革的倡导者就是把体制阻力当作可以跳出体制约束的蹦床，从外部发现抵制体制的各处力量，再以各种方式汇聚各股力量，使之最终成为改变体制本身的强大影响力。

变革运动的天才人物是践行悖论观的：他们摒弃体制的逻辑以便汇聚改变体制的逻辑所需的力量。不论是民权运动还是女权运动，都得先通过摆脱种族歧视或性别歧视的体制来集聚力量，然后再借助集聚的力量在全国改变有关的状况和法律。

如果我们想进行一场教育改革的运动，我们必须学会接受这种悖论。为此，我们就必须了解变革运动的逻辑，即了解变革运动是如何展开的。这种了解部分是为了我们能明晓自己在运动中的位置，部分是为了我们能促使运动继续向前。

就我所研究的变革运动——民权运动，女权运动，东欧、南非及拉美的争取自由运动以及男女同性恋运动——我发现变革运动可以划分成四个发展阶段。

与任何理论模式一样，我所说的各个发展阶段都是理想型的，真实的变革运动并不像我归纳的模式那样依序展开：各个阶段可能相互重叠，或循环或倒退，有时因相互交叉而前后倒置。但是通过命名划分阶段（不管多么抽象），我们可以从貌似杂乱无章的变革运动中提炼出其基本的动态过程：

- 第一阶段：孤独的个体做出发自内心的决定，决心过一种**"不再分离"**的生活，为自己在体制之外寻找生活的中心。
- 第二阶段：这些个体开始相识相交，形成**"同心同德共同体"**，以提供相互支持和完善共同愿景的机会。
- 第三阶段：这样的共同体开始**走向公众**，学会将他们个人的担忧转化为公众的议题，并在此过程中接受必不可少的评判。
- 第四阶段：一种**非传统奖励制度**开始出现，以此促使变革运动实现其愿景，并对体制施加改变其标准奖励制度的压力。

我将要做的是逐一地审视变革运动的每个发展阶段，而不是仅仅停留在追忆往事。通过了解变革运动是如何运作和奏效的，我们或许会发现，我们已经是一场教育改革运动的行动者。我们或许会发现，如果一个人踏上了探索内心的旅途，他就即将获得真正的力量——个人在变革运动中呈现的真实力量，这种力量已经在推动我们这个时代的真正变革。既然我们知道这种力量是伸手可及的，我们就绝不会屈从于体制的钳制，也绝不会甘于在悲观中沉沦。

不再分离的生活

变革运动的起点，尽管几乎是无声无息的，但仍然可以颇为精确地加以描述：一些孤独的个体迫于需要变革的境况而决定过"不再分离"的生活时，变革运动便应运而生了。此时，人们来到了必须做出抉择的十字路口：要么让自我消失殆尽，要么坚守作为优质教学和优质生活之源的自我认同和自我完善。

我们许多人都曾有自己过着一种分离生活的个人体验：在内心我们有某种强烈的人生追求，可我们诉之于外的却是另一种人生追求。当然，这是人之常情——我们的内部世界和外部世界永远难以达到完美的和谐——但似云泥之异的割裂则令人无法忍受。当一个人不能做到表里如一时，也就没有了所谓的人生。当一个接一个的人在心中体味到这种表里不一时，也就酿成了一个重大的社会问题，由此可孕育一场变革运动。

我们可以通过过上不再分离的生活来克服现有的条件限制，而条件限制自有其产生的具体缘由。我们大多生活在由体制统辖的环境中，包括学校、工厂、社团等，因为它们储藏着我们所珍惜的人生机会。但是，体制有时对我们提出的要求与我们的内心相互抵触——例如，不分是非地忠于公司的强行要求和讲真话的内心律令相互对立。当然，两者的对立若是恰到好处则可能促成创造性的反应。不过，当我们的内心完全成为体制的附庸时，当我们将体制的逻辑内化而完全成为我们生活的逻辑时，两者的对立就可能引起病态的反应。

一个人要过上不再分离的生活，就是为自己的生活寻找新的中心，一个游离于体制及其要求之外的中心。这并不意味着人的身体脱离体制，人可以留在自己的工作岗位上，但的确意味着人的精神向体制告别。人必须找到一个体制之外的坚实立脚点——自己安身立命的根基——从而更好地抵制体制的价值观对自己内心世界的侵蚀和扭曲。

只要有足够多的人用足够长的时间决定要过一种不再分离的生活，最终就会产生社会和政治影响。但这不是为了取得某种政治目的的战略决策，而是纯粹为了增强自我认同与自我完善的个人决定。决定过一种不再分离的生活，不是一项攻击他人信仰的策略，而是张扬一种基本需求，即一个人支配和引导自己的生活所应该拥有的信仰。变革运动的真正力量源于认准并要求人的自我认同与自我完善——而不是指责"对手"缺乏这样的素质。

我把这种决定称为"罗莎·帕克斯（Rosa Parks）决定"，因为她是当之无愧地"过不再分离的生活"的最生动鲜明的典范。确实，她是值得我们一直崇拜的偶像，由她点燃民权运动的星星之火至今已成越烧越旺的燎原烈焰。1955 年 12 月 1 日，在阿拉巴马州蒙哥马利市，罗莎决定过不再分离的生活——不再过一种种族歧视的体制所限制的未能充分享有人权的生活——决定必须按照自己的内心对人权的了解来采取行动。于是，她做了一件简单的事：在一辆实行种族隔离的公交车上，坐到了白人专用的前排座位上并拒绝给白人让座。

罗莎做出这个举动是有所准备的，她曾在高地民众学校学习过非暴力抵抗策略，并在全美有色人种促进会蒙哥马利分会担任秘书。正是她的行动触发了由马丁·路德·金（Martin Luther King）领导的抵制公交车的运动，导致联邦法院宣判公交车上实行种族隔离的有关法律违反宪法，有力地推动了民权运动的发展。

但是，当我们以后见之明带着某种倾向重现伟大的历史事件时，我们或许忘记了罗莎在做决定时还是一个孤独的个体，忘记了她可能由此感到的焦虑或疑惑。如果我们忘掉了这些，也就忘掉了我们本身的力量。

高地民众学校的创始人霍顿（Myles Horton）谈到了他把帕克斯介绍给罗斯福夫人（Eleanor Roosevelt）时的情景：

罗斯福夫人问："帕克斯夫人，是不是有人称你为共产主义者？"当罗莎回答说"是"后，罗斯福夫人说道："我想，你在高地学校时迈尔斯会提醒你，你会被称为共产主义者。"罗莎对罗斯福夫人说我并没有提醒过她，罗斯福夫人还（为此事）批评了我。我说："要是我当时知道她以后要做的事，我就会提醒她了，可她在高地学校时表示她不打算去做什么事。她说，白人不会让黑人有所作为，黑人也不会团结一致，所以她也不想做成什么事。我看不出有什么理由去告诫一个无所事事的人，说她有可能被贴上共产主义者的标签。要是我知道是她发起了民权运动，我早就告诫她了。"罗莎接着说道："他后来倒是提醒我了，那是在我被捕之后。"[2]

显而易见，罗莎是战胜了自己的疑虑才决定采取行动，可她这样做的时候并无胜券在握的保证。她所受的培训是否起作用，非暴力策略是否能奏效，同伴是否与自己同舟共济，这一切她都心里无底，更没想到自己引发了一场全国性民权运动。因为，并非没有人在她之前做出类似的举动，可无一例外，除了惩罚一无所得。如果罗莎坐在那儿斤斤计较的是创造历史的得失概率，她早就起身移到公交车后排座位上了。她在公交车上做出的决定扎根于我们所拥有的唯一牢靠的地方（不管有时我们觉得它有多么摇摆）：一颗义不容辞之心。

为何那天罗莎坚决不让座？她自己的话给出了最好的回答："人们老是说，我不让座是因为我累了，但这不是事实。我没感到身体无力，没感到比平时下班时更累。我也没有老，虽然有人以为我上了年纪，那年我才42岁。唯一让我感到的是心累，对屈服退让厌烦透了。"[3]

罗莎的这些话使我们注意到，她的行为就是一种出乎仁义之心而非老谋深算的朴实行为。她就是累了，是心之累，是魂之累，她从心里厌烦的不仅仅是种族歧视，而且是自己对种族歧视的屈从，厌烦了自己一直给白人让座，厌烦了因屈从而带给自己的无地自容的耻辱。

上述分析隐含着一条在论述变革运动时常被忽视的真理：在决定过不再分离的生活时，个体不仅要批判体制，更要批判自己。我决定过不再分离的生活，其含义就是，只要我拒绝迎合体制的要求，体制就无凌驾于我之上的权力。与我密切相关的问题不再是"那些人"或"那个地方"，我的当务之急是解除我与体制之间那心照不宣的密约，即解除允许体制主宰我人生的密约。

决定过不再分离的生活，就要深刻领会波戈（Pogo）[I] 说的至理名言："我们遇到的敌人，就是我们自己。"从我们决定不再作茧自缚的那一刻起，我们就摆脱了体制的束缚，获得了抗拒体制的力量。但是，在此我必须审慎地考察变革运动与体制之间的关系。

我们通常觉得，变革运动总是好像正义之剑在手的样子，总在大义凛然、恨之入骨地攻击邪恶的体制，非要把它搞垮不可——我们因此把变革运动与那些"沉稳而负责"地关注体制并致力于体制内部改革的过程进行比较。这样扬此抑彼的对照常常费力不讨好，因为两者孰优孰劣也很容易相互颠倒：将自己限于体制内部改革的人们往往会受到体制内部魔鬼的迷惑，与原先的对手沆瀣一气；发起变革运动的人们，却是因深爱而不是因痛恨体制才不堪任其堕落沉沦。

[I] 波戈，20世纪美国一部同名漫画连环画的主人公，创作者是沃尔特·凯利（Walt Kelly）。——译者注

罗莎对美国民主制就是这样看的：民主制纵容了种族歧视的到处泛滥，但不能因此就对民主制嗤之以鼻，更不能用一种完全抹煞种族差别的狂妄的极权制来取而代之。要做的是将民主制从愈陷愈深的污泥浊水中拯救出来，召唤民主制回归其崇高的宗旨。敌人不单单是"外敌"，最要对付的是"内敌"，即我们自己对邪恶势力的屈从，罗莎认识到了这一点，她能做出的举动就不是出于恨而是出于爱——一种想要救赎"内敌"及"外敌"的爱。

所有这一切与教育改革有何关联呢？在我更清晰地了解了变革运动的性质后，我感到，我在全国各地都遇到了使我想起罗莎的教师：他们深爱教育，不忍让其堕落——不管他们是有意还是无意——决定过一种不再分离的生活，从而引发了教育改革运动。

这些教师仍然怀着当初引导自己从教的豪情壮志，从来不愿丧失促使自己从教的原发动力。他们持之以恒地关切学生，从来不愿切断与年轻人的联系。他们深知已将自我认同与自我完善投进教学，即使从中不能分享任何体制上的红利，也无怨无悔地一再投入进去。

这些教师认定，教学对他们而言就相当于公交车上的前排座位，尽管体制要将教学移到后排座位。他们不再喋喋不休地抱怨造成轻视教学的体制限制，但也不再逆来顺受地迎合忍受体制限制。这些教师坚信教学的重要意义并以献身教学为荣，他们通常所做的简直就如罗莎不愿给白人让座一模一样：他们每天的教学都在坚守自己崇尚的是非观念，而不是屈从于体制的规范戒律。有时候他们为此在较为公开的场合冒险，比如在制定教学政策的教师论坛上提出不同以往的教育愿景。

是什么促使人们决定过不再分离的生活，并甘愿承担由此带来的风险？人们为何鼓起勇气坚持使外在的行为恪守内心的信念，即使知道这样做会招来体制的严厉惩罚，冒着丢掉名声、地位、金钱、权力的风险也在所不惜？为何有人走到公交车后面，有人则决定坐在公交车前面，这个问题或许因人心难测而无法说清，但在罗莎和像她一样的人身上，我找到了回答这个问题的线索：当你意识到你再也不能向有违自己正义感的东西妥协时，你对惩罚的理解刹那间就完全改观了。

当警察走到罗莎身边，警告她说不离开座位就要坐牢时，她回应道："请便吧。"[4] 这话说得多么得体，不啻于向世人昭示："多年以来，我把自己囚禁在屈从种族歧视的牢笼中，与之相比，你们的牢笼又算得了什么？"

选择过不再分离的生活的勇气，直面可能由此受到严惩的勇气，都来自这么一个简单的信念：**任何人对你的惩罚无论多么严厉，都比不上你因卑躬屈节的妥协而给自己的惩罚**。怀着这种信念，打开牢门的能力亦随之而来，因为牢门从来锁不住从内心发出的对美好前景的呼唤。

同心同德共同体

选择过不再分离的生活的决定，不论其动机多么强烈，但最初犹如一根弱不禁风的芦苇。它需要持续不断地强化，因为做出这样决定的人很快就感到不安，怀疑自己——这是人之常情，因为我们生活中无处不在的文化告诫我们，过一种分离的生活是明智的，而过一种不分离的生活则是愚蠢的，甚至是不负责任的。

过不分离的生活，说它愚蠢是因为你让他人察觉你的内心活动，从而他人可能排斥或伤害你，所以你最好还是把感情隐藏起来；说它不负责任是因为一旦你袒露了你的内心真理，你就再也不可能不偏不倚地履行职责——比如用一种超然的"客观"的立场来履行教学职责——所以你最好循规蹈矩，将内心真理秘而不宣。

在变革运动的第二阶段，选择过不再分离的生活的人们依然觉得惶恐，因此走到一起形成同心同德共同体。这样做的最初目的不过是借人多而壮胆，由此相互消除心中的疑惧而心安理得。与他人在相同的道路上结伴而行，有助于人们理解："正常的"行为可能是疯狂的，而追求自我完善则永远是明智的。

在由罗莎引发的民权运动中，同心同德共同体以黑人教堂为其基地。在美国南方各地，那些选择过不再分离的生活的人们，需要知道自己并非在踽踽独行，教堂就成了他们聚集的场所。不过，教堂提供的不只是让人们相遇聚首的物理空间，还提供了能使变革运动的主旨得以发扬光大的精神空间。

同心同德共同体的第二个功能是：帮助人们发展能代表变革运动愿景的语言，并赋予语言在喧嚣嘈杂的公众领域生长壮大的力量。刚刚获得心灵解放的人们最初交谈的时候，其语言似乎是软弱无力的——这种貌似的软弱是因为我们在迷恋实用的社会中却大谈梦想，在迷恋竞争的社会中却大谈团队，在迷恋谨慎的社会中却大谈冒险。那些要使用如此语言——即出自真心的语言——的人们，需要先有一个场所来练习、适应这种语言，并使志同道合的人们拥护这种语言，然后再向更大范围的听众（怀疑者和敌对者都可包括在内）传播这种语言。

当马丁·路德·金用"梦想"或"山巅"的形象向更大范围的听众慷慨陈词时，他引用的是民权运动的共同体中屡屡出现并耳熟能详的象征，诸如此类的生动形象并不是金这位伟大演说家的个人独创，而是普通民众的共同语言。这语言经在黑人教堂中被反复使用而广为传播，愈发有力。

同心同德共同体的第三个作用主要是由黑人教堂承担的：给决定过不再分离的生活的人们提供培训场所，使他们学会将自己的信念带给社会时所必需的技能和方法。黑人教堂的这种作用，我是亲眼见识过的，至今仍记忆犹新。有一次，我去拜访佐治亚州农村的一个团体，受邀参加由非裔美籍教徒举行的小型宗教活动。我按时到了教堂，走进主日学校的成人班，看见屋里有三人正在为讨论《圣经》的一段经文而做前期准备。让我惊讶的是，他们居然是按**罗伯特议事规程**（Robert's Rules of Order）一丝不苟地行事，三个人各司其职：一人任主席、一人任秘书、一人任议员。

事后，我把疑惑告诉了陪我来教堂的朋友（一位经常参加教堂活动的当地居民）：为什么班上只有三人还这么较真地遵守讨论程序？坐下来随意地交谈不是更有意义吗？

那位朋友说："你并没有弄懂你刚才看到的情况，教堂是这么一个地方，它使被剥夺了治理社会职责的人们，有机会学到一些治理的方法。总有一天，他们会要求获得合法的治理职责。一旦承担了治理的职责，他们也就有履行职责的能力。"

同心同德共同体对教育改革是至关重要的，但由于学术生活的私密化，创建这样的共同体难上加难。每当我到某个校园做两三天的短期访问时，有些事常常使我想到这个问题。比如，我的首场讲座结束后，总会有个人走过来向我吐露心事："我完全赞同你关于教学所说的一切，可我是校园里唯一这么想的人。"第二场讲座结束后，又有三四个人找到我，是一个一个单独来的，告诉我的是同第一人一样的心事。

在我离开之前，总共会遇到10到15位对教育愿景有相同看法的人——但每个人在校园都感到自己是孤掌难鸣的。我不止一次介绍这些人相互认识，希望播下可能扎根并成长的同心同德共同体的种子。当两三个有相同见解的人聚集起来并互相立誓明志时，一个共同体就出现了。就我所见，在学术界往往是女性这样组成共同体，她们同时投身于两种变革运动之中——一种是为了确保优质教学，一种是为了提高女性在学术界的地位。

不过，同心同德共同体要发展到有影响力的规模，或许就需要某种社会机构的支持，黑人教堂在民权运动中就提供了这样的支持——它们拥有一套形象地表述自由权利的言语符号系统，吸纳了千千万万的关心民权的选民，因而成为民权运动的常设机构。在学术界有没有这样的社会机构来为同心同德（不再过分离的生活）的教师而组成的共同体挡风遮雨呢？

学术界里如今没有像黑人教堂那么可信任、有力量的常设社会机构，但这不意味着无法建成同心同德共同体。我知道，现在至少有两个具有某种变革运动潜力的教育机构，尽管声势不大，但已经起着促成同心同德共同体的作用。一个是在大大小小的校园里陆陆续续建立的"教与学中心"，这些中心着重于培养教师掌握所需要的教学技能。但在这个过程中——有时有意，有时无意——这些中心为同心同德的教师提供了相互结识、相互交谈的场所，还由此找到了长期相互支持的多种途径。

另一个是谨遵深化改革的信念而纷纷建立的地方性和全国性学会。在高等教育领域，博雅教育学会、美国高等教育学会、高等教育专业与组织发展学会等都是我所说的常设社会机构。那些在本校感到势单力薄的人们能参加这些学会及其有关的活动，斗志昂扬地回到本校，因为他们找到了盟友，尽管是在远方。

投身变革运动的人们在远方的朋友通常比在近处多，举国上下拍手叫好的改革议题往往会被地方人士视为可怕之事加以排斥。当我遇到胸怀愿景但在本校感到孤立的教师时，我会问他们做了什么来将自己的愿景晓示众人，答案往往是什么也没做——这就是他们孤立无援的原因。他们若不释放照亮自己的闪光信号，其失落永远无人知晓。

有一种方法可以交上近处的朋友，即播下可从中生长出同心同德共同体的种子：一个人必须引人注目地让别人明白自己不再过分离的生活的决定。这种高调的自我张扬并不轻松，因为可能招来别人的反诘盘问。不过，当我们以鲜明醒目而切实有效的方式宣告自己的价值观时，有朝一日，我们蓦然回首会发现盟友从四面八方朝自己蜂拥而来。

走向公众

变革运动中第二个阶段的优势，是将同心同德的人们组成共同体来坚定尚未牢固的信念。但在两种情况下，这种优势也是一种劣势：一是我们只在共同体内相互交谈，二是不面向范围更广的听众。此时就不会产生任何变革运动——我们更可能陷入错觉和失误之中。

当一场变革运动走向公众时，它既会碰到用自己的价值观去影响别人的机遇，但也会面临促其检验和纠正自己价值观的挑战。人们有着巨大的"精神力量"才能决定过不再分离的生活，而将每个人这样的精神力量汇聚起来更是势不可挡。如此一来，变革运动中几乎必然出现睥睨一切的自以为是的阴影。尽量缩小阴影并尽量扩大光明的唯一方法，是使变革运动面对公众的评判——还要认真严肃地考虑公众的评判。

当我和其他人探讨这个变革运动模式时，这个模式经常因其价值中立而受到批评。例如，该模式既可用来描述评判者所厌恶的保守运动，也可用来形容评判者所欢迎的开明运动。更糟糕的是，任何由"不再分离"而肇始的变革运动很容易与法西斯运动混为一谈：在法西斯运动中，人们就是决定将自己外在行动符合心中的邪恶念头——如纳粹党、三K党、"纯粹的雅利安之国"所做的那样。

对此我的第一回应的是，社会变革的领域并不为知识分子所珍视的思想与行为的纯洁性提供保险的港湾，任何变革运动也不能保证可用来达到我们所推崇的高尚目标，正如不能保证体制中的机构去追求高尚目标一样。大千世界中的生活是凌乱不堪的，它是痛苦的根由，也是创造的源泉，如果我们致力于变革，就必须学会忍受凌乱。

我的第二个回应是，我们必须明确地辨识一场变革运动——不管是否同意其目标——是真变革还是假变革。辨识真假的关键要看这场运动是否愿意进入"走向公众"的第三阶段。法西斯主义的"变革运动"就拒绝走向公众——而在这样的拒绝中，它就从变革运动沦为滥用权力的暴政。

真变革运动的领导者乐于走向公众，与公众平等地交换意见，深知唯有这样的对话才可获得令人心悦诚服的权威。可在法西斯主义的"变革运动"中，其领导者对走向广大民众、接受公众评判毫无兴趣。老实说，法西斯主义的生存有赖于封闭公众领域，这样法西斯主义的价值观才能不受挑战，也无从产生抗衡法西斯主义的力量。

在一个极权统治的社会，主要力量是用来封闭公众领域的：禁止公开集会、禁止自愿结社、禁止出版自由、禁止议论国事。在我们这样的社会，公众领域虽然微弱但仍然是开放的，但即便如此，假变革运动也在想方设法地逃避公众的监督和问责。例如，我想到了宗教的极右派及其"隐形"成员，这些隐形成员直到当选为政府官员后才会公开自己真正的信仰。即使公众领域是开放的，逃避公众的监督——至少逃避一阵子——还是有可能的。一旦某个集团这么做时，由它发起的运动就不再是体现道德权威，而是明目张胆地玩弄权术。

当用走向公众这个透镜来审视当前的教育改革运动时，我们看到这场运动一直是徐徐渐进的发展，至今几乎察觉不到它的影响。虽然教育改革运动尚未实现其主要目标，但有"教育改革"寓意的形象和符号却在当今的公众领域比比皆是。

论述教育改革的专著接二连三地出版发行，有些还成了畅销书；谈论教育改革的演讲者巡游全国到各地的讲习班或研讨会去撒播变革的种子；新锐的教育学会主持全国性或地方性会议来推动教育改革事业——那些在本校感到孤立的教师把学会当作可结交知心朋友的生命绿洲；老牌的教育学会也以促进教育改革事业作为自我更新的途径。

更重要的是，参与教育改革的公众并不囿于院校的围墙，家长、雇主、国会议员、专栏作者等莫不大声疾呼关注教学改革，而坚持不懈的呼声终会得到有效的呼应。

这里就有一个恰当的例证，而且还来自通常不被认为是改革温床的会计教育领域：

许多会计专业的大学毕业生都希望在简称"六大"的六个大型国际会计上市公司找到自己的第一份工作。这些公司合起来每年要雇佣一万名大学毕业生，并为支持高等教育捐赠两千多万美元。

1989 年，这些顶尖的国际会计公司的行政总裁联名发表了一篇文章，里面详述了他们希望从教育工作者的手中得到什么样的专业会计人员……详细列举了他们想从所雇佣的毕业生身上看到的必备知识与技能（包括熟悉所在机构的社会、文化背景，创造性地解决问题，"在五方杂处的环境中"善于交际，精通业务，具备承受和解决冲突的能力）。

该文章指出："通过执业会计师考试不是会计教育的目标，会计教育应聚焦于如何培养分析推理能力——而不是死记硬背日益膨胀的专业标准。"……

六大公司在其白皮书中保证，在五年间要投入四百万美元来推动它们所期望的会计专业课程变革……"这些钱必须用于设计和实施创新的课程和推广新的教学方法。"[5]

当教学改革的语言成为"六大"会计公司领导者的共同语言时——接下来他们就会借助自己强大的影响力去推动商学院的变革——人们可以看到，这么一场运动不管开场时多么地悄无声息、无人瞩目，但的确已经起步了。

教育改革运动走向公众的情况表明，与我提出的按部就班的运动阶段模式相比，现实是凌乱不堪的。例如，教育改革运动在第三阶段的规模与第二阶段的规模不成比例：人们本来以为从传统教育的私密化世界中诞生的小型同心同德共同体才会大谈特谈教育改革，未曾料到在公众领域对教育改革的关注远超以往的小型同心同德共同体。

但是，两个阶段的规模差异，与其说是我的模式论的失效，不如说是彰显了该模式论的价值，因为，正是那些不符合模式的偏差指引我们探赜索隐。或许，第二阶段与第三阶段之间的规模差异来自这样一个事实：教育改革的激情与动力较少地来自传统学校的教师，更多地来自其他背景的人们，尤其是来自工商界的人们，在美国他们至少掌握了中学后教育的半壁江山。

很多大公司都开办自己的内部"大学"，以帮助其职员赶上社会、技术、市场上的日新月异的变化。例如，"六大"会计公司都"专设教育部门来为本科毕业的员工提供接续性的研究生层次的教育，每年设法抽出一百多万个小时用于培训是每个公司的常规做法"。[6] 同样不足为奇的是，非传统培训项目中所采用的教学方法比起大多数高等院校采用的更富有创意。

要是我们能驾驭庞大的非传统教育领域中的能量，就可用之有力地推动教育改革。不过，只有当传统院校的教育工作者突破自我封闭的状态，与院校外的教育工作者同心协力时，上述情景才会出现。借皮尔西的话来说：它始于"你说'咱们'，且你清楚何谓'咱们'，还要日益壮大'咱们'"。[7]

几乎在我去过的每所学校都能发现一个问题，这个问题恰好可以说明突破自我封闭的必要性。那些采用非传统教育方法的教师常常遭到膜拜传统的学生、家长、同事的百般阻挠："万万不可如此'柔情蜜意'地对待学生，要教学科的所有知识，要叫学生记住所有要点，要让学生知道如何竞争，否则，你会使他们在现实的职场中处于劣势。"

说起来真是令人哭笑不得：就是因为高高在上的传统教学不能培养学生为职场的现实做好充足的准备，"现实"的职场才成为多种教育实验和变革的源头。可是有些学生、家长、教师还在抱残守缺，他们真该去多听多看新闻节目。

当然，如果新闻仅是来自学校的教师，未必令人信服：新闻必须来自身居职场的权威人士。可是，许多教师，甚或是最有创新精神的教师，也常把工商界人士视为敌人而非盟友。我们很少请求或难得信任他们来帮助我们发出这样的"新闻"：若想学生在现实世界中取得成功，教学改革势在必行。

如果我们这些教学人员了解变革运动的运作过程，抱有一腔变革运动情怀，我们或许发现很容易与那些在公众领域能助推变革运动的人们联合起来。他们中的有些人近在咫尺，也乐于与我们密切合作，如学校的校友或学校董事会的成员。

在从工商界人士中寻找盟友时，我们会发现，并非我们所有的保留意见都是毫无根据的：在工商界，呼吁或推动教学改革是以提高利润为唯一目的的。并非我们所有的潜在盟友都会理解——更不用说——尊重人文学科所体现的价值，尽管有些人很清楚地了解这种价值。他们也不会全都赞同本书的一个核心立论：优质教学不能降低到技术层面，因为工商界比教育界更看重技术。

但是，一场变革运动中的合作关系，并不要求合作者之间有完全一致的看法。当我们与他人手挽着手的时候，或许会察觉自己被别人拽向危险的方向，可正是因为手挽着手，我们也有机会把别人拽回安全的方向。这样的内与外之间的合作有可能打通以前互不相干的各类学科，开展综合教学。

当一场运动走向公众时，参与者的自我认同与自我完善将在公众舞台上活跃的多种价值观与愿景中接受考验。我们必须在这种易于迷失方向的复杂角力场上坚持自我完善，同时也敢于挺身而出应对各种冲突带来的影响，唯有这样，变革运动和我们的自我完善才能一同茁壮成长。

赏心怡情的奖励

到了第四阶段即最后阶段，至此展现了第一阶段孕育的能量所走出的完满轨迹。在第一阶段，孤立的个体抛弃了体制的逻辑，决定过不再分离的生活；在第二阶段，组成共同体；在第三阶段，走向公众；在第四阶段，则返回原点去改动他们当初所脱离的体制的逻辑。

我之所以说"改动"，而不是"改造"或"改革"体制的逻辑，是因为大多数运动的结果是温和的，不是天翻地覆的巨变。大多数运动并不摧毁现行秩序，而是对此进行调整、修补，其程度正如美国作家默顿（Thomas Merton）所推测的那样："我们不必适应世界，我们可以调整世界。"[8]变革运动更多的是在细微地调节现实，而不是在创造全新的世界。

说得更卑微一些，这些温和的改动，一旦形成惯例，最终都倒回**旧体制**，沦为腐朽的世界，逐渐演变成下一次变革运动必须克服的体制阻力。但改动毕竟是改动，如果变革运动奉行合理的原则，改动的结果起码在一段时间内也是合理的。

变革运动之所以有力量改动体制的逻辑，是因为体制中的机构说到底总得实行一套约束人们的制度：你做了这个必受惩罚，你做了那个必得奖励。只要机构控制着某一活动领域的奖惩制度——譬如说教与学的领域——那它就可以主宰想要从事这项活动的每一个人。

但是，一旦有些人认定机构的惩罚是无关紧要的（这是第一阶段的关键），而变革运动围绕这些人所推崇的活动形成另一套奖励制度（这是第四阶段的关键），那么，机构的权力就开始衰落。到了此时，机构通常会有所警醒，认识到有必要变革，以免行差踏错，在人们的生活中变得无足轻重。

例如，如果是由传统的高等院校承担几乎所有的中学后教育，高等院校根本无需变革，因为，谁想成为中学后教育阶段的学生或教师，谁就得遵守高等院校的规则。可是，现在是由工商界和军界承担了一多半中学后教育，传统的高等院校感到了前所未有的压力，只有力求更新图存。

促使传统的机构改写其逻辑的又是什么样的另一套奖励制度呢？变革运动在其发展的每一个阶段，都能给参与者提供无形而强大的精神奖励。第一阶段，其奖励是让人更好地了解自我；第二阶段，其奖励是和志同道合的人们组成相互扶持的共同体；第三阶段，其奖励是过一种更为广阔的公众生活。随着变革运动的展开，人们可以在为运动工作中寻找到为机构工作时所无法找到的意义，可以从参加运动的朋友那里获得从机构的同事那里无法获得的肯定，从那些不再能满足心灵需要的职业生涯转向追求由运动所呼唤的振奋人心的目的。

变革运动不仅提供精神奖励，而且提供物质奖励。有些人因专为变革运动工作可获得一些微薄的报酬，如变革运动的组织者；有些人在其他方面为变革运动工作也可得到一些经济收益，例如，一些致力于教育改革的大学教师就变革运动及其宗旨出专著、写论文，从而有助于他们在传统的高等院校晋级加薪或获得终身教职。

总而言之，随着变革运动的不断壮大，传统机构就越有可能开放能容纳变革运动的空间，设置有关的职位并给予报酬。40 年前，那些公开地为职场种族多元化而斗争的人们，要找到一份可领工资的工作，其难度不亚于上青天。今天，许多机构出高薪培养或聘请种族多元化专家，他们的工作就是一视同仁地推进员工之间的种族和谐，性别平等。40 年前，妇女和非裔美国人常常被认为不适合从事学术工作。今天，不少学术机构争先恐后地招聘黑人学者和女性学者。

归根结底，在运动的最后阶段所提供的各种奖励，实质上都是同一种奖励——即因过不再分离的生活而得到的奖励。在第一阶段，有人认识到，任何人强加在自己身上的任何惩罚都比不上含垢忍辱的屈从而对自己的惩罚。在第四阶段，有人认识到，任何人给予自己的任何奖励都比不上过着践行内心真理的人生而给自己的奖励。当相当多的人都身体力行这种认识时，机构就不得不降尊纡贵地进行谈判协商——因为机构此时不再握有可禁锢人们心灵的枷锁。

也许，与机构可赏赐给其效忠者的如晋级加薪的优渥待遇相比，变革运动提供给参与者的另一套奖励似乎是微不足道的。的确如此，正如有些人的挖苦：自我完善换不来餐桌上的面包。但那些投身变革运动的人们都感到，赚取足够的面包并不是他们生活的主要问题，这不是因为他们已有了不愁填不饱肚子的面包，而是因为他们有了不同以往的另一种"饥饿"。他们已经深知，人类不只是靠面包活着。

相对于机构的僵化及其所催生的绝望，变革运动预示着有将它们取而代之的一种选择，一种有力地继往开来的选择。但是，在用了整章的篇幅描绘变革运动的历程、考察变革运动对教育改革的意义之后，我需要发表一份自我免责声明：即使变革运动路线图在手，人们或许依然沿袭固守机构的老路，不仅仅是出于对另一途径的无知，还出于更糟糕的理由。

有时，我们因为坚持一定要机构提供变革的唯一途径而获得一种有悖常情的慰藉，但这条路一旦被堵死（常常如此），我们就怨天尤人，将"此路不通"的结果全都归咎于外部力量，而从不追究自己的责任。我们中有些人宁愿毫无指望也不想冒险尝试一种新生活：即使我们相信新生活是可能的，那也只有上帝知道让我们做什么！大学教师，有时甚至是其中最理想化的空想家，就常会被这么一种"死心眼"所摆布。变革运动的抉择所遇到的强大阻力或许就来自那些空想家，他们若在某一个战线遭遇挫折，便一蹶不振，无心去开辟另一条战线。

我是一个用心从业的教师，不会身不由己地卷进喧嚣闹腾的社会变革，更愿意全心全意地教书，而不愿在推进变革运动上花精力露头角。但是，如果我关注教学，我必须关注的不仅是学生、学科，而且是足以影响教师工作的内外环境。在教育改革运动中若能找到合适的位置，不失为实践全面关注的一条途径。

变革运动的四个阶段有助于我们找到这种位置。我们中有些人会决定过不再分离的生活，使自己的行为完全符合教师工作的意义；有些人会寻找志同道合者，组成可支持教学改革的同心同德共同体；有些人会怀着自己的信念、说出自己的愿景而走向公众，并迎接由此带来的挑战；有些人会认识到按照自己领悟的处世原则去生活才会心满意足，而这种处世原则是人生的指路明灯，相形之下，那些传统的奖励统统黯然失色。

当我们在变革运动中找到适当的位置，就会发现，倾心于教学和致力于教育改革并无根本的冲突。一场真正的教育改革运动所着眼的不是对权力的争夺，而是对教与学的扩展。现在，整个世界都成为了我们的课堂，教与学的潜力无处不在，我们只需以具有开放心灵的真我置身于这个世界。

这样一来，我们转了一圈，又回到本书最早的论述：不管怎样，是我们每一个人的内在力量和超越自身的外在力量联合起来共同创造世界。正如诗人鲁米（Rumi）所说："你在此处若与我们离心离德，就会招来可怕的灾厄。"[9]

证明鲁米这句诗的证据比比皆是——尤其是在教育领域，如果我们对心中教师和求真共同体阳奉阴违，我们就在给自己、给学生、给我们力图认识的世上的伟大事物带来令人惋惜的损害。

但是，鲁米肯定会同意，这句诗反其意用之也是对的：你在此处若与我们同心同德，就会带来无穷的祥和。祥和会带给一代又一代的学生，他们的生活已经被具有教学勇气的教师所改变——教学勇气发端于自我和世间的最真实的地方，是引导学生在自己的生活中去发现、去探索、去栖身于此的勇气。

呼唤新专业人士：
教育就是转变

～～

明知发生了什么，却不承认真相，

我称之为残忍——也许是一切残忍之根源！

因此，我向声音求援，

向所有会发声的人们那幽暗、模糊、要害的部位呼唤：

尽管我们可彼此愚弄，也总该好好想想——

为的是不让我们的共同的生命进程迷失于黑暗。

紧要的是唤醒人们保持清醒，

否则，一中断他们又可能重返昏睡中；

我们发出的信号——是？否？也许？——

应该是清清楚楚，只因我们四周是黑暗的深渊！

～～

威廉·斯塔福德（William Stafford）
《相互解读的仪式》[1]

蓬勃兴起的探究心灵运动

《教学勇气》最后一章粗略地勾画出社会变革运动的轨迹，在过去的10年里，从未遇到任何反例挑战，更重要的是，这期间见证的许多事情反而表明，认真重视"教师生活的内心景观"这类运动的势头与日俱增。

这些看法也许只证实我对自己的信念忠诚不渝！但我坚信，我们拥有真凭实据的证明，1997年以来，一个要求回归教师和学习者内心世界的运动已经越来越明显、可信且更加迫切。

当然，该运动并非始于10年前。历史坚持不懈地——凡历史皆顽固——拒绝遵照所谓应该如何开展的模式进行。正如我在本书第七章论及的运动的四个阶段所言："与任何理论模式一样，我所说的各个发展阶段都是理想型的，真实的变革运动并不像我归纳的模式那样依序展开：各个阶段可能相互重叠，或循环或倒退，有时因相互交叉而前后倒置。但是通过命名划分阶段（不管多么抽象），我们可以从貌似杂乱无章的变革运动中提炼出其基本的动态过程。"

在历史的杂乱无序中，我们仍然有可能对过去 10 年做个回顾，辨析出那些标志着朝本书所展望的教育而转变的时刻。

例如，在 1998 年 9 月一次名为"教育就是转变"的会议上，我和许多教书育人的学者们共享了这个研讨平台，他们来自的机构各不相同，有马萨诸塞大学阿默斯特分校、安蒂奥克大学、哥伦比亚大学、哈佛大学和南加州大学，主办赞助单位是威尔斯利学院，主题是"探索宗教多元主义问题和高等教育的灵性"。[2] 要是再早10 年或 20 年，如果真开这么一个会，主办机构、交流平台的代表和听众中一定有许多人不愿意跟这个主题沾上边。

会上一位教育家公开说出了其他人私下交头接耳的话："我到会是因为我知道有个运动正在开始。"[3] 会议聚集了来自 250 个机构的 800 名听众——有大学校长、大学教师、行政管理人员、学生、宗教事务管理人员、校董——在我做主旨发言时，我意识到她的话很有先见之明。事实上，这次会议促成的一个名为"教育就是转变"的全国性组织，就是以追求这次大会的主旨为使命，直至如今。[4]

这类探索教师和学习者内心世界的会议就是这个运动很有意义的标志，而该运动与本书的主题密切相关。近年来举办的这类会议真多，要证明这一点得列出一长串详尽的清单，但这未免冗长乏味。所以，我这里只举出两个全国性会议，以此表明这场运动达到了扩大化和合法化的新阶段。

2000年6月，在威尔斯利学院会议的鼓舞下，马萨诸塞大学阿默斯特分校时任校长大卫·斯科特（David Scott）发起了一个名为"工作和高等教育以灵性面向公众"的会议，在马萨诸塞大学阿默斯特分校举行，这个会议值得关注，因为与威尔斯利学院会议不同的是，主办单位是国家税收资助的大学，也愿意以灵性面向公众，一反历史上这类大学鄙弃灵性的倾向。[5]

2007年2月，另一场名为"发现高等教育的心灵：在相互沟通的世界里为爱心行动而开展的综合性学习"的会议，把来自260多个机构的600多位与会者集聚在旧金山，[6]其主办赞助单位包括美国学院与大学协会、独立学院协会、社区学院创新协会、学生人事管理人员协会。这次会议也值得关注，因为这类全国性协会绝不与不合自己口味的主题沾边。

显示这个运动正在发展壮大的另一个重要标志，是致力于综合性教与学的科研和出版的成果日益丰硕，有力地证明了全国范围内的教育讨论正在扩展，包括了对内心世界问题的探讨。

若在20年前尝试研究宗教和灵性与教育的"相关性"，绝大多数学者会认为那简直是风马牛不相及的事情。如今，你可以看到那本经同行评审的刊物《学院和性格学刊》（*Journal of College and Character*）（其编辑部位于某所由国家税收资助的大学校园里）吸引了大批读者，因为探讨的许多主题类似我在网上写的那种，例如"大学生灵性的形式与模式"，[7]由此你就可以清楚地知道：巨变已经发生。

当你读到阿瑟·奇克林（Arthur W. Chickering）——一位在高等教育界备受尊重的前辈——的领衔之作《在高等教育中鼓励真实性和灵性》（*Encouraging Authenticity and Spiritually in Higher Education*），[8] 你可能看得更清晰：运动的浪潮正在滚滚而来。当你看到名闻遐迩的加州大学洛杉矶分校高等教育研究所进行的系列研究，而且研究题目大多是"灵性和教授职位：全美高校教师的态度、经验和行为研究""高等教育中的灵性：全美大学生寻求意义和目的的研究"等，其首席研究者又是杰出的教育研究人员亚历山大·亚斯汀和海伦·亚斯汀夫妇（Alexander W. Astin & Helen S. Astin），你会清楚地知道：运动的高潮不会远了。[9]

那么，这些发生在高等教育领域的一切，对于那些热切地接受《教学勇气》的初版，令我深感振奋的中小学教育者又意味着什么呢？意义太大了！高等教育和专业教育的许多改革努力都涉及始于中小学教育这个上游的问题，因此，也需要那些在源头工作的教育者的协助。在各教育阶段中善于思考的人们都懂得，我们必须超越任何隔离我们的人为界限，以便我们在心灵上和实践中同心协力，更好地为学生服务。

过去10年，在组建支持教师内心活动的运动中，美国的学前教育、中小学教育与高等教育并驾齐驱，走过相同的历程。对我来说，这是非常了不起的，因为就是在同一个10年里，公立教育被一个称为"不让一个孩子掉队"的联邦法支配和驱动着。

这个法有个重要的而又不容置疑的目标：通过让教育者对学生

学习成功承担全责，来确保公立教育能向**所有的孩子**提供学习成功的机会。但是"不让一个孩子掉队法"有严重的缺陷，不仅仅因为它是一个没有资金支撑的法案，而且我还时常想到，事实上，这个法案导致了公立教育的大面积失败，以至于越来越多的美国人认为教育私立化是个更有吸引力的选择。

即使资金到位，"不让一个孩子掉队法"的缺陷还表现在一心只专注那种可以用标准化测试来度量的学习。这样一来，很自然就把所有那些无助于获取考试高分的科目和技能——诸如音乐、绘画等"无用"的科目、用于探索课本之外的问题或发现教师指南之外的答案的"无用"技能——都一律排除在外了。

"不让一个孩子掉队法"将沉重的压力加在学前教师和中小学教师身上，迫使他们为测试而教，而不是满足学生的真实需要。这个法案还常常迫使教师之间相互竞争，一旦他们的学生的学习达不到这个法案所规定的简单化标准而被判为"不合格"，教师和其任教的学校都将受到惩罚。这不但破坏了对学生学习（即使是为考而学的学习）很关键的互信关系，而且使教师变得狂躁、自私、不可信赖，以至于不管是个人独处，还是与人共处，根本无法让其内心投入教学之中。[10]

因此，自《教学勇气》面世以来的10年中，在毒素与日俱增的公立教育的土壤中，一粒涉及学前教师和中小学教师内心世界的种子，竟然能发芽、扎根、成长并开始开花，而且在不少地方，由那粒种子生长出来的绿色植物正在帮助清洁土壤里的毒素，这一切对我来说真是个奇迹。

萨姆·英特拉托（Sam Intrator）和罗伯特·孔茨曼（Robert Kunzman）在《教育论坛》（*Educational Forum*）2006 年秋季刊上发表了一篇论文，对 1997 年至 2005 年之间进行的关于"教师更新计划及其对教育者的影响"的 17 例实证研究做了梳理和总结，其中包括教学勇气项目参加者的几项研究。两人言之凿凿地指出：关注教师的内心世界已经成为公立学校教师、学校管理人员和教师教育者的日常议程中日益突出的主题。

英特拉托和孔茨曼写道：关于支持教师内心活动的计划，"我们仍然有许多东西需要学习"，然后接着说道：

> 越来越清楚的是……教育者都拥护、认同这一理念：即教学必须体现个人的、精神的和情感的各个维度，正如广受欢迎的帕克·帕尔默、玛格丽特·惠特利、李·鲍尔曼与特伦斯·迪尔等作者的近作所证实的一样，这些作者大多提倡关注教师内心活动的专业发展。有些教育期刊也推出了强调优质教学必须以全身心投入为保证的专刊。例如，《教育领导》（*Educational Leadership*)1999 年 1 月刊集中讨论了教育中的灵性，一度供不应求，从而得到该期刊史上前所未有的重印要求。[11]

作为该期《教育领导》上首篇论文的作者，我可以根据不断收到的评论证明，教育中的灵性主题，加上编辑坦然无私的处理，深深打动了众多读者的心灵。[12]

制度变革： 一个案例研究

　　无论是举行会议，还是进行研究，或是广为流传的文章、期刊、著作，都为改革运动的到来提供了非常有力的证据，与此同时，改革的领导者——无论是在位的还是在野的，无论是局内的还是局外的——创造出挑战制度变革的众多角力场。自《教学勇气》发表 10 年来，我见证了很多这样大大小小的故事。这里介绍的是一个比较大一点的故事。

　　2000 年 6 月，我接到大卫·里奇（David Leach）医生的电话，他是美国医学教育评鉴委员会执行理事。该委员会总部设在芝加哥，拥有百名以上工作人员，监测和认证全美八千多项住院见习项目。在美国，医学专业的学生需要经过至少三年的有导师指导的现场实习，才能成为合格的执照医生。[13]

　　里奇博士告诉我，医学教育评鉴委员会和住院部导师一起，正在调整"医学的专业精神"或说倡导"人文医学实践"，明确规定如下：

　　住院见习医生必须表现出勇于承担专业责任，严格遵守伦理原则，细心地对待多元化的患者群。他们应该做到：

- 尊重患者、同情患者，以诚信待人处事；将回应患者、社会的需要置于个人利益之前；对患者、社会和专业负责；追求卓越，致力于持续性专业发展。

- 对提供或不提供临床护理、患者资料保密、患者知情同意、业务活动等，都严格遵守伦理原则。

- 针对患者的文化、年龄、性别、残疾等情况，体贴患者并回应其需求。[14]

规定很明确，医学的专业精神取决于一个医生的内心活动的品质：尊重、同情、诚信、体贴以及超越一己之私利，全都不是技术问题。这些内心活动的品质，其安身立命之处，就是基于他们自己生活的内心景观上——如果他们知道如何达到那个境界。

里奇博士说他和同事及董事会都学习了《教学勇气》，并观看了我 1998 年在健康医护改进研究所的一个全国会议上的演讲录像。那次演讲，我探讨跟医疗改革相关的社会变革的运动模式。[15] 他告诉我，他们还注意到我那个勇气和更新中心与公立学校教育者正在进行的探索，帮助他们"将灵魂和角色重新融合起来"。[16]

里奇博士还说，医学教育评鉴委员会相信，我们的工作通过帮助住院见习医生和他们的导师与引领他们成为医生的信念相连接，就能支持他们的专业精神和专业议程。他说实际上他们正在拟定一个追求所有这些目标的计划，并希望我和我的同事也参与其中。在解释了这个计划并回答了我提出的相关问题后，他问我是否有兴趣谈合作。

好啊，那咱们就好好想想，我自己寻思着。这可是一位医学教育的领导者，既有同情心又有才华，既能干又求实效。他所在的机构在医学教育的最关键部分拥有权威。他本人、他的同事以及他的董事会都理解我们的工作，制定了一个切实可行的行动计划，而且这个计划既有他们自己的资源支持，也把他们的理念与我们的理念联系在一起，这不正是值得我们付出时间与精力的妙事吗？

我花了一微秒的时间就理清了这复杂的关联，我迫不及待地、简直是向里奇博士喊出来："我们能尽快开始吗？"就是从那次谈话开始，我们发展了工作关系和友谊，这是我职业生涯和个人生活里最弥足珍贵的一部分。

这项到现在已实施了 6 年的医学教育评鉴委员会计划，是纯真灵魂和神来之笔的杰作。从 2002 年起，每年美国医学教育评鉴委员会都颁发备受瞩目的"教学勇气"奖，颁给 10 位负责实施住院见习医生项目的主任，"成功的项目主任必须能胜任教师、教练、导师、家长、严厉的批评者及其他数不清的角色"，就是这些主任所实施的项目，成为体现医学专业素质的典范。[17]

该奖由美国医学教育评鉴委员会全体成员提名推选，经工作人员筛选后，再由医学教育评鉴委员会的董事会甄选出 10 位获奖者，出榜公布，并在芝加哥举行的宴会上颁奖，之后一起来到"教学勇气"静修会，而静修会的主持者都是经"勇气和更新中心"培训过的医生。在每次静修上，上届获奖者跟新一届获奖者被安排坐在一起。在医学教育评鉴委员会的全国会议上，所有获奖者聚集一堂畅谈交流，提供不断促进运动发展的动力。

我见过许多"年度教师"奖励计划。一般说来，这些奖励是对那些有贡献的教育者给予应得的表彰，不过对制度本身影响甚微或毫无影响。但是美国医学教育评鉴委员会嘉奖计划却不同，它的最终目的不是简单地每年颁奖给 10 位医学教育者，而是利用这个计划不断深化关于医学专业精神的对话，从而改进住院实习教育。

通过颁发"教学勇气"奖，这个评鉴机构正在为完善一套新的评审标准提供有力支持，其中包括要求统辖的八千多个住院实习项目都必须采纳促进医学专业精神的新标准。正如美国医学教育评鉴委员会的董事会主席在 2002 年 -2003 年度报告中所写的："我们所有工作都是为了引导我们迈向里奇博士称作的'下一个认可系统'，即一个更多关注成果而较少关注过程的认可系统。"[18]

（"成果"指学生的专业行为发展。长久以来，教育认可看重的是学校对教育过程的输入——教了多少门课，拥有最高学位教师的百分比，图书馆藏书有多少册，诸如此类——仿佛从学校给学生提供的东西就可衡量出他们毕业时的能力了。）

我讲美国医学教育评鉴委员会的故事，一个原因是想提供更多证据，证明关注教育中内心世界的议题有助于推动重大的制度改革。里奇及其同事都明白，那些教导医学生的教师，若不关注自己生活中的内心景观，就不可能激励学生的专业精神。

我讲这个故事还有一个原因。医学对我来说是个新领域，而探索这个新领域——尤其是有像里奇博士和保罗·巴塔尔登（Paul Batalden）博士这样的英明向导——帮助我形成新的思想。[19] 此外，跟医学教育评鉴委员会一起工作，让我超越了变革运动模式的一般概括（一般抽象有其优点也有其缺点），使我更集中转向变革落实的议程，即我称之为"新专业人士的教育"。

我们需要新专业人士

2002 年春，在美国医学教育评鉴委员会的首次"教学勇气"静修会上，我引用了一个因医疗护理事故导致某器官捐献人本该避免死亡的案例。因为这起死亡涉及住院实习医生的作为或不作为，它也可被看成是住院实习教育的一个致命事故案例。

当然，案例充满了医学专业的细节，却活生生地反映了每个专业领域都有的一种危机——从医疗界到教育界，从宗教界到法律界——恰恰是我们要在其中施展专业技能的机构，却给我们的专业准则和个人诚信造成最严重的威胁。然而，高等教育很少采取举措让必将进入这些机构工作的学生做好准备，使他们能够抗衡、挑战、改变这些机构。

在我摆出案例的事实时——是一些临床的、零星的、让人萦绕于心的事情——请牢记我上述的论点，并反思发生在你自己领域的类似情况：

2002 年 1 月 10 日，一位 57 岁的健康男子经历了一个捐肝手术过程，医生从他身上成功地切下约 60% 的肝右叶，准备给他的 54 岁患有肝退化病的弟弟做肝移植。

报告上说，这是个技术上并无特别要求的器官移植，手术后第一天捐肝者看来也都挺好。但是，手术后第三天，他出现心动过速（反常地心跳太快），开始打嗝并说感觉恶心。他接受了针对症状的一般医疗处理。那晚，他开始呕吐出一些带褐色的浊物。他出现血氧饱和度不足现象（在血液中缺乏适量的氧气），接着给他戴上 100% 供氧面罩。可是他……竟在手术后第三天被宣布死亡。[20]

三个月后，纽约州卫生专员发出一份事故报告说："该医院让器官捐赠者接受一个高危大手术，之后却把他的术后医疗护理交给工作负担超重、几乎毫无经验、没有适当督导的新手。医院对住院实习医生的监督指导太过松懈，导致手术后护理照料极度不足。"[21]

我不怀疑，医院、不当的人员配置、无经验、松懈的督导等，都有责任，该受谴责。我也不怀疑找出和修正这些机构系统问题的重要性。但那抽象的、无人称、冷漠的语言使我震惊——仿佛所有相关人员都没名没姓。这份分析不是把过失归罪于人，而只是归罪于一些名词：**医院、不当的人员配置、无经验、松懈的督导。**

机构的逻辑是自我保护，当这样的系统分析成为应对这类灾难事故唯一的方式方法时，那就等于又多了一种手段让机构的逻辑去打压涉及关爱和责任的人心的逻辑。在这一过程中，这类对机构的系统分析可造成我们文化中的同情心、责任心和勇气的长期衰落。

在阅读这个案例时，我尝试用人文尺度加以衡量，有两个明显的细节引起我的注意。第一，肝器官捐赠者死亡时，对其术后看护是委派一位在医院仅待了 12 天的住院实习外科医生，而且除了这位病人，她同时还要看护其他 34 位重症病人——恰恰这都发生在肝器官捐赠者出现严重症状的最关键的三个小时！显然，这位住院实习医生不可能给予这些患者所需要的护理，事后她说了自己当时的表现（当然有所保留）："要看护那么多病人，我感到不知所措。"[22]

第二，肝器官捐赠者的妻子，为了支持自己的丈夫并推动器官捐赠，在整个手术后期间一直留在医院里。她对丈夫临终前的最后几个小时的描述是极其令人痛心的："我一直在他身边……连续两个小时他不断咳血，最后被一口血噎住，就这么走了。我乞求医生快来看看他的情况，可是没人来。"[23]

我常常想起这个女人和她承受的噩梦，一直活到今天她还承受着这个噩梦啊。我也想到那位年轻的住院实习医生，在关键的时刻被她的同事离弃不管，我也同情她。肯定，她也承受着自己的噩梦。

然而，对这个大灾难的道德反应既非止于个人同情层面，也非止于纽约州州立卫生部对该医院的处罚方面，我们必须喝问：如何教育住院实习医生正面应对这类医院的人性丧失，而不是通过作为或不作为与之同流合污呢？如果回答了这个问题，我们就有可能一点一点地补偿所有陷入痛苦的人们——失去生命的患者、那些爱他的人们，还有对他的死亡承担责任的医护专业人员。我在"后记"开篇引用了诗人斯塔福德的话："明知发生了什么，却不承认真相，我称之为残忍——也许是一切残忍之根源！"无疑，这位住院实习医生知道，医院的整个系统在她周遭溃败了。当她一个人狂乱地在那么多病床之间奔跑的时候，她一定已意识到，人的价值可能已从她的病人、病人的亲属和她自己身上被挤掉了。

在这场悲剧中是什么让她扮演一个温顺下属的角色，而不向当权者说出真相？她本来可以采取什么行动调来援手？工作的地方有没有职业道德守则，能让人挺身而出地发出紧急信号、拉响警报，吹响警笛，大声疾呼？而且只要还有抢救的一线希望，就即刻采取行动救人，而不是等着评审委员会来调查哪儿出了问题。

当然，我们还可以把这位住院实习医生视为此医院系统的另一个受害者，因为她的上司握有影响她职业生涯的大权，所以她不能将自己的前程押在对抗上司上。这正是我们许多人为职场上的道德缺失所找的借口。但是如果我们基于这样的借口，就让她道德过关的话，我们就在轻慢她作为医者本应有的仁心，更不用说也在亵渎那位死者，亵渎那些不得不节哀顺变的亲朋好友。

在这个案例中，不仅仅是系统溃败了，医者的心灵也溃败了，因为这个心灵明明知道发生了什么却拒绝承认真相。而恰恰是医者的心灵，不是医院的系统，教育最能触及和转变。

是什么造成这个住院实习医生——显然她别无选择只能手忙脚乱地应付——"心灵溃败"呢？我们能否设想一下她不是一个受害者，而是一个处于独特位置的道德使者，从而可在危机前、危机中和危机后鞭策医院，促进医院发生转变呢？

如果能这样，那么当行医的条件威胁到"医者的仁心"时，支持培育此仁心以及坚守仁心的勇气的住院实习医生会发生什么变化呢？由于我们培养的学生要去的职场往往是毒害他们最珍惜的价值观的机构，我们怎能不向各级各类教育都提出类似的问题呢？

个人和机构

就让这位住院实习医生作为我想要培养的"新专业人士"的例证甲吧。"新专业人士"不但具备本行的专业能力，而且还有技能和决心去抵制并帮助转变那些威胁着专业最高准则的机构弊病。

我知道，这样的专业人士每个领域都需要。医学领域之所以那么吸引我的注意力，是因为医疗机构造成的事故会导致人身死亡的惨重悲剧。不过，绝大多数专业领域中其他类型的"死亡"可谓家常便饭：

- 当学校更倾向于满足富人的教育需求，而不鼓励和支持优秀教师献身于贫困学生的教育时，穷人孩子的人生机会接近于零。

- 当力求正义的人们发现金钱而非法律是最好的辩护时，那么正义就死了；当那些想献身于公益的律师发现这样做维持不下去时，那么公益也就完蛋了。

- 当劝谕信徒帮助穷人的神职人员发现，机构对会员和金钱的索求，使得他们自己的目标连带灵魂都化为乌有，迫使他们更像商界总裁，而非牧师、先知或神父。

在我呼唤一种能够抵制、挑战和帮助转变职场的"新专业人士"的背后，有两个很重要的现实：

第一，我们社会中庞大而复杂的机构体系，对于外部压力的反应越来越迟钝，即使在少有的消息灵通、组织有序的公众要求变革的场合也是如此。我心里一直挥之不去的是那位器官捐赠者的妻子不停哀求的前景，她发现丈夫快不行了，再三恳求帮助，但一而再、再而三地被忽视了。就让她来代表广大的公众吧——对医护、教育的失败发出震耳欲聋的怒吼，可政府的各大机构都充耳不闻——公众缺乏撬动使社会变革的杠杆而必需的知识。也让那位住院实习外科医生和她的同事来代表所有能影响到机构改观的局内人——假设他们拥有撬动使机构转变的杠杆的技能和意愿。

我并非说，如果有更多的医生、教师、律师和会计师成为内部变革的倡导者，广大公众就可以高枕无忧了。愿意且有能力胜任内部变革者角色的人终归是少数，大多数人还会继续保持沉默，因为他们害怕报复，或因劳累过度而没有时间和精力倡导变革。因而，用真话时常给当权者敲警钟的民众，永远都是急需的。

况且，每个愿意站出来说话的专业人士也需要公众的支持，恰如公众也需要专业人士的呼吁来实现其目标一样。在我们这个时代，当公众太过宽心或顺从——部分原因是社会越来越损害任何一种可能威胁到霸权的公众生活——那些关心公众且需要公众支持的、能促进机构内部变革的人物的出现，能帮助重新唤醒我们衰微的公民意识。

我呼吁"新专业人士"背后的第二个现实，跟以上所说的第一个现实相比，更少形而下的战略性，更多形而上的哲理，无疑同样重要。

每个专业人士的内心都有一个信念：专业使命绝不可跟为追求其使命而设立的机构相混淆。事实上，我们设有学校并不意味着我们就有了教育；我们设有医院并不意味着我们就有了医疗；我们设有法院并不意味着我们就有了正义；我们设有基督教堂、犹太教堂、清真寺，并不等于我们就有了信仰。[24]

打破上述种种机构偶像的并非愤世嫉俗的局外人，而是这些机构内坚守专业使命的专业人士。例如，就宗教界来说，两千年来，神职人员一直被提醒，"我们有无价之宝在瓦罐里"（哥林多后书4

章 5 节）。无价之宝诚然是信仰所指的神秘力量，瓦罐主要是指教会和教堂这类机构，其功能是编撰、呈现和传播信仰。

当瓦罐歪曲或混淆这个无价之宝时，宗教界的专业人士的神圣使命就是重塑新的瓦罐。然而，领导教会的神职人员却倾向于丢掉这个优良传统，就像非宗教领域的专业人士倾向于丢掉了世俗中的优良传统那样。这样一来，瓦罐变成了目的本身，而护着它——进而也护着自己在里面的地位——瓦罐反而变得比实现瓦罐本应传递的核心价值观更加重要了。

我们需要那种"身在机构，心不盲从"的专业人士，他们信奉自己专业的核心价值观，从而绝不容许所在机构损害这些核心价值观。

培养新专业人士

培养新专业人士的教育是什么样的呢？我们如何在教育的各个阶段为培养学生成为教师、律师、医师和牧师做准备——不用说还要培养他们为做父母、邻居、公民做准备——从而能挑战和帮助转变那主宰我们生活的机构。

秉承本书的基本精神，我不会探讨组织发展的技术问题。虽然技术方面的知识也有价值，但相对于我最感兴趣的内心景观问题却是次要的。我最感兴趣的内心景观是：在人们太容易迷失心灵的环境中，教育如何帮助专业人士保持心灵的活力呢？什么力量可以帮助他们勇敢地抵制甚至反抗那给他们薪水，或许还给他们名声的机构呢？

关于培养新专业人士的教育，我有五个直陈己见的建议：

1. 我们必须帮助学生揭穿如下神话：机构拥有自主的甚至是终极的权力控制我们的生活。

2. 我们必须确认学生的情感与智力都重要。

3. 我们必须教导学生如何"挖掘"他们对知识的情感。

4. 为了有益于知和行，我们必须教会学生如何培育学习共同体。

5. 我们必须教导学生——并作出典范——走向"不分离的生活"之旅意味着什么。

下面我想就上述五点逐一探究和说明。

1. 我们必须帮助学生揭开、审视、拆穿这一神话：即机构以外力来遥控我们，似乎自动拥有迫使我们陷入无助境地的力量——而这不过是无意识的或完全不真实的假设而已。

我们专业人士，不论用什么标准衡量，都属于这个星球上最有能量的人，但却有个坏习惯，爱讲些自己是受害者的故事来为我们的非专业行为找借口，"都是那魔鬼（老板、规则、压力等）让我这么做的"。我们如此行事，不仅是因为这给了我们一个从道义上开脱的廉价托词，还因为我们已习惯这样思考问题了。

我们文化里的隐性课程把机构描绘为在我们之外的权力，对这个权力我们至多只有边缘控制力；一旦我们越界，权力就会伤害我们。的确，若向机构问责，我们就要付出代价，我们会被边缘化、受诽谤、被降职甚至被解雇或开除。但是正如我在本书第七章所论证的，我们所付出的最大代价从来就不是来自外部而是来自内心，来自我们背离了我们的自我完善，来自我们没能依照自己的最深信念和内心呼唤来生活。

机构所能控制我们生活的程度，取决于我们内心对最看重的东西的微分和积分的演算。这些机构既不是外在的也不是约束，既不是与我们分离的也不是异类。其实，**机构就是我们**！机构投射在我们伦理生活上的阴影，不过是我们自己内心阴影的外在显现，有个体的也有集体的。如果机构是僵化的，那是因为我们害怕转变；如果机构是竞争性的，那是我们把取胜看得比什么都重要；如果机构对人的需要全然不顾，那是我们的内心也不在意人的需要。

即使我们只是部分地负起创造机构活力的责任，我们也拥有某种程度的能量来改变它们。一种"新专业人士"的教育，将会帮助学生了解并采取负责任的行动来应对我们共谋制造或反复制造出来的各种机构弊病。这样的一种教育将会呼吁我们找出和检讨我们自己的阴影，正如我在第二章仔细剖析的名为恐惧的阴影一样。只有当我们识别并承认自己的阴影，并且对我们制造的黑暗负责时，我们才有可能唤醒自己"人性中的善良天使"，即一种使得个人和机构都更具人性化的内在源泉。

想一想任何伟大的社会变革运动：美国的黑人解放运动、捷克斯洛伐克的天鹅绒革命、南非的消除种族隔离制度、遍及全球的妇女运动，全是依靠那些被剥夺一切外在权力的人们所激发的，但恰恰是这些表面看似无权无势的人们，依靠人心的力量——这是谁也剥夺不了的力量，坚韧不拔、矢志不渝地搬开各种挡路的庞然大物。

这样，"新专业人士"就会了解那些常被忽视的一幕幕人生戏剧，理解人心充盈活力的动力原理，深知无权无势的男人和女人拥有内在的力量，能够以非凡的方式，重建我们的机构，重建我们的世界。

2. 要培养一种"新专业人士"，我们必须像重视认知智力那样重视学生的情感智力。[25]

由于受到文化中隐性课程的教诲，我们下意识地赋予机构多于其本身拥有的权力。但同时我们又有意识地不给予情感应有的尊重，因为显性课程教导我们："别太心直口快"，"要有城府"。意思很简单：如果你要安全自保，就得把自己的感情避开公众隐藏起来。而传统教育就是以寻求客观知识为理由来窒息主观性，将这种民间智慧拔高到哲学真理的地位。

然而，哲学家告诉我们，在人类的主观和客观知识之间并无必然的冲突。事实上，正如本书开篇所论述的，知识是从内心世界和外部世界的复杂交互作用中产生的。而且常识告诉我们，只有袒露心声的人，才能创造积极的社会变革史——有罗莎·帕克斯

（Rosa Parks）、瓦茨拉夫·哈维尔（Vaclav Havel）、多萝西·戴伊（Dorothy Day）[I]、纳尔逊曼·德拉（Nelson Mandela）[II]等——他们具有识别、承认、引导自己情感的能力，不但塑造了他们的行动，而且吸引了数百万人加入他们的事业。

这样，培养"新专业人士"的教育将推翻学术界坚持的"学生应该压抑自己的情感以成为技术人员"的观念。这样的教育将帮助学生尊重和关注他们的情感，尤其是痛苦的情感，诸如焦虑、愤怒、内疚、忧伤和疲惫。学生要学习探索对他们自己、他们所做的工作、与他们一起工作的人、工作机构的环境，以及对他们所生活的世界的种种感受。学生要学会懂得，痛苦的感受并不表示性格软弱，并不可耻，甚至跟他们学习、工作和生活中复杂的挑战无关。

在那个器官捐赠者死亡的案例中，那位刚开始进行住院实习的外科医生告诉审查委员会，说她当时感到"不知所措"。显然，她让那情景封住了口，掩藏了感受，而没有顺势将感受转为行动救人。"新专业人士"的教育，将不会教学生如何跟情感保持距离作为生存之道，相反，要教导学生贴近情感，使情感成为挑战并改变机构的能量之源。

学术界有时把关注情绪的呼吁视为感情用事而予以冷落。显然，他们以为目空一切就能解决问题！然而，历经半个世纪的教育

[I] 多萝西·戴伊（1897—1980），美国社会改革运动的领导者，作家。——译者注
[II] 纳尔逊·曼德拉（1918—2013），世界上最受尊重的政治家之一，他带领南非结束种族隔离制度，成为南非首位黑人总统，1983年被授予诺贝尔奖。——译者注

研究，已经一而再，再而三地证实，好的教学需要关注情绪。那些自诩只凭事实指引而不任情感摆布的学术界人士，是何等的言不由衷。他们那么漫不经心地忽视大量研究的实据，就是因为这些实事求是的实据会把他们从自己的情感舒适区中拉出来！

请看数学教育，就是早该解决这一问题的实例。一直以来人们都假定，女生学不好数学，是因为"女生的大脑结构与男生的不同"。然后，新一代的教师说："朋友，这个说法没脑子！女生学不好数学，是因为早前就被告知'女孩学不好数学'，这样她们带着因恐惧而麻木的心态进了课堂，我们要帮助她们处理好感受和情绪，从而解放和发挥她们的智力，她们就会和男生一样能学好数学。"[26]

于是，关于数学教育的争议得以解决，因为很多数学教育者和一些理科教师开始给智力和情感同样的关注。在其他学科，在情感影响智力的作用这一问题上一直是意见不一的，有人认为会阻遏智力，有人认为会促进智力。但就我所知，还没有哪个学科对以下事实给予严肃认真的关注：诸如恐惧的情绪不仅引发理智瘫痪，还会造成意志瘫痪，从而严重地束缚了锐意变革的领导能力，而这种领导能力恰恰是新专业人士的标志。

情感中的真相

3. 我的第三个放言无忌的建议是，我们要开始认真地从情感智力中寻找智慧，我们不能浅尝辄止地肯定和利用可促进学习或领导才能的情感力量。要使学生具备出类拔萃的学习或领导才能，我们必须帮助他们发展"挖掘"技能——挖掘对知识的情感。

在多数情况下，学术文化只尊重两个知识来源：实证观察和逻辑推理。但是我们并不单靠科学生活。为了生存和蓬勃发展，我们还要依赖埋藏在我们情感里的知识。事实上，科学本身始发于那些隐藏在可检验假设背后的预感、直觉和身体知识，而且不论多么有技术性，各行各业的高手都懂得，并非他们想了解的一切事物都源于数据和认知结构，好的教师、律师、医生、领导带入工作中的艺术至少和科学同样多——艺术又部分地根植于我们的情感知识，而情感知识是我们的仪器和理智难以把握的。

但大多数高等教育的潜台词是：情绪是客观性的大敌，因而必须加以抑制。结果，受过教育的人们倾向于把情感分割开：也许在私人生活中承认情感，但认为情感危及专业生涯。专业人员应时刻掌控自己（神话中常这么说），我们害怕陷入情感太深会使我们失控。

这样，教育给我们的珍贵的情感体验太少，更遑论从情感中吸取与工作相关的信息。那位住院实习医生，在独自面对 35 位重病患者时，感到"不知所措"，可能她认为这样的感受是表示个人失败的讯号，从而导致负疚，慌乱，麻木。当然，这类情感是个人失败的标志，但在这个案例中，住院实习医生除了提供表示她个人局限性的信息，至少也带出了同样多的有关她工作环境中的障碍和失调的信息。

"那又怎么样呢？"有人可能不以为然，但我们总有一天会明白，当我们有能力把私人情感转化为公众议题时，所释放的情感能量就变成每个社会变革运动的引擎。

以妇女运动为例，从某种意义上说，妇女运动可被描述为从弗洛伊德到女权主义的旅程。从19世纪中叶到20世纪，妇女那孤独、被边缘化以及快要发疯的感受，在当时被看作是个人心理病症，是等着去心理治疗磨坊的碎谷，成了心理治疗师的财路——如果付得起看心理医生的费用。然而，妇女一旦开始认识到这些感受并非显示心理疾病，而是传递性别歧视的社会弊病的信息时，很快就明白，真正能医治她们的是顺势引导躁动不安的情感力量去推动社会变革。

把"我感到要疯了（或麻木或恐惧或不知所措），所以我可能有什么不妥"的感受，转而破译为"我感到要疯了，所以我所在的机构或社会一定有不妥或不对劲的事情"，这样我们就有可能从我们的情感中提取信息和能量。"新专业人士"需要知道如何命名和宣称各类情感，既不否认情感，也不让情感控制；去认清情感在现实中如何得以反应；询问情感是否对行动有影响，若是这样，则要为找到社会变革策略的线索来探究情感。

当然，并不是所有的个人情感都促成对世界的认识；有些感受是个人的反思而非反映社会弊病。为了真知而深入探究我们的情感如同深入探究理性和智力一样，需要严谨原则——原则的核心是群策群力地、去伪存真地筛选信息。

4. 我就"新专业人士"的教育提出的第四个建议是，我们要提供给学生培育共同体所需要的知识、技能和敏感性。在我们深入探究知识的情感价值时，我们需要用于深入探究我们的观察和思想时一样的原则：由共同体一起来分类和筛选，从而帮助我们识别真假，去伪存真。

不管我们的数据来源在哪里，关键问题永远是相同的：我宣称了解的事实，除了我自己，到底有多少是由别人证实的？又有多少是我的推测？一个严格的集体反思过程——无论该集体是处理一个长期问题的小组还是两人评估一场危机——都帮助我们看清照亮我们环境的情感和揭示我们自己阴暗面的情感之间的差别。这两种情感的知识都是有价值的，但是得到不同的反应。

不幸的是，面对"新专业人士"的教育要求情感和事实都必须重视，有些高校教师会说："我是生物学家（或社会学家或哲学家）而不是心理医生，别要求我也当心理医生。"

幸运的是，我并没有提那个要求。由外行人做心理治疗往往是特别丑恶的心理暴力。而由训练有素的教师引领的严格有序的集体探索，却是一种从各类型数据——包括情感数据——抽取信息的最可靠的方法之一。而且，我们进行这类探究的经验越丰富，我们就越有可能准确地理解我们自己的情感。这样，就算没有时间召集一个团队时，如那位陷入困境的住院实习医生那样，我们也能做到这一点。

帮助我们发现我们情感中的智力的对话原则是什么呢？在我的《隐藏的整体：走向不分离的生活之旅》（*A Hidden Wholeness: The Journey Toward an Undivided Life*）一书中，我讨论了这个问题。在书中我详细地描述了创造一个信任圈的原理和实践，我起这个名是着眼于形成促进有深度有难度的学习的各种人际关系。[27]

我们想要培养出"新专业人士"，除了发展学生的洞察力，还需要教会学生如何培育共同体。所有严肃的社会变革的努力都需要有组织的相互支持的群体，并且形成集体的力量而有所作为。我在第七章写的"同心同德共同体"，是变革运动第二阶段出现的共同体。因为，其间个人因过"不再分离"的生活会伴随着势单力薄的脆弱感，得从共同体中汲取过不再分离的生活的勇气。

5. 不再分离的生活启发我为"新专业人士"的教育提出第五个，也是最后一个直言不讳的建议：我们必须帮助学生理解，永远摆在他们面前的不分离的生活的问题，对他们的生活和工作意味着什么。

这当然意味着我们自己作为导师的生活和工作必须展现出，过"不分离的生活"会是什么样子。我的意思并非说，我们自己必须先做到了过"不分离的生活"，才能教学生过"不分离的生活"。如果那样，我们中很少有人有资格，我也没资格！然而，作为一个不完美的人，生活在一个不完美的世界，我**能**对学生敞开心扉，用我的全部生活体验来揭示这个问题的内涵：我是如何贴近和保持让我投入教学工作的那些激情、忠诚？如何为了坚守最深刻的专业价值观而挑战自己、挑战同事、挑战所在的机构？

过"不分离的生活"的内涵，可能意味着成就或挫败或背叛，或归咎他人或归咎自己。过"不分离的生活"通常意味着所有这一切或更多。我们的学生需要看着我们，看着他们的长辈，在拒绝出卖我们的专业或我们的自我认同与自我完善时，如何应对命运的变幻莫测。他们还需要看着我们失败跌倒时——任何人都会失败跌倒——如何再站起来，继续前进。

为人师表，展示"新专业人士"生活的内涵，也要求我们创建一些学术项目，开放给学生去批评、挑战和改变。我们也可以提供一套课程，目标就是为培养学生成为某时某地变革的原动力和推行者做准备。但若项目的隐性课程的信息是："别跟我们捣乱！"那学生学到的就是：三缄其口才安全。而这恰恰是"新专业人士"力图解决的积重难返的问题。

当学生年复一年地充当教育的被动者，他们把这种被动性带到工作场所就毫不为奇了。在学校时他们所学到的就是闭口不言才安全，他们没有学到——因为我们从来没有这样教过他们——敢于说话、挑战错误才是保持神智健全的康庄大道。

"新专业人士"的教育，将通过让学生提出问题和帮助改进所修读的课程，提供给学生一些真实体验的机会，把情感转化为知识和行动。请别误会，我不是想搞什么一年一度的学生闹事！不！我思考的是一种学术文化，这种学术文化不断吸引和鼓励学生对课程本身表达意见，奖励而不是惩罚学生大胆发表意见，同时也鼓励大学教师和行政管理人员及时回应学生内心关注的问题。

这样的教育课程，是由行政管理人员、教师和学生共同持续合作所创建和发展的，要比那些剥夺学生表达权的课程更有力，更能造就出"新专业人士"。

最后寄语

追溯"专业人员"的词源，你会发现它就是指在一片令人灰心失望的世界建立"专业信仰"的人。可悲的是，随着一个世纪又一个世纪的推移演变，时至今日它的词根意义近乎消失。我们现今所说的专业人士指拥有某领域的专门知识、掌握了对门外汉来说太古怪离奇以致理解不了的特定技术、接受过一种被高傲地宣称为"无涉价值"的教育的人。

"新专业人士"概念复活了该词古时的本义。"新专业人士"是能理直气壮说出下面一番话的人："在机构生活的强大力场当中，虽然随时都有那么多可能损害我的核心价值观的事情发生，但是我已经找到了坚实的安身立命之根基——这个根基就是我的自我认同和自我完善，就是我自己的灵魂——源自这一根基，我有能力呼唤我自己，呼唤我的同事，呼唤我的工作场所，回到我们真正的使命！"

致力于转变的教育会在各个领域全面提升"新专业人士"。他们拥有自主的道德操守，拥有据此行事的勇气，拥有知识和技能，而且，拥有本专业的最珍惜的价值观。这种教育真能成为现实吗？能，当然能！我们身为教师，只要像我们希望培养出来的"新专业人士"那样思考和行动，梦想就会成真。

至此，让我再次引用威廉·斯塔福德的诗《相互解读的仪式》来揭示这篇后记的要旨：

> 明知发生了什么，却不承认真相，
>
> 我称之为残忍——也许是一切残忍之根源！
>
> 因此，我向声音求援，
>
> 向所有会发声的人们那幽暗、模糊、要害的部位呼唤：
>
> 尽管我们可彼此愚弄，也总该好好想想——
>
> 为的是不让我们的共同的生命进程迷失于黑暗。
>
> 紧要的是唤醒人们保持清醒，
>
> 否则，一中断他们又可能重返昏睡中；
>
> 我们发出的信号——是？否？也许？——
>
> 应该是清清楚楚，只因我们四周是黑暗的深渊！

我们都知道在我们工作的地方发生了什么；当我们信奉的价值观被损害、扭曲和毁灭时，我们知道发生了什么；我们知道我们经常在事实面前自欺欺人；我们知道其后果是我们花太多时间独自或一起迷失在黑暗中。

是的，我们四周是黑暗的深渊。但是作为教育者，我们伟大的呼唤、机会和能量，就是把黑暗的地方照亮，点燃希望。世界需要"新专业人士"，需要真正的专业人士，每个机构需要"新专业人士"。在这个伟大的呼唤面前，让我们抵制诱惑作出坚定的回应：不是那充满恐惧的"不"，或逃避式的"也许"，而是让我们的生命发出一个清晰的、由衷的、响亮的"好"！

作者简介

━━━━━━━━━━━━

帕克·J·帕尔默是一位作家、演说家和活动家，主要从事关于教育、共同体、领导、心灵、社会变革等问题的研究。他是"勇气与更新中心"的创始人和高级合伙人，该中心为公益性行业的从业者，如教学人员、行政人员、医务人员、济贫人员、神职人员、非营利组织的领导成员，举办长期的静修活动。

帕尔默获得加州大学伯克利分校社会学博士学位及 13 个荣誉博士学位，还荣获全美教育出版协会授予的两项"杰出成就奖"、教会出版联合会授予的一项"卓越奖"。

帕尔默是下列 9 部专著的作者（其中有几部作品获奖）：《治疗民主制的心灵》《高等教育的心灵》（与阿瑟·扎琼 /Arthur Zajone 合著）《教学勇气》《潜藏的整体》《让生命说话》《积极的人生》《以陌生人为伴》《以反求诸己的方式求知》《悖论的玄机》。其中《治疗民主制的心灵》被《教育与民主学刊》誉为"21 世纪初最重要的著作之一"。这些专著已出售 1400 多万册，并有 10 种语言的译本出版发行。

1998 年，"领导力项目"调查了全美 1,0000 名教育工作者，其间，推举帕尔默博士为 30 名"高等教育领域的最有影响力的资深领导者"之一，以及近 10 年来 10 位举足轻重的"政务确定者"之一。

2002 年以来，研究生层次医学教育评鉴委员会每年颁发以帕尔默命名的"教学勇气奖"和"领导勇气奖"，奖项授予将负责的住院实习医生项目办成"典范"的项目主任。

2005 年，《品味问题：感念帕尔默的工作和生活的论文集》出版发行。

2010 年，帕尔默获得威廉·雷尼·哈珀奖（William Rainey Harper Award）。

帕尔默博士和妻子沙伦·帕尔默现居住在威斯康辛州麦迪逊市。

帕尔默在脸书上的作者网页为 www.facebook.com / parker jpalmer"，每周三"论存在"专栏的网页在 https：//onbeing. org / author / / parker-j-palmer.

勇气与更新中心
简介

━━━━━━━━━━━━━━━━

一旦我们将做人与做事天衣无缝地重新连接起来，就能以焕然一新的激情、坚定不移的意志、坦诚无私的襟怀走向生活和工作。

勇气与更新中心致力于通过培养人们追求自我完善的勇气，来创建充满正义与爱心的和谐世界。

该中心由帕尔默于1997年创立，当初创建的"信任圈"方法主要着眼于焕发和维系教育工作者的勇气，现在则用于许多专业中的个人或团体。

通过遍布全球的"勇气与更新"引导员团队，该中心提供网络资源和现场指导，其中包括由引导员主持的静修班、工作坊、演讲会、集体辅导、按需咨询等。

勇气与更新中心地址：

1402 Third Avenue, Suite 925

Seattle, WA 98101

T：206-466-2055

E：web@couragerenewal.org

欲知详情，请访问网站

www.CourageRenewal.org

参考文献

本书的参考文献请扫描二维码：

本书中文简体字版由 John Wiley & Sons International Rights, Inc. 授权华东师范大学出版社有限公司出版。版权所有，盗版必究。

上海市版权局著作权合同登记 图字：09-2018-154 号